高等职业教育酒店管理与数字化运营专业精品教材
“互联网+”新形态立体化教学资源特色教材

酒店客户关系管理

数据驱动与运营管理

穆 林 杨铭魁 著

中国轻工业出版社

图书在版编目（CIP）数据

酒店客户关系管理：数据驱动与运营管理 / 穆林，杨铭魁著．—北京：中国轻工业出版社，2025. 7
高等职业教育酒店管理与数字化运营专业精品教材
ISBN 978-7-5184-4392-5

Ⅰ. ①酒… Ⅱ. ①穆… ②杨… Ⅲ. ①饭店—运营管理—高等职业教育—教材 Ⅳ. ①F719.2

中国国家版本馆CIP数据核字（2023）第047917号

责任编辑：张文佳　　责任终审：高惠京　　设计制作：锋尚设计
文字编辑：姜瑞雪　　责任校对：吴大朋　　责任监印：张　可

出版发行：中国轻工业出版社（北京鲁谷东街5号，邮编：100040）
印　　刷：艺堂印刷（天津）有限公司
经　　销：各地新华书店
版　　次：2025年7月第1版第3次印刷
开　　本：787 × 1092　1/16　印张：14
字　　数：400千字
书　　号：ISBN 978-7-5184-4392-5　定价：49.80元
邮购电话：010-85119873
发行电话：010-85119832　010-85119912
网　　址：http://www.chlip.com.cn
Email：club@chlip.com.cn

251233J2C103ZBW

前言

党的二十大报告对加快建设网络强国、数字中国作出一系列新部署，指出要加快发展数字经济，促进数字经济和实体经济深度融合，为中国酒店业的发展指明了方向。自改革开放以来，中国酒店业经历蓬勃发展，走出一条具有中国特色的发展道路，中国已经成为世界酒店大国，多家中国酒店集团进入世界前列，但酒店的会员体系、质量管理水平较为落后。酒店运用数字技术，推动经营水平和管理能力的提升，是打造新质生产力，推动行业高质量发展的关键要素。

随着中国经济的高速发展，酒店住宿业也完成了迅猛扩张的过程，进入了运用信息技术和数字技术推动行业发展的新阶段，酒店之间的竞争从过去的以产品和服务为中心，转化到以市场和客户为中心。在这样的发展形势下，酒店唯有更好地实施客户管理、构建满意度和忠诚度体系，才能建立良好的客户关系，这种关系将使酒店在市场竞争中获得核心优势。从内部管理角度看，酒店作为典型的生活性服务业，产品和服务的质量管理是酒店内部管控的难点，围绕客户满意度构建质量管理体系是酒店的最新做法。在这样的背景下，“酒店客户关系管理”成为酒店类专业的核心课程，体现了专业教育对行业动态的理解与认识。

客户关系管理尽管是各专业广泛开设的典型课程，但在酒店管理与数字化运营专业，通过数据驱动实施课程改革存在很大的困难，由于缺乏有效的行业数据，现有课程和教材不得不停留在理论讲解的层面，难以开展实训教学和操作演练，对学生信息素养、数据思维、数据分析能力的提升有限。可以说，依托信息平台和行业数据，推进教材和课程的数据驱动改革是教材突破的保障，在这样的背景下，编写组创新思维，站在酒店集团运营层面，运用人工智能方法生成行业数据，并依托行业平台软件搭建实践体系，突破了教材建设中的数据瓶颈和系统瓶颈，将客户关系管理课程从理论讲解提升为理论实践一体化。

本教材旨在缩短客户关系管理（customer relationship management，CRM）理论与酒店行业应用之间的距离，在覆盖CRM理论知识的同时，从酒店连锁经营的高度，引入酒店行业CRM系统和数据体系，基于系统操作、数据应用来构建练习和实训内容。本书可以用于酒店管理人员，尤其是客户服务、会员管理、质量管理等部门从业者学习相关内容，也可以作为高校酒店管理与数字化运营等相关专业课程学习，如酒店客户关系管理、会员管理、酒店质量管理等。

本书结构

本书旨在阐述CRM的概念及其在酒店行业实践过程中的有关问题。为了提供可视化、可操作、可互动、可分析的软件系统及其数据，我们得到了行业知名企业的帮助，追踪最新的发展趋势。本书采用项目化的组织架构，将原有章节体系转化为行动导向，在每一个任务中提供了企业示例和软件实操，帮助读者在实践中感悟理论。

本书共分为三个主要部分。

第一部分 酒店客户关系管理理论基础（项目一）

项目一是全书的理论铺垫，介绍CRM所必需的概念和知识，包括酒店市场的变化、以客户为中心的经营理念、酒店客户接触点，阐述了连锁酒店集团在客户关系管理领域的组织架构，构建以客户满意度、忠诚度为基础的质量管理体系，包括集团层面、酒店层面，为理解客户关系奠定基础。

第二部分 酒店客户关系管理系统管理思想及其具体应用（项目二～项目五）

项目二以典型的酒店客户关系管理系统为蓝本，在酒店企业主要体现为会员管理系统、忠诚管理系统等。以酒店行业广泛使用的绿云会员管理系统为例，引入行业数据对客户进行查询、分析和应用，掌握客户关系管理的技能和方法。在项目三、项目四围绕会员价格优惠、服务增值两个核心功能进行阐述，实现提高客户满意度、忠诚度的最终目标。

在项目五中，先介绍会员管理系统中的精准营销、数据分析等功能，为酒店制定会员管理方案、优化营销策略提供了良好工具，之后剖析连锁酒店集团实施会员管理的典型案例，包括住宿连锁企业和餐饮连锁企业，展示应用CRM系统给酒店带来的价值。

第三部分 酒店质量管理体系的构建和运行（项目六）

满意度和忠诚度是客户关系管理的核心指标，酒店企业依靠客户调查来获取满意度和忠诚度数据，并建立起集团质量管理体系，形成“集团—门店”的管理架构，另外，酒店也对网络点评更加重视，使用专业管理工具，建立酒店网络点评管理体系。最终，酒店建立起服务质量的PDCA循环，实现酒店质量的不断提升。

编者

项目虚拟背景
——绿云酒店集团

一、教材背景酒店简介

为了建立本教材的实践体系，本教材设置了背景酒店：绿云酒店集团GCHG（Green Cloud Hotel Group），总部位于浙江杭州的绿云酒店管理公司，为一家连锁酒店集团，该集团拥有门店150家，签约酒店200家，分布在中国各大城市，集团拥有5个品牌门店：

- 绿云国际酒店：高星级商务型全服务酒店，3家门店，位于一线商务城市
- 绿云度假酒店：高星级度假型全服务酒店，3家门店
- 绿云智选酒店：中档有限服务酒店，12家门店，分布在二线商务城市
- 绿云天天酒店：经济型酒店，100家门店
- 绿云民宿：精品民宿，30家门店

二、绿云酒店集团会员体系

绿云酒店集团建立了完善的会员体系和会员系统，包括以下几种会员类型。

1. 集团级会员

酒店会员分为4个级别，普卡是最低级别会员，申请即可获得，无有效期，另外还有3个贵宾会员级别，分别是银卡、金卡、白金卡。积分累积为客房消费1元积1分，贵宾会员有额外积分礼遇，积分可以兑换客房、早餐等。

2. 美食卡会员

绿云酒店除了集团发行的会员卡之外，各门店也发行了美食卡，该会员卡仅限发行门店使用，有效期一年，到期自动作废。售价1998元，可以享受餐饮、康乐和客房优惠。

绿云酒店集团会员权益（集团会员）

待遇类型	银卡	金卡	白金卡
升级方法	10间夜有效住宿	20间夜有效住宿	40间夜有效住宿
额外积分	10%奖励积分	25%奖励积分	50%奖励积分
延迟退房	√视情况而定	√下午2点	√下午4点

续表

待遇类型	银卡	金卡	白金卡
赠送早餐			√
房型升级		√1级（视情况而定）	√2级（视情况而定）
行政酒廊			√

注：① 有效住宿是指通过酒店直销渠道预订，如官方网站、电话预订、微信小程序等，通过分销渠道预订不予计算，如携程、去哪儿、Booking、Expedia等，但绿云集团与阿里巴巴集团深度合作，搭建了绿云集团飞猪旗舰店，通过该平台预订的客户将计算间夜数和积分。

② 本权益仅针对集团级别会员，各酒店发行的门店会员、储值会员请咨询各酒店。

③ 房型升级、行政酒廊等权益视酒店设施而定，如需了解会员礼遇详情，请前往酒店官网查阅。

绿云酒店门店会员权益（美食卡会员）

餐饮优惠	1人10%、2人50%、3人35%、4人25%、5人20%、6~20人15%
健身、游泳	50%优惠，可以带3名以下朋友体验
美容、SPA	50%优惠，可以带3名以下朋友体验
客房优惠	门市价10%~30%不等，可以非本人入住
升级方法	没有级别，一年有效，到期自动失效，会员延期80%优惠

3. 预付费卡会员

绿云酒店各门店也发行了预付费卡，该卡仅限发行门店使用，无有效期。所有优惠在储值时赠送，在消费时正常使用。储值时可以开具增值税普通发票，项目为预付费，税率为0，根据《国家税务总局关于营改增试点若干征管问题的公告》（国家税务总局公告2016年第53号），不得开具增值税专用发票。也可以在消费时开具发票，发票项目据实填写。

绿云酒店集团会员权益（预付费卡会员）

一次性充值金额	赠送金额	其他政策
5000~10000元	10%	预付费卡可以与集团会员卡、美食卡共同使用，享受积分、打折等权益
10000~50000元	11%	
50000以上	12%	

三、绿云酒店集团积分商城

绿云酒店集团的积分主要用来兑换客房，主要有三种兑换价格：

- 淡季价格5000分
- 平季价格7500分
- 旺季价格10000分

集团建立了完善的在线商城，方便客户积分兑换，除了客房产品外，积分也可以兑换餐饮、健身等产品，并定期实施积分抵现金、积分优惠等活动。

四、教材客户背景（均为虚拟人物）

刘小小：女性，26岁散客，酒店集团银卡会员，某小型公司职员，价格敏感度高，对品质要求一般。

张大大：女性，32岁散客，酒店集团白金卡会员，某大型公司高管，关注品质，价格敏感度低，对品质要求高。

董佳佳：女性，42岁，亲子游客户，非付费者是决策者，价格敏感度低。儿子李苗苗。

李凯凯：男性（董佳佳丈夫），公司高管，付费者但不是决策者。

赵团团：团队客户，会议组织者。

钱点点：协议客户公司办公室员工，帮同事订房人，每月订房消费几十万元，但个人收入较低。

目 录

课程简介及授课说明

项目一 客户关系概览 / 1

学习与素养目标 / 1

导入案例 服务依然很好，但客户与业绩却难以持续 / 2

项目概述 / 2

任务 1 酒店市场的变化 / 2

任务 2 酒店的客户满意与客户忠诚 / 10

任务 3 客户生命周期与终身价值 / 17

任务 4 以客户为中心的酒店变革 / 23

项目二 客户关系管理系统 / 35

学习与素养目标 / 35

导入案例 会员体系及价格策略，是酒店直销成败的关键 / 36

项目概述 / 37

任务 1 客户关系管理系统认知 / 37

任务 2 酒店客户关系管理系统应用 / 51

任务 3 酒店集团忠诚度计划与 CRM 系统 / 58

项目三 CRM 系统与价格优惠 / 75

学习与素养目标 / 75

导入案例 看着很贵，对会员却很优惠 / 76

项目概述 / 77

任务 1 CRM 系统与会员管理 / 77

任务 2 CRM 系统与积分管理 / 87

任务 3 CRM 系统与储值管理 / 95

项目四 CRM 系统与服务增值 / 105

学习与素养目标 / 105
导入案例 打动关键客户（VIP 接待流程） / 106
项目概述 / 106
任务 1 构建酒店差异化服务体系 / 106
任务 2 VIP 客户的识别与服务 / 118
任务 3 客户声音与投诉处理 / 128

项目五 数据分析、精准营销与案例 / 137

学习与素养目标 / 137
导入案例 度假酒店淡季的精准营销 / 138
项目概述 / 138
任务 1 数据分析与精准营销 / 139
任务 2 会员运营案例分析——开元酒店集团 / 148
任务 3 数字技术驱动餐饮企业客户化转型
——以精致餐饮企业为例 / 154

项目六 客户满意度评价与质量管理 / 171

学习与素养目标 / 171
导入案例 绿云酒店集团的品质排名与满意度调查 / 172
项目概述 / 172
任务 1 客户满意度调查与酒店质量管理体系 / 173
任务 2 酒店服务质量改进过程 / 185
任务 3 酒店网络点评管理 / 196

附录 1 酒店客户声音分类标准 / 207
附录 2 某经济型酒店连锁标准宾客暗访表（宾客用） / 214

项目一

客户关系概览

学习与素养目标

1. 熟悉酒店市场的变化，包括供需结构、人口特征、客户群体等，理解产业发展进入以客户为中心的必然性。
2. 理解客户忠诚度的层次级别，了解客户忠诚、客户拥护的重要意义，借助酒店行业案例，理解以客户为中心的重要意义。
3. 理解酒店客户接触点，熟悉典型酒店客户满意度调查问卷。
4. 了解新时代中国酒店业面临的挑战与机遇，提升应对产业发展模式、竞争格局、产业技术变革与行业竞争的职业实力。

导入案例

服务依然很好，但客户与业绩却难以持续

服务依然很好，但客户与业绩却难以持续

H酒店是Q城市一家老牌酒店，开业20多年以来，始终践行“让所有顾客都满意”的服务理念，客户满意度一直处于顶级水准，酒店口碑和客户忠诚度都很高，酒店盈利能力也非常强。

近年来，酒店依然注重客户体验，在人员配置、物料采购、硬件设备方面沿用最高标准，确保酒店服务质量。

但是，相同的策略却并未获得相同的结果，一方面，酒店对客户的吸引力明显下降，在本城市客户首选酒店占比从45%下降到17%；另一方面，由于员工工资、物品采购价格大幅提高，酒店盈利能力大幅下降。

针对这样的经营状况，酒店管理层进行了激烈的讨论：好服务是否一定带来好口碑，好口碑是否一定实现好业绩？

阅读以上案例并思考：

1. 过去，H酒店经营有什么特点？这样的经营效果如何？
2. 目前，H酒店遇到了什么困难？造成这种变化的原因是什么？
3. H酒店应当如何调整经营策略，以顺应市场环境的变化？

项目概述

多年来，酒店始终致力于与客户建立良好的关系，然而，早期的酒店专注于提供优质的产品和服务，认为这样就可以留住客户、获得利润。近年来这样的态势发生了根本性的变化，优质服务并不意味着客户满意，同时，高企的用工成本也会影响酒店利润。酒店企业的发展从过去的“以服务为中心”进入“以客户为中心”的新阶段。在这一阶段，酒店以客户满意度、忠诚度为目标，围绕接触点和关键时刻，建立起差异化的服务体系，向客户提供不同级别的价格优惠、服务增值，推动了酒店产业的整体变革。

任务 1 酒店市场的变化

导入任务

酒店产业的发展与变革

酒店产业的发展与变革

通过搜索引擎或人工智能平台等方式获取资料，了解20世纪80～90年代我国酒店产业的情况，主要包括以下几个方面：

1. 这一时期，酒店企业的设施、服务、客户体验等情况，与今天相比，

发生了哪些变化？

2. 这一时期，酒店企业的客房价格、员工收入等情况，与今天相比，发生了哪些变化？

3. 这一时期，中国酒店企业的产业规模、业态分布等宏观情况，与今天相比，发生了哪些变化？

酒店是向公众提供住宿和膳食的企业，与社会经济活动繁荣度、居民生活方式多样性高度关联。1978年至今，伴随着中国社会进步、经济繁荣、人民生活方式的变革，酒店业经历了快速的发展，在规模、质量、品牌连锁化等多个方面都有了长足的进步，酒店业进入了新时代。在过去，酒店产业属于高利润行业，可以向所有客户，甚至非客户提供优质的服务，酒店企业发展的关键是规模和服务，处于“以产品为中心”的时代；在今天，酒店业面临着收入下降、成本上升、用工多样化等诸多挑战，需要对客户进行分类管理，向重点客户提供优质服务，向普通客户提供一般服务，在提升客户满意度、忠诚度的同时控制服务成本，构建质量管理体系，这正是客户关系管理的核心理念，也是中国酒店业正在经历、必然经历的变革，中国酒店业已经进入“以客户为中心”的时代。

一、中国经济发展与酒店产业扩张

1. 改革开放前（1978年以前）

以客户为中心的酒店组织变革

改革开放以前，中国酒店业主要包括两种形态，在高端领域，存在少量的接待性服务机构，以政务接待、外事活动为主，一般属于政府外事接待部门的附属单位，也称为“涉外饭店”。1978年全国星级酒店数量为137家、客房约15539间，如北京的北京饭店、民族饭店、前门饭店、新侨饭店、和平饭店、六国饭店、西苑饭店、香山饭店八家高端酒店，合称“八大饭店”，上海有和平饭店、上海大厦、锦江饭店等老牌酒店。星级酒店之外就是被称为“招待所”的老式接待场所，设备设施标准低、环境差，四人间、六人间、八人间普遍存在，甚至大通铺也并不罕见，酒店数量也严重不足，如“1980年北京旅店严重不足，进京旅客住店非常困难。有的旅客等不到床位，只好住浴池，甚至露宿街头”。①

这样的产业规模与当时的社会经济活动有关，星级酒店的客户主要来自外事接待，“八大饭店”当时直接归北京市政府饭店办公室管理，属于事业单位，主要负责中央和北京市的会议接待任务，不接待社会散客，外地客人需持省市自治区开具的介绍信，北京市政府饭店办公室根据级别换信才能入住。另一方面，改革开放前商务活动较少，普通居民出行时的住宿条件比较恶劣，酒店的居住体验远低于居家，“宾至如归”成为许多酒店的经营目标，也是酒店客户的理想。这一时期的酒店业本质上属于“大饭店时代”的属性——数量少、服务特定群体，不完全实行商业化经营。

① 为解决“住店难”出力，《北京日报》1版，1980年10月28日。

2. 改革开放至今

经过40多年的发展，中国酒店业获得了长足的发展，已经发展为庞大的住宿产业，包括商务酒店、度假酒店、中档酒店、经济型连锁、民宿客栈等多种业态，为消费者提供了更加丰富的选择，进入大住宿业的发展阶段。2021年，全国住宿机构44.7万家，客房总规模1620万间，其中高档酒店（四五星级）330多万间，中档酒店超过1100万间①，相比1978年的规模扩张了900多倍。中国已经成为世界酒店大国，三家酒店企业进入了世界前十（锦江、华住与首旅如家）。

酒店业持续扩张和多样化发展，是中国经济增长、经济活动繁荣、居民消费多样化的体现，许多新的需求开始出现，比如商务、会议、展览、度假、亲子旅游等。在高端市场，除了传统的高星级酒店外，奢华酒店、高端民宿面向高端商务、旅游客源，代表更强的消费能力，强调顶层社交圈和私密属性；中档市场是近年来发展最快的领域，面向商务、差旅、休闲等大众消费者，主要强调品质和舒适性；经济型则强调标准化、便捷，此外，服务式公寓、邮轮、共享经济等业态也满足了客户特定的需求，符合市场多样化的发展趋势。

行业链接

越来越细致的酒店企业分类和典型品牌

迈点品牌指数是酒店知名网站——迈点网制作的酒店品牌指标，将酒店分为以下类型：

奢华酒店：丽思卡尔顿、柏悦、悦榕庄、四季、宝格丽、瑰丽、文华东方、艾迪逊、嘉佩乐等，通常价格在1500元以上。

高端酒店：万豪、希尔顿、皇冠假日、喜来登、凯悦、温德姆、威斯汀、凯宾斯基等国际品牌，也包括锦江、万达嘉华、万达文华、开元名都、君澜、建国、金陵、维景、悦华等中国品牌，通常价格在600～2000元。

中档酒店：希尔顿欢朋、智选假日、华美达、万怡、福朋喜来登等国际品牌，维也纳、亚朵、丽枫、全季、锦江都城、和颐、桔子水晶等中国品牌，通常价格在200～1000元。

经济型酒店：如家、汉庭、7天、锦江之星、格林豪泰、城市便捷、尚客优、都市118、银座佳驿等。

3. 中国酒店业快速发展的影响因素

中国酒店规模扩张的同时，客源数量的扩张速度落后于房源增长，1978—2021年房源数量扩张920倍，在此期间中国经济规模增长189倍，房源增长速度是经济增长速度的4.86倍②，酒店业供不应求的局面得到改善，行业利润率大幅度下降。2019年，全国10000余家

---

① 中国饭店协会2021年中国酒店业发展报告。

② 根据行业规律，酒店需求增长与经济增长呈正相关。

星级酒店收入总额为1907.77亿元，利润总额为55.59亿元，人均利润为5240元[①]；2021年，全国星级酒店收入总额下降到1379.43亿元，利润总额为－118.44亿元[②]，出现了行业亏损的局面，酒店的市场竞争和客户竞争空前激烈，行业进入成熟发展周期。

当酒店业高速增长、告别稀缺之后，产业进入成熟期，酒店之间竞争加剧，“马太效应”开始显现——优秀酒店拥有更好的品牌、更高的价格、更低的收入，可以获得消费者的青睐从而实现盈利；运营效率低下的酒店就会陷入亏损。酒店业的破产倒闭、兼并重组、企业收购等现象更频繁地出现，为专业化企业、专业化管理、专业化人才提供了更好的发展前景，酒店管理的专业性日益显现。

当行业进入衰退周期，酒店优胜劣汰格局加剧，连锁经营成为酒店企业发展的主要模式，体现出更强的竞争优势。连锁经营是指超过3家以上酒店同用一个名称，在设备设施、服务水平、经营管理等主要方面都有统一的规格标准，连锁酒店相对于单体酒店，在专业人才、品牌形象、广告推广、销售渠道、服务标准等方面拥有更大的优势，信息技术的发展为酒店连锁经营带来了新工具，酒店集团运用软件平台和数字技术，掌握人才、品牌、客户和渠道优势，形成经营壁垒。信息系统及其数据成为现代酒店管理集团的核心资产，酒店管理集团更倾向于采用特许经营、咨询管理等模式进行扩张，连锁酒店扩张速度大幅度提高。大型连锁酒店集团通过数据来控制客源和渠道，形成核心竞争力，以低成本获得酒店经营权，从而实现史无前例的高速扩张，数据是连锁酒店集团高速扩张的秘密。本书将从酒店集团的视角入手，介绍和分析酒店企业的变化，将酒店分为总部和集团两个层面（图1-1），其中酒店集团指开展连锁经营的酒店企业，旗下一般包括多个酒店品牌和酒店门店；总部指酒店集团的核心机构，一般负责战略规划、新店开业，通常称为商业拓展（business development，BD）、运营管理等。

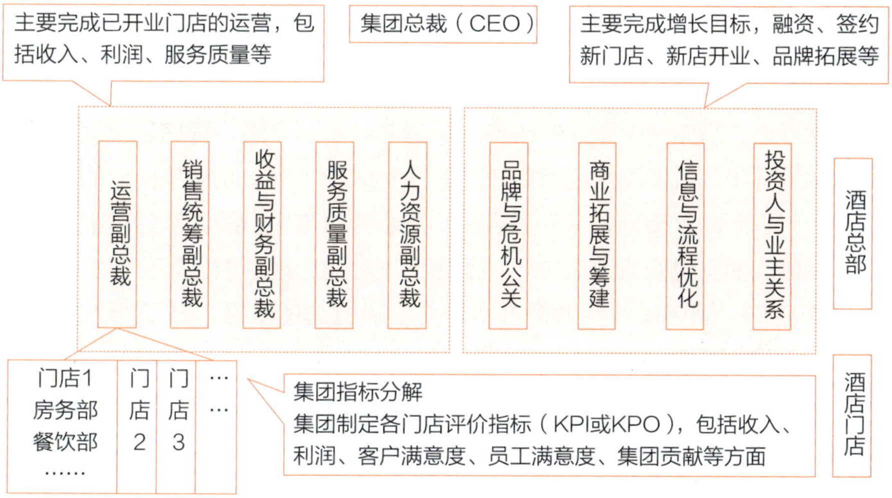

图1-1 连锁酒店“集团—门店”管理体系

---

① 文化和旅游部 2019年度全国星级饭店统计报告，2020.08.14。

② 文化和旅游部2021年度全国星级饭店统计报告，2022.08.14。

行业链接

“轻资产”——数字科技推动酒店集团加速扩张

酒店连锁经营扩张速度与技术有关，建筑、交通、通信、信息技术、数字技术越发达，连锁酒店扩张越快，酒店集团规模越大。

在豪华酒店和商业酒店时期（20世纪初），酒店经营无法实现规模化，最大的连锁酒店恺撒里兹、斯塔特勒门店数量仅有十几家。

现代饭店时期（1940—1990），以品牌化、连锁化为主要特征，连锁酒店集团进入快速发展阶段，连锁经营规模为几百家（只有假日酒店突破了1000家），例如：万豪集团1927年成立，到1989年年末门店数量539家，扩张速度平均每年8家。

20世纪90年代以来，连锁酒店扩张速度倍增，1989—2022年万豪集团发展到7000家，扩张速度平均每年148家；喜达屋1996年酒店100家，2014年发展到1000家，扩张速度平均每年50家。酒店集团连锁经营规模的上限被突破，到2022年，大型连锁集团门店数量都超过了3000家，排名第一的锦江集团门店数量接近12000家。

酒店集团加速扩张固然有收购与兼并的作用，但核心原因是数字科技，规模扩张不但没有降低经营效率，反而带来了获利能力的提升。在过去，新增酒店门店需要大量“硬件”投入，酒店集团需要投入数百万甚至数亿资金、几个月甚至几年的时间才能完成；在今天，新增酒店门店主要靠“数据”接入，酒店集团可以在几周甚至几天完成，不用投入资金甚至“开业可获利”[①]，被称为“轻资产”扩张。近30年来，信息技术和数字科技是连锁酒店扩张的最主要推动力。

二、酒店产业的市场变化与客户变化

1. 酒店产业的市场变化

酒店产业的发展壮大，为消费者带来了更多的选择空间，客户、尤其是高价值客户变得越来越稀缺。在过去，酒店业处于卖方市场，受酒店数量、交通、通信等条件影响，可供客户选择的酒店数量稀少，各种酒店出租率较高，盈利能力不俗，获得了商业的成功。如今，随着越来越多的新酒店进入市场，众多酒店品牌激烈竞争市场份额，酒店营销难度和营销成本持续上升，客户的期望也变得越来越高。酒店管理者清晰地意识到，获得新客户的成本远远高于留住现有客户，酒店需要努力理解客户并提供合适的服务，需要努力创造客户满意来实现客户忠诚，这对于酒店管理者来说是一个巨大的挑战，“闷头干服务”的时代已经过去，“先看客户后服务”才是酒店正确的选择。与此同时，社交媒体、自媒体的出现扩大了新媒体的影响力，酒店也需要努力实现客户拥护，这样就可以更好地发挥客户的社交价值，扩大酒店影响力。

---

① 这里的获利并非酒店门店获利，而是酒店集团通过加盟费、品牌使用费、信息接入费、开业咨询费等方式实现总部获利，而酒店门店并没有获利。

2. 客户行为的变化

在客户稀缺的时代，酒店开始争夺客户的关注，希望获取订单，与此同时，居民消费观念的变化、互联网技术的影响，也推动了酒店客户的变化。

（1）客户结构与消费目的多样化。旅游出行已经从少数人的“贵族生活”发展为大众化的“常态活动”，酒店客源从单一的商务、差旅发展为多样化需求，商务、会议、展览、度假、自驾、亲子、休闲等客源出现并发展，酒店需要在产品、设施、服务方面进行相应的设计，以吸引特定类型的客户，如会议客户需要宴会厅、会议室、采访室等设施，亲子客户青睐康乐、儿童乐园等设施。

（2）客户消费过程与互联网的高度结合。客户在入住前、入住中、入住后各环节受互联网信息的影响越来越大，对酒店带来了两方面的影响：一方面酒店需要将广告和推广从传统媒体（如报纸、杂志等）扩展到新媒体（如微博、微信、抖音短视频、今日头条、小红书等），酒店新媒体推广日益重要，流量成为各大平台竞争的关键；另一方面酒店的客户类型发生了变化，协议客户、旅行社团队、上门客数量缩减，而互联网散客通过网络分销平台预订比例逐年提升，网络分销成为重要的销售渠道和客户来源，平台佣金也提高了酒店营销费用。

（3）客户选择面广，品牌忠诚度下降。由于品牌多样化，互联网提供了解产品的便捷方式，消费者可以快速在不同品牌之间切换，客户对单一品牌的忠诚度明显下降。很多情况下，客户是不同品牌的会员，但到底选择哪一家酒店还需要实时比对，甚至有部分客户会一边现场血拼，一边利用国内电商平台比价，精打细算到极致。酒店客户呈现出显著的品牌转换者的特征，而不是品牌忠诚者，他们积极尝试新鲜事物，在体验新酒店、新服务、新品牌方面毫无顾虑，这种变化也倒逼酒店转化经营方式。

（4）旅游决策行为即时化。互联网技术和酒店分销平台的发展，赋予客户及时获取信息的能力，客户决策变得越来越快，预订提前周期从3.5天缩短到1天以内，越来越多的客户尝试“说走就走”，到达目标城市后才进行预订。

行业链接

“口碑营销”：互联网让客户影响客户

2017年，马蜂窝旅行网发布《“浪”一代：90后旅行方式研究报告》，受互联网发展的影响，年轻一代消费者行为出现了新变化：

- 57%的90后会认真发送精致的朋友圈，且十分在意点赞数量
- 90后喜欢有准备的旅行，过半会提前阅读相关攻略或书籍。56%的90后会在出发前阅读攻略或游记，包括阅读相关书籍、看相关影视剧、与当地人深度交流、学习当地语言等
- 42%的90后曾为了一场演唱会或影视剧而开启旅行
- 大多数90后更偏爱自然人文

行业链接

服务一定能带来利润吗？

由于酒店企业经历了长时间的“以产品为中心”的时代，酒店人习惯性地提供优质服务，“客人永远是对的”“永远不对客人说不”等经营理念深入人心，但这样的理念在今天遇到了很大的困难：

1. H酒店0825客房的客人刘小姐，投诉说自己心情不好，她说酒店送她999瓶饮料她就开心了。

2. Q酒店是一家位于三线城市的三星级酒店，客房价格200元左右，顾客反映酒店服务不好，提出给顾客配备贴身管家、提供一对一服务的建议。

思考并回答下列问题：

1. 如果你在酒店工作中遇到了这样的要求，你是否会满足客户的要求？
2. 如果满足客户要求，该客户的业务是否有利润？
3. 如何理解“客人永远是对的”“永远不对客人说不”的含义？

三、以客户为中心发展阶段的特征

以客户为中心发展阶段的特征

从20世纪60年代开始，伴随着消费者行为的研究，全球范围内众多企业进行了“以产品为中心”到“以客户为中心”的转变，并产生了成熟的经营理论，被称为客户关系管理。中国酒店业也逐渐进入这一发展阶段，过去，酒店产业总体上处于“供不应求”状态，所有的酒店都可以获得良好的效益。这一阶段酒店客户忠诚度较高，一方面是由于竞争对手少，客户选择空间小；另一方面是由于通信、交通和互联网产业的限制，客户不知道其他酒店的存在，或者知道酒店而无法到达。

2015年之后，越来越多的酒店品牌和住宿企业进入市场，众多竞争者激烈争夺市场份额，而客户的需求难以预测且不断变化，一方面，酒店规模进入了“供需平衡”的阶段；另一方面，交通、通信和互联网产业的发展让客户的选择空间迅速扩大，整个城市都在选择范围之内，酒店、民宿、共享房屋等众多新型住宿机构成为客户的新选择。在新的时代，酒店经营环境发生了变化，主要表现为竞争对手多，利润率下降，盈利能力变差，客户分类明显，完全听取客户意见难以实现（表1-1），酒店需要开展客户关系管理。

表 1-1　酒店客户购买模式的变化

	以规模为中心阶段	以服务为中心阶段	以客户为中心阶段
酒店消费者情况	1978—2000年	2001—2015年高速增长期	2016年至今平稳发展期

续表

	以规模为中心阶段	以服务为中心阶段	以客户为中心阶段
酒店产业规模	5星级酒店从无到有，2000年为77家 星级酒店1999年为3856家	5星级酒店2015年为789家，[①] 2015年星级酒店为12327家， 经济型酒店达到15000家，中档酒店936家	5星级酒店2020年为820家， 2024年三季度减少到736家， 星级酒店为8423家， 中档酒店规模快速发展，2021年达到3万家
酒店经营重心	只要建成可以很快盈利	规模扩张的同时，追求服务、档次和品牌	实现客户价值，创造客户忠诚
客户购买类型	保守型/品牌忠诚	小心地尝试新产品	探索型/品牌转换型

在以产品为中心的阶段，酒店企业对酒店设计、装修、服务重视度很高，由于总体供给不足，酒店企业往往能够以较高的价格出售，并获得良好的利润。在这一阶段，酒店倾向于提供高水平的服务，一方面，酒店的高利润可以让酒店在人员配备、物品支持方面保持高水准，有助于提供高水平的服务；另一方面，酒店的高价格让客户保持高水准，客观上对高水平服务有着内生的需求。

在以客户为中心的新时代，酒店规模的扩张速度远远快于客户的发展速度，酒店集团不仅要争夺客户，而且要控制酒店运营成本，留住客户、让客户介绍客户是酒店降低营销成本的重要手段，依托信息技术和数据技术，打造客户关系管理系统成为各酒店集团的共同选择。

四、总结

综上所述，市场的变化、客户的变化对酒店经营产生影响，稳定现有客户，提高客户满意度和忠诚度，鼓励客户重复购买成为酒店经营的关键，酒店产业从“以产品为中心”进入“以客户为中心”的时代。

中国酒店业发生这样的变化，并非由于经济衰退、客户减少，而是酒店扩张速度超过客户扩张速度，是产业发展过程中的必然阶段。未来酒店产业优胜劣汰的格局将不断加剧，酒店运营的专业化程度将进一步提高。在数字化的背景下，酒店产业在组织结构、运营模式、市场营销、客户管理等领域将发生深层次变革，在这一阶段，连锁经营是酒店产业的重要变化趋势，酒店集团将展现出更强的竞争优势，对未来的酒店人也提出了新的要求。

实践演练

1. 通过搜索引擎或人工智能平台等方式获取20世纪80年代酒店企业的图片、视频等影像信息，对比分析40年前和今天，酒店在市场竞争方面发生了哪些变化?
2. 在当今酒店企业竞争时，客户为什么变得越来越重要?

---

① 资料来源：2015年度全国星级饭店统计公报。

随堂测练

1. 在改革开放初期，中国酒店数量较少、市场供不应求，可以判断此时酒店产业所处的发展阶段是（　　）。
   A. 以客户为中心　B. 以产品为中心　C. 以服务为中心　D. 以员工为中心
2. 随着酒店产业的发展、规模的扩张，酒店产业进入了（　　）的发展阶段。
   A. 以客户为中心　B. 以产品为中心　C. 以服务为中心　D. 以员工为中心
3. 改革开放以来，酒店产业进入以客户为中心的新阶段。关于该阶段的说法错误的是（　　）。
   A. 酒店数量明显增多　B. 酒店设施设备越来越先进
   C. 酒店盈利能力越来越强　D. 酒店盈利能力越来越弱
4. 改革开放以来，酒店产业进入以客户为中心的新阶段。客户行为发生的变化是（　　）。
   A. 客户结构与消费目的多样化　B. 客户消费过程与互联网高度结合
   C. 客户选择面广，品牌忠诚度下降　D. 以上都正确
5. 改革开放以来，酒店产业进入以客户为中心的新阶段。在这一阶段，酒店最重要的能力是（　　）。
   A. 开新店，不断扩张集团规模　B. 重视酒店装修，提高设施档次
   C. 实现卓越服务，提高服务档次　D. 实现客户满意，提高重复购买率

任务2 酒店的客户满意与客户忠诚

导入任务

酒店 VIP 入住服务流程

通过搜索引擎或人工智能平台等方式获取资料，或根据酒店实习经验了解酒店VIP客户入住服务流程，回答下列问题：

1. 描述该酒店的VIP客户入住服务流程。
2. 与普通客户相比，VIP入住流程有哪些不同点？
3. 接待入住环节在VIP服务过程中的作用如何？为什么酒店如此重视入住环节？

接触点和关键时刻是酒店与客户互动的主要节点，酒店针对客户，尤其是重点客户的接触点进行提前设计，依据客户价值匹配服务资源，可以在同一酒店、同种设备、同样员工背景下实现“差异化体验”。在酒店服务过程中，客户只关心服务接触区域，酒店管理者应充分关注内部支持区域和外部协调区域，为优质服务提供保障。

一、服务接触与接触点

1. 服务接触的概念

客户与酒店接触时通过各种互动活动获取产品和服务信息，如和酒店员工互动、体验酒店的产品或服务等，这些互动行为就是接触点，“接触”酒店的全部体验会影响客户的想法，在这些接触点上会产生“关键时刻”，客户会感受到酒店的服务态度、服务技能、服务设施等，这些关键时刻的品质是客户满意度和忠诚度的影响因素，决定了客户是否愿意与酒店保持长期联系，重复消费酒店产品，并且向朋友和公众进行推荐。

通俗地说，服务接触就是客户与酒店互动过程中的“体验时刻”，是客户感知服务的主要来源，比如一次顺畅的入住、一个快捷的结账，甚至一声温暖的问候、一个热情的送别。客户感知是酒店服务质量的基础，决定了服务质量的高低。

2. 首次接触与总体印象

第一次接触通常发生在客户关注到这个品牌的时候。过去，这种关注主要以广告形式体现，包括电视、纸质媒体等，酒店可以对客户信息进行分析，在客户聚集的场所投放广告，以提高触达率，如商务型酒店在机场、火车站投放广告，度假酒店在交通要道投放户外广告等。在今天，互联网成为酒店品牌推广的主要阵地，基于客户数据分析的定向推广更加精准，效果更加显著。

客户对众多接触点的体验汇总会形成综合印象，这种印象使客户从情感和心理上忠于该酒店、品牌或集团。酒店和酒店集团应该让客户始终得到积极的感受，从而保证客户对酒店和品牌的忠诚度。接触点的数量与酒店品牌定位有关，是酒店客户满意度调查的重要依据，比如商务型酒店关注位置、服务细节、早餐等，而会议型酒店关注会议、宴会设施等。员工是对客户有重要影响的接触点，让训练有素、状态良好的员工形成积极的接触点是优质酒店的重要保证。在具体实践时，酒店通常将员工、客户进行分级，优先保障重点客户的服务质量，提升客户满意度。

3. 服务接触的结构与设计

服务接触过程由四部分组成（图1-2）：服务接触区域、内部支持区域、内部管理区域（单店层面）和内部管理区域（集团层面）。服务接触区域是服务人员与客户的可见接触点，可以直接影响客户对酒店的品质感知；内部支持和内部管理则是确保酒店服务质量、服务流程始终标准化执行的关键，如某客户的一次热情、流畅的入住体验，酒店前台接待员提供热情、准确、迅捷的入住服务，是一线服务员工行为，属于服务接触区域；而预订员的预订服务、行李员的行李服务、保安部的停车服务、公共区域清洁保养部的保养清洁、工程部的照明、空调都是二线服务员工行为，属于内部支持区域，他们共同努力形成了良好的入住体验；另外，酒店管理人员开展工作安排、培训、绩效考核等支持保障行为，是内部管理区域的组成部分；对于连锁酒店，集团总部对门店的考核指标，包括业绩、服务质量等方面，事关酒店的管理层升迁、绩效工资收入等，是激励酒店不断提升的内部动力。

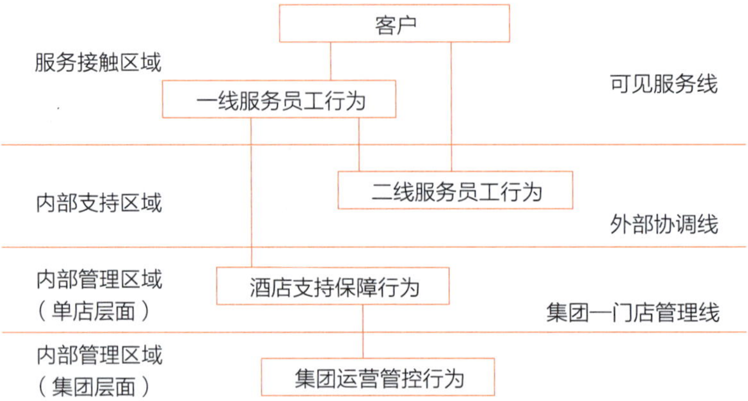

图1-2 连锁酒店集团服务接触过程

行业链接

接触点、首问责任制与信息技术

酒店员工是接触点的重要组成部分，由训练有素的员工形成积极的接触点是优质服务的重要保障。酒店客户在接受服务时，需要在多个接触点之间切换，例如预订客房会涉及预订、礼宾、前台接待、客房服务等，接触点之间的信息共享是服务质量的重要决定因素。

假设某客户预订客房，明确告知预订员自己的喜好和禁忌：夫妻蜜月游、需要海景房、严重花粉和绿植过敏、需要安静的无烟房，预订如果将上述信息准确传递至其他接触点，就可以提供优质的服务，如果在信息传递时发生遗漏或错误，就很容易发生服务失误，让客户面对每一个员工重复自己的服务需求是非常差的体验。在酒店企业，第一个接触客户信息的员工，是信息记录、存储和传递的责任者，确保对客户提供最佳服务，这种机制被称为“首问责任制”。

在保证信息传递过程中，信息系统发挥了重要作用，员工只需按规定录入，信息系统会自动完成信息记录和传递。

另一个提高信息传递质量的方法是通过交叉培训、角色扮演等培训让员工（尤其是一线服务员工）了解不同岗位的工作内容，提高信息传递的效率和质量，进而提高服务质量。

二、关键时刻

在任何时刻，客户在接触点与酒店发生的联系，被称为关键时刻（moment of truth，MOT），由前北欧航空公司总裁詹·卡尔森提出。关键时刻是酒店企业与客户互动的最小环节，在酒店通常将关键时刻按照入住前、入住期间、入住后进行划分（图1-3），比如浙江省饭店业协会曾经提出“酒店对客服务的100个关键时刻”，北京众荟信息提出的28个客户最关注的点，这些都可以看作关键时刻理论在酒店业应用的成果。

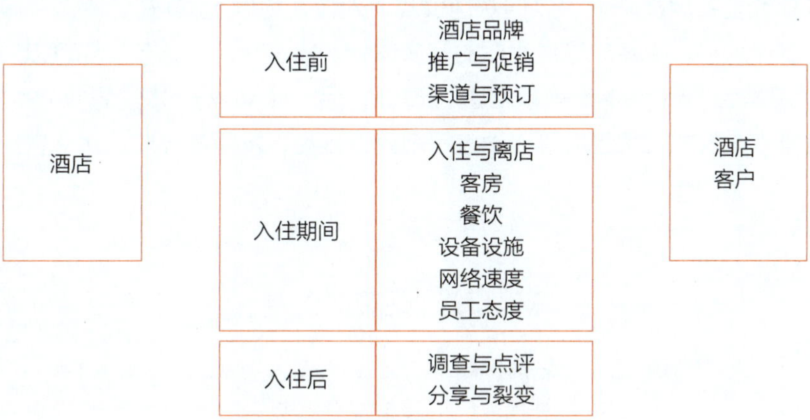

图1-3　酒店服务的“关键时刻”

酒店关键时刻的管理，并非要事无巨细地关注所有关键时刻，而应该结合客户类型关注重点环节，例如商务客户对于大堂、客房区域的声音非常关注，而亲子、家庭客户对噪声的容忍度非常高，酒店通过客户调查、客户访谈了解客户的关注点是最有效的方法。酒店过去的质量管理方法主要是通过质检员检查，这种方法效率低，因为质检员的关注点与酒店客户并不相同，很有可能出现“把钱花在刀把上”的尴尬局面。附录3和附录4分别列举了酒店客户调查表和酒店内部检查表的内容，可以看出内容详细程度差异巨大，酒店可以将两者结合，实现更好的覆盖度和深入度。

行业链接

峰终定律与酒店关键时刻

峰终定律是诺贝尔奖获得者、心理学家丹尼尔·卡尼曼总结的关于体验的规律，他研究发现人对一段体验的评价是由两个因素决定的：一个是过程中的最强体验，即“峰”；另一个是结束前的最终体验，即“终”，过程中的其他体验对人们的记忆几乎没有影响。例如，宜家商场在出口处准备了1元钱的冰激凌、迪士尼乐园在每天结束时燃放绚烂的烟花，给客户带来优质的体验和良好的回忆；反之，不少景区抱着“临走砍一刀”的心态，在景区出口布设漫长的购物通道，其实是不明智的做法。据某景区数据显示：景区出口附近的购物中心营业收入占总收入的2%，却引来了80%的投诉，是违反峰终定律的负面案例。

将峰终定律运用在酒店，尽管不同客户的关键时刻有所差别，但大多数酒店基本相同，接待入住、客房整体环境、早餐等环节是客户关注度较高的关键时刻，离店结账服务尽管简短、不容易打动客户，却非常容易招来投诉，酒店需要格外关注，结账慢、排队等待、开错发票是客户差评的常见原因。

酒店需要对客户体验过程进行专业的设计，在大多数酒店“峰”被设计为入住环节，由专职服务人员策划，通常由大堂副理（assistant manager，AM）或宾客关系专员

（GRO）提前准备客房及陈设、热情欢迎仪式、入住礼物/果盘/鲜花、欢迎茶等，通常提前办理入住并制作房卡，给客户提供优质的客户体验。除了对入住环节，还可以对首次用餐、下午茶、欢迎酒会、SPA体验等项目进行设计，另一个对客户体验影响较大的是离店环节，通常安排欢送仪式、免查房等，通过提前处理账务、发票等环节，优化客户体验。

行业链接

VIP 欢迎晚宴或酒会

接待入住是常用的重点客户接待环节，可以体现出酒店的热情，但这一环节隆重有余、难出特色，而且时间不宜过长，很难与酒店特色进行深度融合。如果酒店要进行更深入的客户互动，需要进行更专业的设计。

钴金会员（Cobalt）是万豪酒店集团最高级别，由万豪国际集团总裁或CEO邀请，除了传统的入住礼遇外，还为会员设计了深度体验环节，比如在巴林丽思卡尔顿，客户可以参加生命之树亮灯仪式，在成都可享受成都茶馆体验；瑞吉酒店则设计了特殊的鸡尾酒或下午茶欢迎仪式。

三、客户忠诚与客户拥护

酒店关注客户接触点和关键时刻的目标是形成客户满意度。如果客户在一段时间内是满意的，并且每次和酒店的互动都是愉快的，客户就会忠诚于这个品牌及其产品。同时，一个忠诚的客户会传播积极的言论并产生与酒店的情感连接（也称情感投入度）。

客户拥护是比客户满意更高的阶段。在这一阶段，客户成为酒店产品和服务的宣传者，既增加酒店的可信度又提升酒店的形象。客户拥护是酒店梦寐以求的完美阶段，酒店可以通过客户口碑来开展营销，这远比普通的广告、推广更加有效，尽管互联网为客户互动提供了前所未有的便捷工具，但线下活动依然有着特殊的价值，比线上活动更加有效。

四、从关键时刻到客户满意度和忠诚度调查

关键时刻代表了酒店客户最关心的领域，提升客户对关键时刻的满意度，就可以提升客户总体满意度、提高客户保持率。酒店通过客户调查来评估满意度，关键时刻是调查问卷设计的主要依据（表1-2）。通过客户调查，酒店集团实现了客户满意度、忠诚度（或情感投入度）的量化评价，酒店得分越高，客户的忠诚度就越高。

表 1-2　某连锁酒店客户满意度调查

接触点类别	酒店关键时刻	酒店得分（5 分为优秀，1 分为差）
入住	到达：迎接客人的热情友好度	5分□　4分□　3分□　2分□　1分□
	到达：办理入住手续的快捷度和效率	5分□　4分□　3分□　2分□　1分□
	到达：入住登记的整体体验	5分□　4分□　3分□　2分□　1分□

续表

接触点类别	酒店关键时刻	酒店得分（5分为优秀，1分为差）
客房	房间：客房的维护保养状况	5分□ 4分□ 3分□ 2分□ 1分□
	房间：客房的清洁卫生状况	5分□ 4分□ 3分□ 2分□ 1分□
	房间：床和枕头的舒适度	5分□ 4分□ 3分□ 2分□ 1分□
	房间：互联网连接速度	5分□ 4分□ 3分□ 2分□ 1分□
	房间：在客房内工作的舒适程度	5分□ 4分□ 3分□ 2分□ 1分□
	房间：对客房的第一印象	5分□ 4分□ 3分□ 2分□ 1分□
	房间：家具、地毯等状况	5分□ 4分□ 3分□ 2分□ 1分□
	房间：淋浴/沐浴经历	5分□ 4分□ 3分□ 2分□ 1分□
员工	员工：员工履行您要求的及时性	5分□ 4分□ 3分□ 2分□ 1分□
	员工：真诚关心的态度	5分□ 4分□ 3分□ 2分□ 1分□
	员工：员工的知识	5分□ 4分□ 3分□ 2分□ 1分□
硬件设施	酒店：酒店公共区域的清洁程度	5分□ 4分□ 3分□ 2分□ 1分□
	酒店：大堂及接待区的外观	5分□ 4分□ 3分□ 2分□ 1分□
	酒店：在酒店内的安全感	5分□ 4分□ 3分□ 2分□ 1分□
	酒店外观和庭院	5分□ 4分□ 3分□ 2分□ 1分□
	该酒店外观的清新时尚度	5分□ 4分□ 3分□ 2分□ 1分□
	酒店：公共区域的无线网络速度	5分□ 4分□ 3分□ 2分□ 1分□
餐饮	餐厅/酒吧：早餐——食品质量	5分□ 4分□ 3分□ 2分□ 1分□
	餐厅/酒吧：早餐——服务	5分□ 4分□ 3分□ 2分□ 1分□
	餐厅/酒吧：晚餐——食品质量	5分□ 4分□ 3分□ 2分□ 1分□
	餐厅/酒吧：晚餐——服务	5分□ 4分□ 3分□ 2分□ 1分□
	餐厅/酒吧：客房送餐服务——食品质量	5分□ 4分□ 3分□ 2分□ 1分□
	餐厅/酒吧：客房送餐服务——服务速度	5分□ 4分□ 3分□ 2分□ 1分□
	餐厅/酒吧：其他餐饮体验	5分□ 4分□ 3分□ 2分□ 1分□
价格	价值：物有所值	5分□ 4分□ 3分□ 2分□ 1分□
总体满意度	睡眠质量	5分□ 4分□ 3分□ 2分□ 1分□
	让我感觉自己像是一位贵宾	5分□ 4分□ 3分□ 2分□ 1分□
	预先对我入住期间重要的一切做好了准备	5分□ 4分□ 3分□ 2分□ 1分□
	满足了我的全部期望	5分□ 4分□ 3分□ 2分□ 1分□
	员工关心宾客的入住质量	5分□ 4分□ 3分□ 2分□ 1分□
	感觉友好、务实……从入住直至结账	5分□ 4分□ 3分□ 2分□ 1分□
	自己受到尊重	5分□ 4分□ 3分□ 2分□ 1分□
	让我在工作及休息时间得到放松	5分□ 4分□ 3分□ 2分□ 1分□
忠诚度	会自豪地告诉他人自己曾经入住该品牌酒店	5分□ 4分□ 3分□ 2分□ 1分□
	下次还会入住该酒店	5分□ 4分□ 3分□ 2分□ 1分□
	我会推荐朋友入住该酒店	5分□ 4分□ 3分□ 2分□ 1分□
	我会入住本品牌的其他酒店	5分□ 4分□ 3分□ 2分□ 1分□

五、总结

本任务介绍了接触点和关键时刻，这是酒店对客服务的基本环节，也是日常管理的基本元素。酒店通过客户满意度和忠诚度调查来评估对客服务的质量，建立起酒店服务质量评价体系，服务接触和关键时刻是客户调查设计的理论基础。打造令客户满意和客户拥护的服务是酒店管理的重要目标，可以给酒店带来品牌、销售和业绩的提升。

实践演练

1. 通过酒店调研或网络查询，获取一份酒店客户满意度调查问卷，分析并回答下列问题：
   - 该问卷一共有多少个题目？完成调查需要花费多长时间？
   - 问卷涉及了酒店设施、服务的哪些方面？
   - 酒店可以通过满意度调查发现服务和管理中的哪些问题？
2. 在以客户为中心的时代，酒店集团进行了哪些变革来提高管理者和服务者对客户满意度的关注？

随堂测练

1. 下列不属于酒店接触点的是（　　）。
   A. 客户看到酒店的视频广告　B. 客户通过携程预订酒店
   C. 客户在酒店大堂办理入住　D. 客户在咖啡厅享用早餐
2. 下列酒店接触点类型中，酒店集团对客户进行满意度调查属于（　　）。
   A. 服务接触区域　B. 内部管理区域（单店层面）
   C. 内部支持区域　D. 内部管理区域（集团层面）
3. 根据关键时刻理论，下列酒店管理环节属于关键时刻的是（　　）。
   A. 酒店员工招聘　B. 客户接待入住
   C. 采购验货收货　D. 客户满意度调查
4. 根据峰终定律，酒店在设计服务体验时的错误做法是（　　）。
   A. 关注服务的峰值和最终体验环节　B. 大多数酒店将入住作为打动客户的重点环节
   C. 在结账离店环节避免拖沓和错误　D. 不计成本投入，确保所有环节处于峰值体验
5. 酒店客户满意度调查设计时的主要依据是（　　）。
   A. 酒店的关键时刻　B. 确保所有客户全部满意
   C. 酒店的所有员工　D. 确保所有员工全部满意

任务3 客户生命周期与终身价值

导入任务

从"客户永远都是对的"到客户价值判断

绿云国际酒店的前台接待员小曹是一名新员工，刚刚毕业于某高校酒店管理与数字化运营专业，在校学习期间"顾客永远是对的""永远不对顾客说不"的服务理念深入人心，小曹也打算忠实践行这一理念，向所有客人提供优质、统一的服务。

上班第一天上午10：00，小曹接到308客房刘小小女士的电话，询问是否可以晚一点退房，小曹正要说可以延迟到14：00，前厅部钱经理打手势制止了她，"刘女士，您可以延迟到13：00。"小曹看懂了钱经理的手势，及时改口。放下电话，钱经理表扬她反应快，"今天出租率高，下午有大团队入住，要尽量控制延迟退房数量。"钱经理解释了这样做的原因。

不多时，1608客房赵团团也来询问延迟退房事宜，钱经理回复可以延迟到16：00，"赵先生是协议公司的常客，要给予更好的待遇。"钱经理很耐心地给小曹讲解。

17：30，1808客房的张大大来退房，收回房卡后小曹正要通知客房部查房，并加收半天房费，钱经理拍拍小曹的胳膊，冲着客户打个招呼："张太太您好，可以了，感谢您的光临!"

看着一脸困惑的小曹，钱经理给小曹做了解释："客人12：00退房，当客人有延迟退房需求申请时，前台可以根据入住情况延迟，最多到14：00，这个流程是对于普通客人的；对于重点客户和金卡会员，是可以延迟到16：00的；而张女士是白金卡会员，延迟退房到18：00，她又是熟客了解情况，所以就这样差异化处理了。"

"这样做是不是有点不太公平？"小曹在尝试着理解这个体系，这与她在学校学习的内容有些差异。

"公平并非按人头平摊，而是根据客户价值进行综合评估，赵先生的公司一年订房超过100间，张大大个人订房超过80间，他们的满意度和忠诚度对酒店影响更大，所以会投入更多的服务资源。"

"我明白了，在客户价值面前是平等的。"

阅读以上案例并思考：

1. 酒店在刘小小、赵团团和张大大三位客户退房环节，执行什么样的服务标准？
2. 为什么三位客户执行的服务流程存在差异？
3. 三位客户的终身价值有哪些差异？酒店是如何评价客户价值的？

客户生命周期和终身价值是客户时代的新理念，客户生命周期分为获取、发展、重复购买、流失等阶段，酒店应采取不同的服务策略。客户终身价值理念引导酒店关注客户的持续价值，而不是关注单纯的交易，这些理念是酒店会员体系的基础，比如针对新客户的补贴，面向老客户的优惠，向VIP提供服务待遇等。

客户生命周期与终身价值

一、客户生命周期概念

客户生命周期（customer life cycle，CLC）是一个个人或组织从潜在客户到新客户，最终成为一个酒店长期保留和维护客户的过程。在客户生命周期的不同阶段，客户的需求、行为是不同的（图1-4），酒店应采取不同的互动策略（表1-3）。

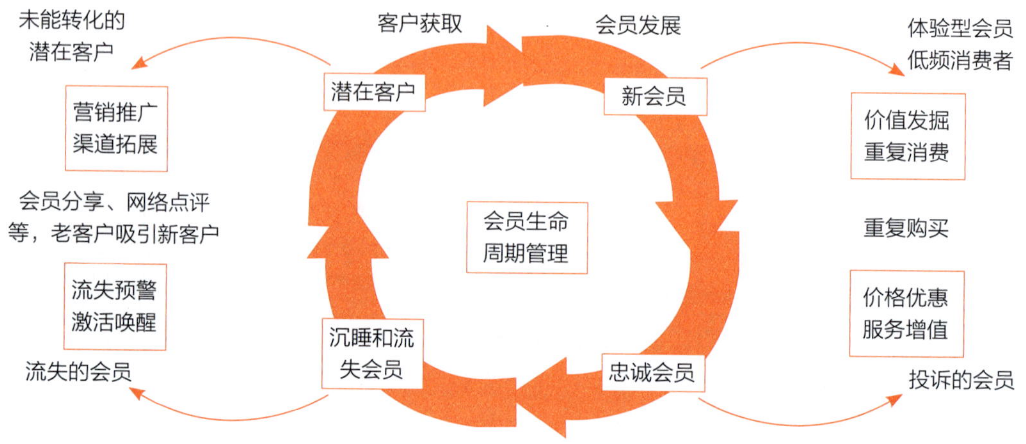

图1-4 会员生命周期模型

表1-3 不同客户周期的酒店策略

用户生命阶段	新会员（尚未消费）	会员（有过消费）	忠诚会员	流失和沉睡会员
客户特点	这家酒店在哪里？产品、服务好不好	价格如何？性价比如何？老客户有价格和服务优待吗	老客户有不断递进的价格和服务优待吗	其他竞争对手出现，比这家更好？价格更优惠、服务更优质吗
酒店目标	吸引客户首次消费	鼓励客户重复消费	培养客户忠诚度	延长客户生命周期、赢回客户
定向客户策略	入会礼包，如新会员领取300元大礼包体验券，新会员入住免费赠早餐、SPA体验200元代金券； 首次入住赠积分，如首次入住赠送1500积分	分类策划各种活动刺激会员的持续、多频消费。例如会员日的一夜升金、品牌之旅等； 里程碑客人享VIP待遇，如第10、20次等； 根据会员预订渠道习惯，推出优惠套餐进行推送	会员关怀，如生日关怀/特殊优惠、纪念日关怀等 更好的奖励计划，比如积分兑换、奖励旅游等	评估该类会员减少消费的缘故，预订渠道方式改变还是完全减少了消费 评估会员流失原因，制订会员唤醒计划。制定适合的礼包向该类用户进行推送，限时消费以唤醒沉睡或流失用户
新客吸引	员工和客户都可以分享海报、优惠券等，实现裂变式营销，吸引新会员			

二、客户生命周期运营管理

1. 潜在客户阶段

这一阶段的主要目标是增加曝光量，最大程度地提高会员的数量和质量，这是与潜在客户接触的第一阶段，也是建立客户生命周期下一阶段的基础，其中包括在线的手段，如在线广告、平台合作、外部合作会员等；也包括线下方式，如前台发展会员、门店二维码等方式。这一阶段增加了“用户”，但用户尚未消费，还没有转化为“客户”，酒店可以使用多种指标来评估酒店获取客户的能力，例如：

酒店（或酒店集团）官方网站的访问者数量。

酒店官方微信公众号关注人数。

酒店官方新媒体关注度（微博、飞猪旗舰店、官方抖音号关注数量等）。

酒店在其他新媒体的影响指数（小红书浏览量/转发量、抖音完播量/转发量等）。

报纸广告和软文的阅读量。

电视广告和植入广告的观看数量。

酒店入住和消费者数量。

在这一阶段，客户主要关注酒店信息的获取，如酒店位置、品牌、产品和服务描述等，如果酒店通过接触点能够理解客户的需求和期望并提供适当的方案，潜在客户转化为客户的概率就更高。

2. 新会员阶段

这一阶段只是关注者或者“粉丝”或“在线会员”，还没有成为酒店的客户，没有进行过消费。酒店可以通过新人大礼包、注册有礼等方式对客户实施积分、票券的奖励计划，激发会员的消费行为。在互联网时代，客户首次操作手机App、小程序等进行查询、预订、支付时，通常需要一个摸索、注册的过程，App、小程序的操作应尽可能的简单、方便，复杂的操作会导致客户放弃预订和支付。新人大礼包是鼓励会员去摸索、学习的常用方法，一旦客户完成首次预订和支付，后续的操作就会更加快捷。

行业链接

新会员礼遇与首次消费刺激

根据调研，酒店的年轻消费群体很少有耐心去积累足够的积分和间夜数去享受礼遇，他们更倾向于快速地获得回报。酒店集团进行了针对性的设计，推出定向的服务优惠，可以让新会员快速感受服务和体验回报，刺激会员注册和首次消费。

希尔顿酒店向新会员赠送188元礼包，新会员首次入住赠1500积分，第二次入住赠3000积分。银座旅游集团与神州租车合作，推出新会员注册领取1500元大礼包（其中酒店代金券300元，旅游代金券200元，神州租车代金券1000元），可以促进双方会员互通。开元酒店会员首次入住送迎宾水果一份，每次入住可获得大堂吧指定饮品一杯、免费早餐一份，可延迟退房至14：00。

3. 忠诚会员阶段

这一阶段会员已经完成消费过程，能够独立完成预订、支付、消费等操作流程，酒店在这一阶段主要是通过会员活动、积分计划等鼓励会员重复购买。酒店应首先使用一些容易获取的会员权益、会员日权益、积分奖励等，比如会员领取饮品、延迟退房、积分抽奖、积分抵现金等，也可以在淡季推出获取高等级会员的快捷方法，带动需求释放。对于入住次数多、消费金额高的会员，强化会员权益、积分商城等高等级会员权益，引导客户稳定消费，成为忠诚客户。随着时间的推移和满意度的提升，忠诚客户不仅重复购买酒店的产品和服务，而且会推荐酒店产品，成为酒店的提倡者和拥护者。

4. 沉睡和流失会员阶段

在客户生命周期的每一个阶段，都有一些客户因各种原因而离开，例如竞争酒店的出现、已有酒店的市场营销新计划、客户的品牌摇摆行为、对酒店产品和服务满意度不高、高要求客户的猎奇行为等。无论如何，CRM系统应当具有预警功能，提醒酒店进行适当的客户关怀、消费刺激等方式挽回会员。酒店将客户忠诚度下降、消费频率降低称为“沉睡”，酒店应及时关注，努力唤醒沉睡客户，当客户消费频率进一步降低，进入流失阶段。

三、客户终身价值理念

客户关系管理理论的核心是努力去获得和长期保留客户，酒店需要关注客户可以带来的财富价值，从而决定获得和保留客户应当付出的努力程度。酒店管理者应当确切地了解评价客户的方法并区分盈利客户和亏损客户，关注交易的营销理念被关系营销所取代，其核心在于理解客户终身价值。

行业链接

亏损客户与盈利客户

亏损客户并不是指客户不付钱，也并非基于简单的交易，比如以下客户：

某酒店房价500元、成本150元，刘女士预订并入住，因空调故障导致投诉，客户要求免单才能平息愤怒。如果同意免单，客户满意度100而收入0，酒店利润-150；如果不同意免单，客户满意度为0而收入500，酒店利润350。酒店应该如何选择？

如果简单地看单次业务，酒店很难做出正确的决策，结果就是：客户闹得凶——同意免单、亏钱，客户为亏损客户；客户态度温和——拒绝免单、客户流失，客户为盈利客户。

如果以客户终身价值角度看，酒店应该采取何种策略来实现收益最大化？酒店应该采取何种策略实现利润和客户满意度的平衡呢？

客户终身价值（customer lifetime value，CLV）是客户整个生命周期中全部支付金额的折现值，折现率一般与银行利率有关，本书为了简化计算过程，假设折现率为0，则客户终身价值为整个生命周期中为酒店带来的收入总和（表1-4）。客户关系被看作一种资产，可以给酒店带来持续的收入和利润，而客户保持率则决定了这一资产的质量，客户保持率越高，资产越有价值（表1-4）。酒店应当选择客户价值更高的客户，并匹配更好的服务资源。

表1-4　某客户终身价值

	第一年	第二年	第三年	第四年	第五年	第六年	合计
消费次数	40	20	10	5	3	0	78
每次消费金额（每次利润500元）	20000	10000	5000	2500	1500	0	39000

酒店通常通过忠诚计划来提高客户终身价值，即通过奖励来鼓励频繁购买从而延长客户对酒店的生命周期，最终提高客户价值。为了分辨客户价值，酒店忠诚计划通常体现为不同级别的会员，高价值客户被定义为高等级会员，酒店向高等级会员提供更好的奖励计划，从而提高客户价值。

行业链接

客户保持率与客户价值

某酒店集团开展会员反馈计划，分析酒店会员的消费数据。新客户第一年带来的收入为5000元，第二年为10000元，第三年为15000元，之后每年为10000元。

根据酒店客户满意度不同，客户保持率也有所变化，如果酒店客户满意度低，保持率为50%，则客户平均只能保留2年，客户价值总额为10000元，如果客户保留率提升为80%，则客户价值为28000元，满意度继续提升，保持率提高为90%，则客户价值为54000元（表1-5）。

提高保持率是提升客户价值的主要手段，当保持率从80%提升10%，达到90%时，客户价值从28000元提升了92%，达到54000元，酒店通过提升满意度来保持客户，具有显著的经济价值，可以给酒店带来良好的财务回报。

表1-5　提高保持率是提升客户价值的决定因素

年份	客户消费	客户价值（客户保持率50%）		客户价值（客户保持率80%）		客户价值（客户保持率90%）	
		收入折现	保留率	收入折现	保留率	收入折现	保留率
1	5000	5000	1	5000	1	5000	1
2	10000	5000	0.5	8000	0.8	9000	0.9
3	15000	0	0	9000	0.6	12000	0.8
4	10000	0	0	4000	0.4	7000	0.7
5	10000	0	0	2000	0.2	6000	0.6
6	10000	0	0	0	0	5000	0.5
7	10000	0	0	0	0	4000	0.4

续表

年份	客户消费	客户价值（客户保持率 50%）		客户价值（客户保持率 80%）		客户价值（客户保持率 90%）	
		收入折现	保留率	收入折现	保留率	收入折现	保留率
8	10000	0	0	0	0	3000	0.3
9	10000	0	0	0	0	2000	0.2
10	10000	0	0	0	0	1000	0.1
客户价值	—	10000	—	28000	—	54000	—

客户除了在酒店消费贡献现金收入，还可能向其他人推荐酒店产品，比如向亲戚、朋友、同事推荐某家酒店或者某品牌酒店，被称为社交客户（social customers）。互联网和社交媒体扩大了客户的社交价值，有些客户像酒店形象大使一样在网站、社交媒体上传播正面口碑，也有的客户更愿意向其他人推荐产品，一般称为生产客户（fertile customers），如酒店意见领袖（key opinion leader，KOL）、关键意见消费者（key opinion consumer，KOC）等。尽管有些客户的个人终身价值较低，但可以帮助酒店发展很多新客户，或者提升酒店品牌形象，这种客户向其他人介绍和推荐而产生价值的能力叫客户推荐价值（customer referral value，CRV）。酒店应当综合评价客户的现金价值和推荐价值，识别具有高客户终身价值的客户并培养他们，与他们建立持续、良好的关系，对酒店品牌和业绩提升具有长期、正面的影响，如酒店向媒体、会议组织者、社会名流等客户提供优质的服务。

四、总结

在以客户为中心的时代，酒店关注的重点不能是简单的预订—入住—收银，而应该关注客户生命周期，依据客户生命周期的不同阶段采取策略，在获取新客户阶段，主要通过体验、优惠等方式吸引客户关注；对老客户则通过价格优惠和服务增值吸引客户重复消费。客户终身价值是酒店决策的主要依据，在酒店产品、服务和价格不变的前提下，提高客户保留率是提升终身价值的重要方法，除了现金价值，客户推荐价值也是客户价值的组成部分。

实践演练

1. 什么是客户生命周期？列出它的不同阶段以及酒店应该采取的策略。
2. 如何提高从潜在客户到客户的转化率？
3. **[①]酒店是如何评估客户终身价值的？这一理念对酒店日常经营有何作用？

① 本教材中**表明该题目难度较大或综合性较高，读者可以酌情完成。

随堂测练

1. 以下酒店客户中，客户终身价值最高的是（　　）。
   A. 某金卡会员，年入住酒店20次，享受会员价格500元
   B. 某婚宴客户，一次包房20间，团队房价500元
   C. 某分销散客，今年入住20次，预订价格500元
   D. 某团购客户，今年入住2次，预订价格1000元
2. 2025年希尔顿推出会员促销活动，2025年加入希尔顿荣誉客会的会员，在加入后的六个月内，通过直销渠道预订并完成首次入住，可赚取500点奖励积分。这一促销活动对哪一种客户类型效果最显著（　　）。
   A. 潜在客户　　B. 新客户　　C. 老客户　　D. 流失客户
3. 一位知名的媒体评论家入住酒店，尽管该客户很少在酒店消费，但酒店依然给予客户最高的服务标准。这是由于该客户具有较高的（　　）。
   A. 客户满意度　　B. 客户忠诚度
   C. 客户终身价值　　D. 客户推荐价值
4. 酒店在面临服务资源不足时，正确的策略是（　　）。
   A. 根据客户价值高低分配　　B. 根据客户年龄大小分配
   C. 根据客户脾气好坏分配　　D. 根据先来后到的时间顺序分配
5. 在酒店经营过程中，提升客户价值最主要的手段是（　　）。
   A. 通过忠诚度计划提升客户保持率
   B. 通过促销提高酒店出租率
   C. 通过涨价策略提高酒店房价
   D. 提高酒店装修档次

任务4 以客户为中心的酒店变革

导入任务

增加服务还是选择客户

××酒店是一家普通的五星级酒店，平均房价600元，由于多年来房价基本没有上涨，而成本却大幅提高，酒店每年仅能勉强维持经营。为了提高网络点评分数，酒店进行了客户调研，客户提出了许多意见和建议：

- 有客户觉得酒店价格太高，应该进一步降价。
- 有客户觉得早餐不够丰富，应该进一步丰富，也有的客户觉得早餐要减少数量，但提高精致程度。

- 有客户觉得酒店硬件老旧，应该重新装修。
- 有客户觉得酒店服务不好，应该进一步增加员工、提升服务。
- 家庭客户觉得设施不够全面，应该取消无用的商务中心、票务中心等，增加免费机场巴士、室内游泳池、游乐中心、温泉中心等；商务客户觉得酒店孩子太多，搞得大堂太过吵闹，根本无法进行商务交流，建议增加商务中心、会议中心、大型宴会厅等。

阅读以上案例并思考：

1. 酒店客户的建议是否正确？是否可以全部接受？
2. 酒店应该如何调整经营思路，以满足客户需求？
3. 如果酒店接受客户建议，满足所有的客户需求，酒店是否可以提高经营业绩，实现利润增长？

在“以客户为中心”的发展阶段，酒店并非一味地听从所有的客户意见，满足所有的客户需求，而是需要选择目标客户群体，针对客户进行产品、营销和服务的优化，实现收入增长、利润提升、客户满意、员工满意等目标的平衡。现代连锁酒店集团实施了一系列的变革，旨在围绕客户满意度和忠诚度，构建酒店客户管理、市场营销和服务流程，形成酒店服务质量管理体系。

一、建立客户分级和服务分级体系

客户关系管理的精髓在于按照客户需求提供针对性的产品和服务，酒店建立客户分级和服务分级体系，客户分级通常在酒店体现为会员级别、协议客户级别等，本教材统称为客户分级，相关内容将在项目二任务3进行阐述，客户分级的主要依据是客户现金价值，价值越高的客户匹配更好的产品和服务，酒店在评价时很难全面考虑客户推荐价值。服务分级的主要目的是实现产品和服务的差异化，酒店制定了服务分级的标准，一般称为VIP（very important person）体系[①]，酒店服务分级时会依据客户分级并参考客户推荐价值，形成完整的服务分级体系（表1-6）。

表1-6 客户分级与服务分级的相互关系

类型	分级目的	常见分级方法	获取方法	客户是否知晓	分级信息是否公开
客户分级	标识客户价值，提供差异化服务，提高客户满意度和保持率	命名原则：追求层次感和尊贵感，如：银/金/白金、铂金/钻金、翡翠/钻石、探索者/冒险家/环球客	客户数据自动匹配，通常按年度评估	客户知道所处级别，也清楚升级规则	公开信息 通过会员手册
服务分级	用于内部服务分级并匹配服务资源，提升内部管理标准化	命名原则：用于内部沟通交流，追求简单便捷，如：V1/V2/V3、VIP/VVIP/VVVIP等	根据客户价值自动匹配，或者由酒店评估授予（参考客户推荐价值）	客户不知道自己所处级别，客户无法自行升级	不公开 相关资料为企业服务标准，属保密资料

① 严格来说这个叫法并不准确，这个体系并非是对人的分级而是对服务流程的分级，应该是对VIP的服务体系。

行业链接

××会员体系是留存客户和对抗分销的关键

罗小姐是某科技公司的营销总监，每年在各大城市出差接近50天，在每一个城市，罗小姐会优先入住××集团的酒店，即使距离远、价格高，或者身边就有价格更优惠、交通更便捷的其他酒店，她依然会预订××集团酒店，并打车30公里入住，朋友都称她为“××粉”。罗小姐还有一个特点，每次预订酒店必然使用××集团的官方预订平台，从来不会使用分销平台。

“如果一个酒店给你提供三重福利，你也会像我一样，成为××集团的忠诚客户。”罗小姐指着××集团上海Q酒店说。该酒店标准大床房价格为900（不含早）1100（含早），套房1500（不含早）1900（含早）。

第一重，罗小姐是××集团白金会员，她的预订价格与其他客户一致，900元预订不含早大床房可以获得1350积分，白金会员额外奖励675积分，合计2025积分。在××集团积分可以用来兑换客房，8000积分即可兑换1个房晚，这样算下来相当于价格打8折。

第二重，白金卡入住时，酒店有空余的套房就可以免费升级，罗小姐出差时一般都是工作日，大概率可以获得客房升级，于是，她就可以支付大床房价格、体验套房服务了。

第三重，其他福利，包括赠送两份早餐、早晨8点入住、下午4点退房、A级果盘、行政酒廊免费使用等权益。

综合看来，罗小姐只需预订900元的普通客房（算上积分折扣为720元），即可享受1900元含双早的套房，价格大约为3.7折，另外还可以获得多项服务，这就可以解释罗小姐被圈粉的原因了。最后，罗小姐作为白金会员，需要每年入住50个有效房晚，而通过携程、缤客（booking）等分销平台的预订一律不计算在内。因此，高等级会员只会使用直销渠道预订，会员体系是集团留存客户和对抗分销的关键方法。

不同类型的酒店企业会实行不同的客户分级方法，通常高星级全服务酒店级别多、优惠力度大、涉及服务设施多，而中档酒店级别少、优惠力度小、涉及服务设施少，这是由酒店的服务设施、利润率所决定的。常见的客户分级方法见表1-7，关于客户分级的详细内容将在项目二任务3酒店忠诚度计划中介绍。

表1-7 常见酒店客户分级方法

客户分级类型	针对客户	获取与升降级	服务分级方法	价格折扣	典型代表
高星级全服务连锁酒店——会员分级	面向住宿客户提供客房产品，不同级别客户提供不同的服务 通常分4～7个级别	初始获取方式为免费申请，升级/保级主要靠年度消费达标（包括房晚、航段、金额等）	不同级别会员服务差异大，包括客房升级（行政楼层或套房）、行政酒廊、免费早餐、提前入住/延迟退房等	通过会员折扣、积分等实现优惠，实际价格优惠力度大，为3～8折	万豪旅享家、洲际优悦会、希尔顿荣誉客、凯悦天地、雅高心悦界、香格里拉会等，全集团适用

续表

客户分级类型	针对客户	获取与升降级	服务分级方法	价格折扣	典型代表
中档有限服务连锁酒店、经济型连锁酒店——会员分级	面向住宿客户提供客房产品，不同级别客户提供不同的价格，服务方面略有差异 通常分3～4个级别	初始获取方式为免费申请，升级/保级靠购买或年度消费达标	不同级别会员服务差异小，包括免费早餐、提前入住/延迟退房等	实际价格优惠力度小，为8～9.5折	华住会、铂涛会，全集团适用
酒店餐饮部门——俱乐部会员	面向周边客户提供餐饮、酒水等服务 通常只有1个级别	获取方式为付费购买，有效期通常为一年，到期自动失效（可续费延期）	购买时获取多张餐饮代金券、体验券，有时会附送客房体验券	折扣力度通常与用餐人数有关，为5~9折，预订客房优惠力度较低，为7～8折	凯悦美食汇、洲际优膳卡、香格里拉钻石卡、雅高A佳，一般由门店发行，仅限单店或部分门店使用
酒店餐饮会议部门——餐饮会员	主要面向周边客户，提供餐饮、酒水等服务 通常有1～2个级别	靠单次餐饮/会议消费金额获取 如一次餐饮消费5000元获得银卡、一次消费20000元获得金卡	享受优先使用包房、价格优惠等待遇	餐饮折扣率为7～9折	青岛海景花园酒店金卡银卡、山东大厦等 餐饮业目前更多使用RFM模型评估客户价值，详见项目五任务3
储值卡（预付费卡）	面向周边客户提供餐饮、酒水等服务 通常有1~2个级别	单次储值获取，根据储值金额确定级别	通常匹配某会员级别，享受优先使用包房等待遇	通常在储值时实现优惠，比如储值10000元送2000元	由于财务处理的复杂性，连锁酒店集团通常不发行，由门店自行发行

二、客户管理的组织变革

1. 酒店集团的组织变革

酒店集团建立相应的机制体制，推进集团会员制度、优惠体系、客户满意度调查、门店服务质量评价等工作，客户满意度、忠诚度是各门店服务质量的标志，连锁酒店集团客户管理组织体系见图1-5。

①集团服务质量部负责各门店客户满意度、忠诚度调查和评价，考核各门店质量指标的完成情况，客户满意度是酒店总经理考核指标之一（通常占比10%～50%不等，目前部分国际集团客户满意度相关指标占比越来越高，已经超过收入和利润的指标占比）。

②集团各门店设立独立的质量经理（或者由前厅部经理等管理者承担相应职责），与集团服务质量部联合开展工作，在酒店内部直接向总经理（或驻店经理）汇报，协调酒店内部各部门的质量工作，包括酒店质量指标的计划、分解、执行和改进等。

③各门店客户服务部门（通常为宾客关系部、宾客服务部或者大堂副理），通过使用集团客户关系管理系统（CRM系统）或会员管理系统来获取会员等级、会员喜好等信息，并提供相应服务。

④酒店客户入住后，连锁酒店集团总部服务质量部对客户开展满意度调查，调查结果是评价门店服务质量的主要依据，也是酒店门店考核的关键指标，对酒店绩效考核、员工年终奖金数量均有影响。

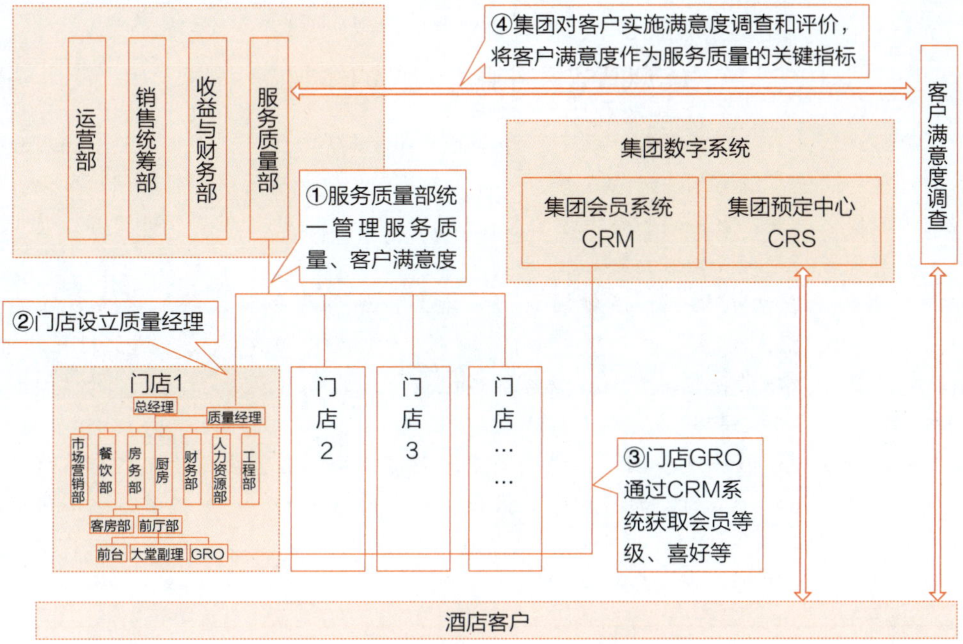

图1-5　连锁酒店集团客户管理组织体系

2. 酒店门店的组织变革

（1）设立专门的质量经理（Quality Manager）或质量总监（Director of Quality），将年度目标拆分为月度目标、各部门目标等，确保质量目标的完成，对各部门执行情况进行跟踪、评价和指导（图1-6）。

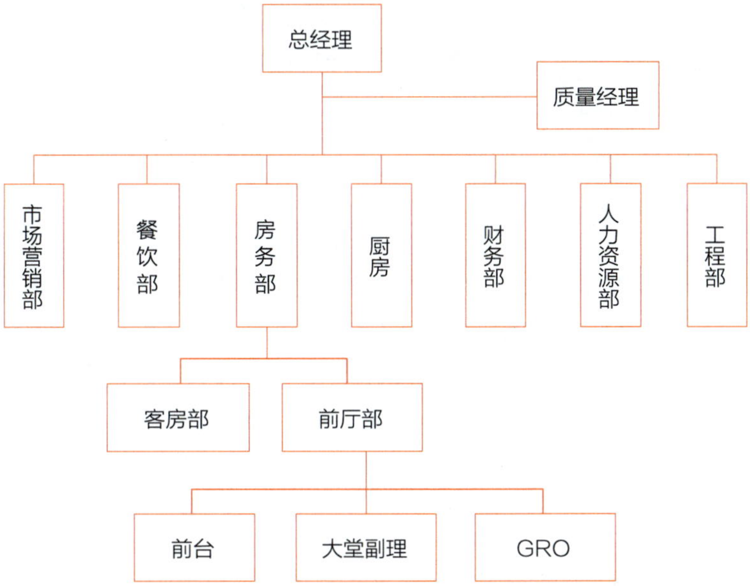

图1-6　酒店门店客户管理的组织体系

行业链接

连锁酒店提升服务质量的体制

质量经理提升酒店服务质量，源于他的协调沟通而非管理经验。假定某酒店出现服务问题，如服务礼仪欠缺、客房清洁不够、入住效率低下等，在解决这些服务问题方面，质量经理可以提供更好、更全面的解决方案，帮助各运营部门改进管理和提升服务，其中房务总监和前厅部经理对得分影响最大。

解决思路来自协调机制，连锁酒店通常设立区域管理体系，将本区域多家酒店经理按照专业组织，形成管理集群，由区域内最资深的管理者担任区域经理（cluster manager），比如市场营销区域经理、房务区域经理等。定期召集管理会议，针对问题和解决方案进行分析和经验分享。

针对酒店出现的服务质量问题，酒店质量经理可以协调召开会议，集思广益讨论并形成解决方案，逐渐形成针对特定问题的最佳实践或最佳案例，这种工作方法不但有助于酒店更高效率地解决问题，也形成了管理者的“老带新”，加速管理者的成长速度，是连锁酒店集团常用的管理手段。

（2）设立VIP服务的责任部门，一般有以下几种情况：

①专门的VIP服务部门。在大型酒店中设立服务的专职部门，负责VIP服务、投诉处理等职能，如宾客关系部（guest relation department，GR）、客户服务部（guest service department，GS），部门成员通常称为客户关系专员①（guest relationship office，GRO）或客户认知专员（guest recognition office，GRO）等。在不同的酒店可能会有特殊的称谓，比如W酒店的时讯达人（W Insider）、凯宾斯基酒店的红衣女郎，以及许多酒店设置的贴身管家（butler service）等。

②大堂副理（assistant manager，AM）或前台接待。当酒店规模较小，客户关系相关职能可以由大堂副理、前台接待完成，包括VIP服务、投诉处理等。

在本教材中，我们遵循行业习惯，统一使用GRO作为宾客关系的责任主体，在酒店实践时，可以根据实际情况进行调整。

三、了解客户并记录信息

充分了解客户是形成良好客户关系的前提，识别客户需求并给予相应的回应非常重要。对客户的了解源于每一次与客户的互动，这种信息一般在对客服务时获取并记录（图1-7）。除此之外，酒店通过各种渠道获取的客户意见、建议、反馈信息，比如客户满意度调查、电话访谈、面对面交流等，酒店也会通过专业的市场调研组织去实施客户调查，用来获得更加全面的信息。

---

① 在大多数教材和书籍中，GRO被称为宾客关系主任，其中的主任是officer翻译的结果，但从岗位职责看，GRO并非管理岗位，将GRO翻译为宾客关系专员更加合理，本教材使用这一称谓。

丽思卡尔顿的服务理念：预见并满足客户的需求

丽思卡尔顿是知名的酒店品牌，它总结了优质服务三部曲：

1. 热情和真诚的问候，称呼客人的名字。
2. 预见并满足每一位客人的需求。
3. 欢欣道别，向客人热情地说再见，并称呼客人的名字。

其中客人的名字来自客户预订时的信息，而“预见并满足客户的需求”则需要准确、全面的客户喜好信息，丽思卡尔顿在日常工作中使用顾客喜好收集表来完成这一工作。

XX 酒店

Guest Preference Pad

顾客喜好信息表

客人姓名 ×× 称谓 女士

到店日期 2022 年 6 月 1 日—12 月 30 日 房号 8006

Preferences（喜好）/Dislikes（禁忌）/Allergic to（过敏）

顾客对花粉过敏、带一 6 月龄男孩，极度需要安静

服务时需要

☐生日 ☐纪念日 ☐其他

特殊庆典及日期

兴趣 / 其他 喜欢时装、美食

家庭成员 / 同伴

宠物：☐狗 ☐猫 名字：

联系方式

员工姓名 部门 日期

图1-7 用心服务并认真观察是了解客户喜好信息的基础方法

在酒店，客户信息用来制定更精准的营销策略和服务方案，对客户的了解通常包含以下信息：

- 客户购买什么产品
- 客户的购买原因
- 客户什么时候购买
- 客户有什么喜好和禁忌
- 市场细分与客户分类
- 目标客户与客户画像
- 对客服务的标准及方法

通过建立客户信息收集体系，一方面可以收集顾客数据，为优质服务奠定基础；另一方面，酒店员工在收集顾客信息的过程中，会更加关注客户行为，有助于提高服务质量，即“用心服务”。

四、依托客户数据，提供个性化产品和服务

在发展的初期阶段，酒店通过建立标准操作流程（standard operation process，SOP）、实施细则（policies & procedures，P&P）等体系，向客户提供统一的标准产品和服务，提高酒店的服务质量。

行业链接

手握数据　投其所好

标准化服务提升了服务质量，但也存在明显的缺点，比如下列案例：

- 客户王先生是重要客户，按照服务标准，在顾客客房内摆放了鲜花，但客户大发雷霆，事后发现王先生对花粉过敏。
- 客户刘女士是重要客户，预订了一间双床房，按照服务标准，酒店将顾客客房升级为套房，但刘女士拒绝升级。事后发现刘女士为时装模特，习惯用一张床陈列服装用来检查，更偏好双床房。

在上述案例中，酒店按照标准向客户提供更好的服务，但缺乏针对性，酒店成本提升，而顾客满意度反而下降，这种服务被视作“无效服务”。

思考：在上述案例中，如果酒店获知了客户的信息，应该提供什么样的服务？

当酒店记录了准确、详细的客户数据，就可以有针对性地实施精准营销和提供个性化服务，比如面向特殊客户群体的促销、针对特别爱好群体的服务等。对比标准化服务，个性化服务是更高的服务阶段，而酒店拥有丰富、详尽的客户信息，并能够围绕客户信息提供个性化服务是优秀酒店的共同点（图1-8）。

图1-8　针对亲子客户群体，推出的动画主题客房

行业链接

从员工记忆到人工智能的个性化服务？

在许多文章、教材中，依靠员工强大的个人能力实现个性化服务的案例屡见不鲜，但在今天，这样的方式已经不能适应酒店行业发展的要求，主要源自以下原因：

1. 酒店连锁化，酒店需要在全集团范围内共享客户信息。

2. 酒店员工流动率加大，客户下次入住时员工已经换过好几轮了。

3. 酒店需要运用信息技术对客户数据进行分析。

酒店必须依托信息技术，建立CRM系统，才能适应行业发展和技术进步的要求，酒店业已经开始人工智能辅助服务和管理的过程。

洲际酒店集团：智能推荐系统根据客户偏好实时调整餐饮、活动推荐，如为亲子家庭自动推送儿童俱乐部活动，为商务客推荐周边会议室租赁服务，客户满意度提升23%。

浙江君亭：通过分析客人历史数据预测客人的需求，提前进行服务准备。比如，如果客人在历史入住中经常要求提供额外的毛巾，酒店会在客人入住前提前准备好，提高了服务质量和效率。

万信至格酒店：入住时宾客拍摄3张全身照，AI系统15秒即可生成三维人体模型并推荐版型，还可定制领型、袖扣等参数。此外，酒店从预订房间时的房型选择、床品偏好，到入住后的餐饮推荐、活动安排等环节，都借助AI关注宾客个性化需求，打造“住、购、享”三位一体的全场景个性化住宿生态。

五、依托客户满意度调查构建质量控制体系

酒店通过市场营销不断开辟新渠道、开发新客户，同时也需要保持现有客户，酒店建立了客户满意度和忠诚度体系，主要通过客户调查、网络口碑等数据进行评价。客户满意度调查主要针对酒店服务流程，比如对预订、入住、客房、餐饮、娱乐等服务环节的设施、服务进行评价。客户忠诚是指客户对酒店产品和服务的认可和信赖，坚持长期到该酒店消费，并在此过程中表现出在心理和情感上高度信任和忠诚的程度，是客户对酒店产品和服务在长期竞争中表现出的综合评价和认可，一般包括重复购买行为、积极的情感取向两个方面。

客户满意度和忠诚度调查数据是酒店服务质量评价的主要依据。与传统制造型企业不同，酒店产品具有无形性、易逝性的特点，对酒店产品和服务的质量评价，只能通过客户满意度调查，一方面实现对客户的忠诚度评估；另一方面也用来评估集团每一家门店的服务质量，构建起定量评估、不断改进的服务质量管理体系。

行业链接

客户调查中的忠诚度评价

各酒店建立客户调查体系，了解客户对酒店的认可程度是现代酒店管理的重要组成部分，详细的客户调查包括日常服务的各个方面，比如设备设施、接待入住、客房、餐饮等，在此基础上形成客户满意度和忠诚度，最终体现为下列3个问题：

1. 本次消费满意度（即满意度）。

2. 未来消费可能性（重复消费可能，即忠诚度）。
3. 向他人推荐可能性（即情感认可度）。

对于连锁酒店，还会将情感认可扩展到同品牌的其他酒店、本集团的其他品牌等，最终形成对连锁酒店的忠诚度数据，连锁酒店在满意度调查中会增加下列两个问题：

1. 基于本次住宿，以后还会选择入住同品牌酒店。
2. 基于本次住宿，以后还会选择本集团其他品牌。

六、总结

本项目介绍了客户关系管理的理论基础，市场发展、竞争加剧让酒店将关注的重点从产品转向客户，酒店业进入以客户为中心的阶段。为了提高客户满意度和忠诚度，带动客户终身价值的提升，酒店、尤其是酒店集团进行了一系列的变革，从经营理念、组织架构到服务流程和信息系统，最终建立起酒店质量管理体系。客户满意度调查在酒店质量管理体系中处于基础地位，服务接触和关键时刻是客户调查设计的理论基础，而客户生命周期和终身价值是评价客户的主要依据。

实践演练

1. 结合所学理论知识和实践体验，尝试分析在酒店服务过程中，是否曾经出现以下场景：
   ①酒店员工提供了优质服务，结果引发客户不满。
   ②酒店员工提供了优质服务，结果带来客户投诉。
   ③酒店员工提供了优质服务，结果降低酒店利润。
   分析上述问题出现的原因，思考并分析客户数据在服务中的作用。
2. 在以客户为中心的理念引导下，酒店实施了哪些变革以顺应时代的发展？

随堂测练

1. ×公司总经理王总是绿云国际集团的忠实客户，年预订酒店超过60间夜，是集团白金卡客户。这里的白金卡本质上属于（　　）。
   A. 客户分级　　B. 服务分级
   C. 市场分级　　D. 消费能力分级
2. ×公司是绿云国际集团的协议客户，公司总经理王总入住酒店时，酒店给予VIP2级待遇。这里的VIP2级本质上属于（　　）。
   A. 客户分级　　B. 服务分级
   C. 市场分级　　D. 消费能力分级
3. 为了顺应以客户为中心的组织变革，连锁酒店集团总部设立的新部门是（　　）。
   A. 客户关系管理　　B. 大堂副理
   C. 收益管理部门　　D. 集团质量管理部

4. 酒店实施客户关系管理时，获取客户信息最重要的方法是（　　）。

A. 在服务过程中获取　　B. 向客户直接询问

C. 根据客户姓名推测　　D. 通过客户调查获取

5. 现代酒店保证服务质量主要依靠（　　）。

A. 总经理身先士卒亲自服务　　B. 建立详尽的制度体系和工作流程

C. 管理者不厌其烦从旁监督　　D. 依托客户满意度调查构建质量管理体系

项目二 客户关系管理系统

学习与素养目标

1. 了解客户关系管理系统的功能、价值和发展历程，理解酒店会员管理系统与客户关系管理的关系，熟悉常见的供应企业和主流系统。
2. 熟悉酒店客户关系管理领域的重要指标和数据，能够操作典型CRM 系统获取酒店常用运营数据。
3. 了解常见的酒店集团忠诚度计划，熟悉提高客户忠诚度的目标、方法和手段，能够正确认识酒店会员管理系统的价格优惠、服务增值、精准营销和数据分析功能。
4. 了解新时代中国酒店业面临的挑战与机遇，提升应对产业发展模式、竞争格局、产业技术变革与行业竞争的职业实力。

导入案例

会员体系及价格策略，是酒店直销成败的关键

会员体系及价格策略，是酒店直销成败的关键

今天，以携程为代表的分销商，给酒店带来客源的同时，也分走了酒店的利润，而且佣金率越来越高，从昔日的2%～5%，提升到15%～25%，在差价模式中，分销商拿走利润的80%甚至100%也并不奇怪。许多酒店抱怨以携程为代表的分销渠道佣金过高，并羡慕连锁酒店集团直销渠道的强大。

表面上看，是酒店渠道出了问题，分销渠道抢走了直销渠道的“流量”，许多酒店纷纷打造直销渠道，比如网站、微信、抖音等，希望重新控制客户流量，但不同酒店间效果大相径庭，有的酒店直销90%以上，有的酒店20%以下。

本质上，是产品和价格的问题，如果酒店依托客户数据，打造会员体系和忠诚度计划，向直销渠道客户提供更优惠的价格、更良好的服务，直销渠道就容易成功，否则，酒店的直销渠道难以对抗分销渠道。

以某酒店为例，酒店给会员的预订价格与OTA一致，而积分策略为消费1元获得1积分，积分兑换物品如下表：

看似美丽的小礼品，其实向客户传递了错误的信息：酒店的积分价值较低（30元=3000分，折合1积分=0.01元），很难吸引酒店客户注册并使用会员。

礼品	价格	积分
酒店毛巾	20	2000
马克杯	9	900
亚麻拖鞋	30	3000
雨伞	49	4900
充电宝	46	4600
电子相框	230	23000

该酒店的积分价值很低，消费6000元的积分才可以兑换一双拖鞋，按照标注价格计算，积分策略给会员带来了1%的折扣率，对会员难以形成吸引力。

阅读以上案例并回答下列问题：

1. 上述酒店给客户消费提供了何种比例的折扣？
2. 假设你是一名酒店消费者，酒店给会员提供什么样的折扣率会具有吸引力？
3. 请预测，知名连锁酒店集团给会员直销渠道预订提供了什么样的价格优惠？

项目概述

在“以客户为中心”的经营理念指导下，酒店企业为了提高客户满意度，提升客户保持率，普遍建立并实施集团忠诚度计划，从客户角度，主要体现为酒店会员计划，通过价格优惠、服务增值和精准营销强化客户关系；从酒店管理者角度，核心在于建立会员制度并使用信息技术来管理会员，实现会员管理、会员分级、积分策略、奖励策略等，确保忠诚度计划的实施。

任务1 客户关系管理系统认知

导入任务

用数据指导精准服务

H酒店是一家以服务著称的老牌酒店，服务意识卓著，服务技术精湛，得到了广大客户的一致好评，但酒店经营也出现了难题，主要是无法结合客户数据开展服务，导致无效服务多、效率低。据统计，H酒店员工数量为同等规模国际连锁五星级酒店的2倍以上。

以客房预订为例，预订部接到电话后，每次都需要询问顾客的电话、姓名，问候客户后咨询客户需要的房型，确认预订房型后，进一步了解客房的细节要求，如楼层、朝向等，完成一间客房预订通常需要4～5分钟，而且新客户和多次预订的老客户，所需时间并没有太大的差别。

在餐饮预订时效率更低，H酒店属于高端商务用餐，主要实行预订、配餐制度，在接到预订电话、问候顾客、了解用餐人数后，首先要确定用餐标准和特殊要求，点餐员为客户草拟一份菜单，之后要围绕菜单与客户多次沟通后才能确定，一次订餐经常要花上半个小时。

在专家诊断后，H酒店开始建立客户关系管理系统，改进管理和服务流程，在数据的帮助下开展精准服务，服务流程明显优化，服务体验明显改善，酒店中出现了以下场景：

电话预订员小李接到预订电话，CRM系统中准确显示了客户电话、姓名和过往预订信息：“刘总好，您周末又来青岛了，还是要订周五、周六两天吗？”

“对，还是周末两天。”

"嗯，刘总，您还是订海景套房吧?"

"是的，你们的记性真好。"

"好的，您平时住的1818客房正好空，我就留给您了，我们会安排好大桶水和茶具，方便您和客户聊天。"

"谢谢，每次你们的安排都这么周到。"

"不用谢，刘总，房价还是协议价1218元，您住完后我们会联系您的助理，支付并开具发票。"

"好，住你们酒店真省心。"

阅读以上案例并回答下列问题：

1. 过去，H酒店为什么服务效率低下?
2. 现在，H酒店为什么服务效率提高? 对比过去，服务质量是否有提高?
3. 在餐饮服务过程中，客户关系管理系统和客户数据能否用于提高服务效率?

在"以客户为中心"的经营理念指导下，酒店企业为了提高客户满意度、提升客户保持率，普遍开展集团忠诚度计划，建立一系列软件平台，在集团层面实施客户管理、预订管理和数据管理，其中会员管理系统（customer relationship management system，CRM）和中央预订系统（central reservation system，CRS）处于核心地位（图2-1）。

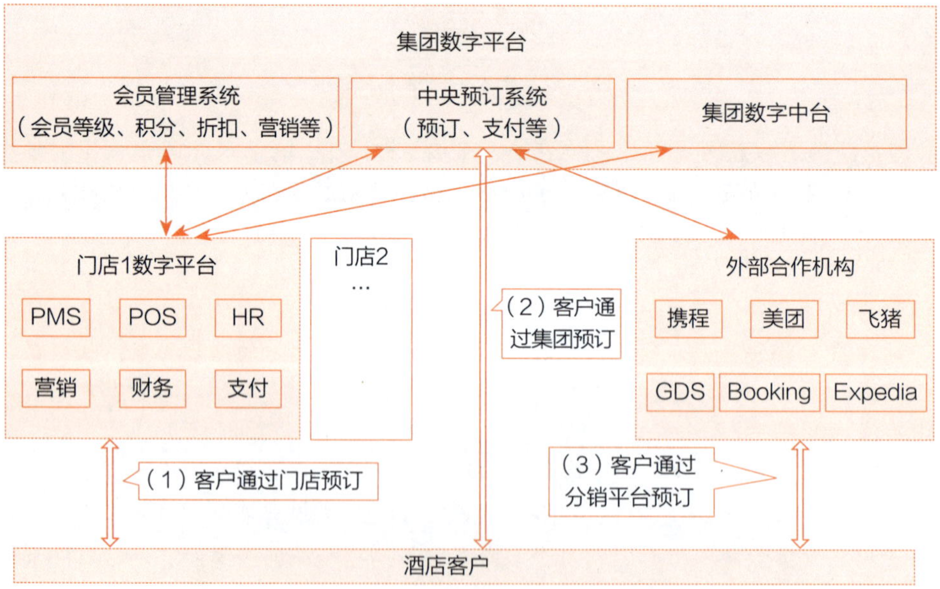

图2-1 酒店建立了以CRM、CRS系统为核心的数字平台

一、酒店集团的信息系统架构

互联网技术应用之前，酒店连锁经营主要体现在硬件层面，相同的品牌、相同的装修和服务标准，而客户管理、预订、支付等服务分散在各个门店，酒店集团总部难以实现客户、

业务的集中管理，也无法建立起集团层面的品牌、营销和渠道体系。互联网技术提供了新的解决方案，酒店集团可以通过数字技术将客户、业务进行管控，在品牌形象、推广体系和销售渠道领域实现集中管控，为酒店集团发展建立新模式。为了实施集团化管理，连锁酒店集团陆续建立起集团数字平台，其中主要包括下列三个领域的系统。

1. 集团中央预订平台

中央预订系统（central reservation system，CRS）是连锁酒店首先建立的业务管理系统，在20世纪60年代开始建立，可以实现新建预订、修改预订、支付等功能，并且保持CRS系统与门店PMS系统的数据同步：

（1）客户通过门店直接预订（客户本质是门店的客户）：客户直接通过电话、邮件、微信向门店进行预订，预订数据存储在PMS系统中，需要将预订数据同步至CRS，如酒店某房型只剩一间客房，当客户在PMS中完成预订、占用客房后，CRS中该房型成为“满房”状态。

（2）客户通过集团预订门店（客户本质是集团的客户）：客户直接通过电话、邮件向集团预订中心进行预订，或者通过集团网站、微信小程序等平台预订，预订数据存储在CRS中，需要将预订数据同步至PMS系统。

（3）客户通过分销平台预订（客户本质是分销商的客户）：客户通过网站、App等平台完成预订，分销平台可以将预订信息发送至门店，由门店完成预订，专业的酒店集团将CRS与分销平台通过接口连接，实现预订自动化。

使用CRS后，酒店集团实现了业务数据的统一管理［分别对应图2-1的（1）（2）（3）流程］，但早期系统将每一次预订独立处理，无法实现数据统一管理，比如某客户多次通过CRS预订，每一次预订都需要告知门店需求、姓名、联系方式等信息，预订时间在3分钟以上，由于远程支付体系的不健全，主要以非担保预订为主。

2. 集团会员管理系统

为了完成客户管理目标，需要建立集团会员管理系统（CRM），该系统整合会员管理、会员卡管理、积分管理、积分兑换等功能，实现了客户一体化管理。CRM与CRS结合使用，一方面提升了预订效率，客户的姓名、联系方式、支付方式等信息被重复使用，优化了服务流程；另一方面，可以对客户的消费情况进行统计和分析，制定更有效的销售策略、会员级别、会员积分等制度。CRM和CRS一个管理客户、一个管理业务，共同构成了现代酒店集团数字化管理的基石。

3. 数字中台

在过去，酒店集团对旗下门店主要执行宏观管理，即对人事任命（总经理和高级管理人员）和经营结果进行考核（营业收入、营业利润、客户满意度等），一般不介入具体的运营细节，酒店的运营数据也主要存储在门店PMS、POS等系统中，很难实现数据整合和运营分析。最新的大数据和互联网技术提供了新的可能性，酒店可以进一步细化管理，运用人工智能技术对数据进行深入的分析，包括运营数据、财务数据等，这种新型系统被称为数字中台。数字中台是信息技术的最新应用成果，也是酒店业未来的发展方向，可以进一步提高酒店的管理效率。

行业链接

酒店 CRM 系统与会员管理系统

在过去，受计算机硬件和软件的限制，酒店集团开展客户关系管理难度很大，不但需要一系列的软件系统，如会员管理、会员卡管理、积分管理、积分兑换等，还需要将这些软件与每一家酒店的运营系统（PMS）进行连接。每一位客户、每一次预订、每一笔消费的数据都需要准确统计，客户积分、消费等统计数据才能正确生成。此时的CRM系统并不特指某一软件，而是一系列软件的统称。

在今天，大数据、云计算等技术的应用，计算机硬件和软件能力大幅提高，酒店集团可以建立一体化管理平台，实现了客户信息、积分、储值、会员级别、销售管理、数据分析等功能的融合，并且将集团所有酒店的PMS、POS等运营系统和数据连接起来，有效地提高了酒店集团的客户管理水平和对数据的应用能力。

关于这样的管理平台，在不同的酒店集团称谓并不统一，如大会员平台、忠诚度平台等，为了便于教材保持一致，本书统一称为酒店会员管理系统（CRM系统）。

总之，在“以客户为中心”思想的指导下，大多数连锁酒店建立起忠诚度计划并打造集团会员管理系统，实现了客户信息、积分、储值、会员级别、销售管理、数据分析等功能的融合，确保忠诚度计划的执行，其中储值、积分是价格优惠的常用方法；会员级别、客户信息是服务增值的主要依据；销售管理、数据分析是精准营销的重要支撑。在CRM系统的支持下，根据客户级别提供差别化的服务，向高等级客户提供个性化服务，一般等级客户提供标准化服务，在服务过程中获取客户信息并录入CRM系统，不断完善和丰富客户画像，差异化服务体系是酒店提升满意度、增强酒店盈利能力的关键举措。

二、客户关系管理系统与酒店变革

如果说“以客户为中心”是酒店越来越普及的经营理念，那么在信息技术快速发展、酒店企业竞争日趋激烈、产品生命周期不断缩短的今天，这种理念转化为酒店集团的运营行为，推动酒店企业发生了以下变革。

1. 建立以会员制度为核心、以信息系统为基础的客户关系管理系统

会员制度最早诞生在零售业，1981年美国航空最早建立了现代意义上的常旅客计划AAdvantage 。在酒店业，1986年喜来登酒店设立名为国际俱乐部的会员体系。20世纪以来，连锁酒店集团普遍建立了集团会员体系，并普遍使用以计算机为基础的忠诚客户计划（或常客奖励计划），即酒店企业对于消费相对频繁的客户提供一系列价格优惠、服务增值和其他奖励方式，其目的在于奖励忠诚客户、刺激重复消费、留住核心顾客并带来新客户，同时建立起酒店质量管理体系，是旅游、航空、酒店行业实施关系营销的常见方式。在中国，2000年之后才逐渐建立会员体系和会员制度，如7天、开元等，但该领域发展很快，目前大多数酒店管理集团都建立了会员制度和会员体系。

客户关系管理系统最初被认为是借助信息技术和计算机网络，获取客户信息并用该信息支持酒店市场营销和日常服务的工具，一般称为CRM系统、eCRM或会员系统。CRM系统和CRS系统与每一家门店的PMS系统连接，酒店企业能够从每次客户互动中获取信息，不断更新客户数据和统计数据，例如客户预订时，CRM系统会根据会员级别显示价格，消费结束后计算积分并计入CRM系统，客户消费达标后会员级别提升。客户数据被用于对客户的识别、接待、客房、餐饮等服务和内部流程，这些信息也用于未来与客户的互动，如酒店GRO可以在CRM系统中看到即将入住客户的喜好、禁忌和过往投诉。这样的体系明显地提高了酒店运营的效率和质量，并且覆盖越来越多的客户接触点，最终覆盖住前、住中、住后的客户生命周期，实现从客户发现到客户留存的目的，CRM系统和客户数据已经成为酒店连锁化经营的重要基础设施。

2. 围绕客户关系管理系统，酒店集团推进管理体系和组织变革

在应用CRM系统之前，连锁酒店总部通过选址定位、建筑设计、装修风格和服务标准建立品牌形象，凯悦、希尔顿酒店是这种发展模式的代表，亚特兰大凯悦酒店、上海金茂君悦酒店是这种模式的经典案例（图2-2），希尔顿酒店也以“今天，你对客人微笑了吗?”作为统一的服务标准。客户在不同酒店入住时，酒店之间并没有数据的联系，标准化服务是连锁酒店共同的选择，个性化服务只能偶然发生。

在应用CRM系统之后，客户在不同酒店的数据集中存储于CRM系统中，酒店集团逐渐建立起丰富的客户数据，数据逐渐成为连锁酒店集团的最重要的竞争优势，既可以用来提供个性化服务、完善销售策略（图2-3），也可以通过客户满意度调查，建立起酒店质量管理体系。酒店会员制度取代了建筑、装修和服务，成为吸引客户的重要手段。

连锁酒店围绕CRM系统建立起一系列的组织和制度，在连锁集团总部，设立质量管理部门，通过客户调查、网络点评等方式，对客户满意度进行定量评价；在门店设立服务质量岗位或部门（一般为质量经理等，直属上级为酒店总经理或驻店经理），将客户满意度进行分解，建立酒店层面的服务质量责任制度；设立宾客关系部（或客户服务部，有些酒店由大堂副理负责）负责重点客户的接待和服务、意见收集、投诉处理等，提升客户满意度（图2-4）。

图2-2 传统酒店以建筑、装修作为重要的客户吸引物（亚特兰大凯悦酒店）

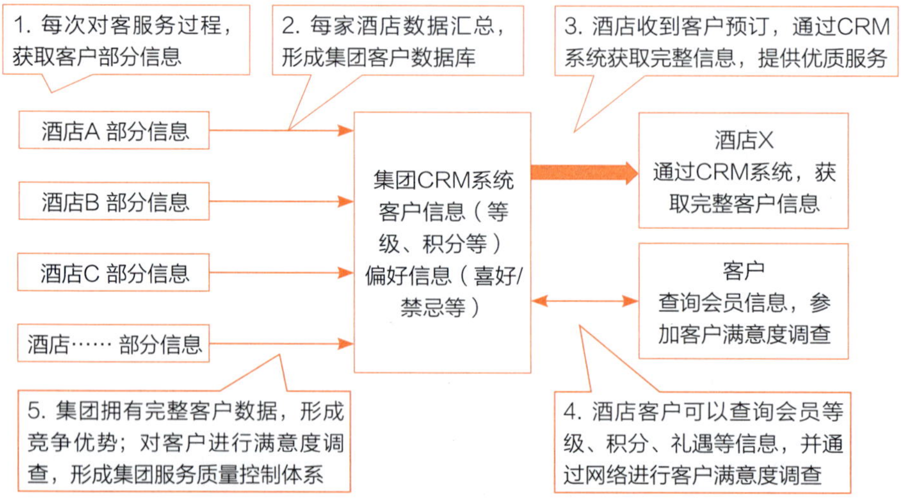

图2-3　CRM系统改变了服务流程，实现了“标准化地提供个性化服务”的目的

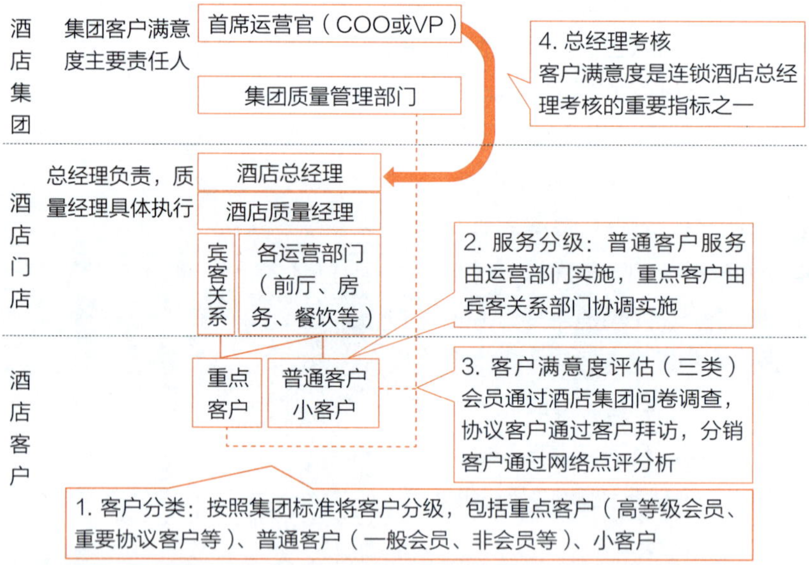

图2-4　连锁酒店围绕CRM系统实施组织变革，构建服务质量控制体系

行业链接

分销客户与网络点评

分销客户，是指通过分销渠道购买酒店产品的客户，如携程订房、美团点餐客户。从客户价值角度看，分销客户价值低于高级别会员，客户分类应归类为小客户，也称零散客户，是不稳定的客户群体，随意性和偶然性较强，包括许多亲子、家庭出行客户，也存在商务、差旅客户。

但随着社交媒体、网络点评的发展，这一类客户的意见又不能忽视，他们在酒店消费期间得到满意的服务，也许不一定会发表什么看法，但他们遇到麻烦或不满意的服务，尤其是能够通过照片和视频呈现的服务，他们就会利用社交媒体和网络点评“吐槽”和“曝光”，导致酒店声望和未来预订受损。越来越多的酒店集团发现了这个趋势，通过专业的网络点评机构如众荟等，分析酒店在分销平台和社交媒体的评价数据，如携程、美团、微博等，作为酒店服务质量的组成部分。

有些酒店为了提高网络点评分数，将分销客户全部设置为“VIP”，提供优质的服务，你认为这样做是否正确？

3. 数据成为酒店集团的核心资产，酒店管理成为独立的产业

随着客户关系管理系统的应用，酒店集团和品牌与客户的关系越来越牢固，早期计算机系统存储空间昂贵、计算机网络无法传输大量数据，酒店集团存储大量会员信息的成本过高，只能将客户信息分散存储于每个门店的PMS系统，在总部CRM系统中只存储少量核心客户数据。

随着酒店集团化的发展，尤其是互联网、大数据、云计算技术的进步，越来越丰富的数据进入CRM系统，会员管理、客户资料的管理层级也逐渐上移到酒店集团，建立起集团CRM系统数据库（图2-5）。在这样的变革中，集团CRM客户数据并非每个门店数据的简单“堆积”，而需要进行客户识别，对多个酒店的业务数据进行汇总统计，根据客户对酒店集团的业绩贡献评价客户价值并最终确定客户级别，需要一体化的CRM系统来实现（图2-6）。这一过程的难点在于识别顾客，以往主要是用身份证号码、护照号码来识别，随着移动互联网技术的发展，手机号码逐渐成为标识客户的主要方法。

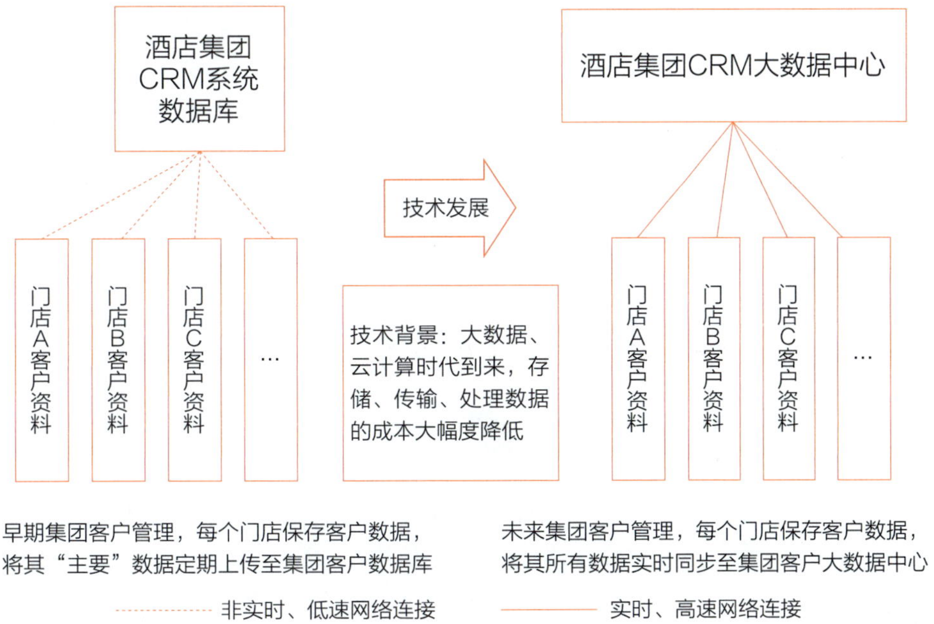

图2-5 酒店集团客户管理体系的变化趋势

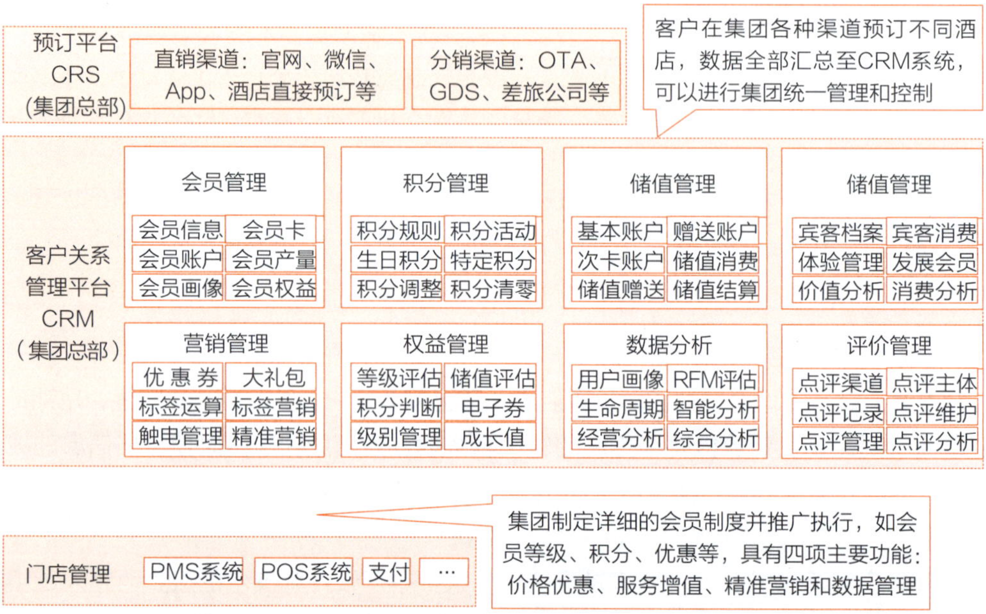

图2-6　一体化CRM系统是连锁酒店实施客户集团化管理的关键

行业链接

会员卡是否需要设立有效期

早期，由于存储会员信息的空间价格昂贵，企业会员卡一般都设立有效期，如：连续1年未消费的客户，会员数据清零，甚至部分企业会定期删除会员信息来释放存储空间。制定这一制度的原因是存储成本高，存储低等级会员数据无法获取足够的利润，对酒店企业并不划算。

随着信息产业的发展，一方面，存储成本快速下降，互联网产业进入大数据发展阶段，显著降低了酒店存储客户数据的费用；另一方面，拥有大量会员是酒店集团实力的象征，有助于酒店集团进行扩张，越来越多的酒店设置“永久会员”，即存在一个或多个会员级别，会员永久有效。

三、客户关系管理系统给酒店带来的作用与价值

CRM系统给酒店，尤其是连锁酒店经营带来了许多好处，主要包括以下几个方面。

1. 客户信息的统一性

由于客户信息都存储于集团客户数据库中，无论通过哪一个渠道，客户和酒店员工都可以获取准确、实时的信息，酒店客户可以查询会员信息、积分、最新促销等；一线员工可以获取客户信息，与客户互动并提供优质的个性化服务；而酒店管理人员则更多关注客户动态数据、统计信息等，从而做出更快速、准确的经营决策。

行业链接

从仪表盘报告到管理驾驶舱

酒店管理软件可以将一线主管和经理关注的报表汇集到一起集中显示，实现跟踪运营业绩和趋势的可视化，便于酒店管理者完成工作目标，这种集成显示机制被称为仪表盘报告（dashboard report）或者驾驶舱。CRM系统利用可视化的示意图、表格、条形图等，实现复杂信息的可视化，它可以监督工作业绩并实现关键绩效指标（key performance indicators，KPI），这有助于完成经营方面的指标，如会员数量、总收入等（图2-7）。

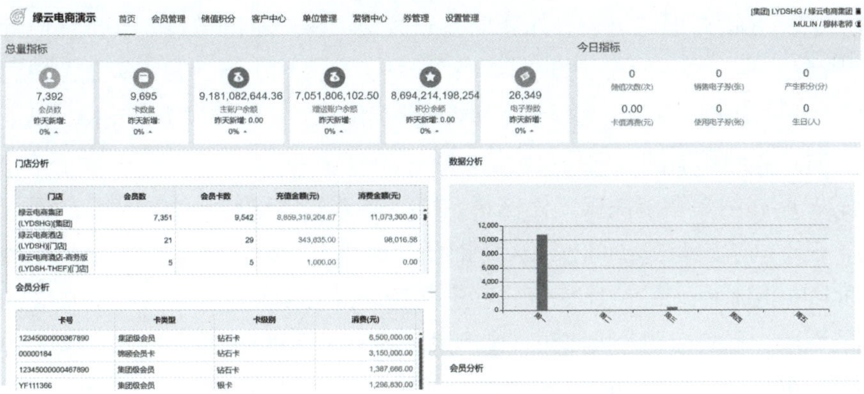

图2-7 现代CRM系统整合会员管理、积分、储值等功能（数据来源：绿云大会员系统）

行业链接

餐饮的数据、订餐与服务

H餐厅使用客户关系管理系统后，餐厅效率和业绩都有明显提升，下面是一次订餐电话的沟通过程。

餐厅销售员小张接到客户孙总的订餐电话，晚上6个人用餐。

“孙总好，给您订今天晚上的包房，6个人用餐，包房名‘锦绣’，今天要宴请的主宾来自哪里？”

“客户来自安徽，50岁左右女性，今晚的客户很重要。”

“好的，那餐标给您提高到400吧，”小张看到系统显示孙总平时餐标280元的数据，“我看上次用餐有两个菜您不太喜欢，我结合主宾的口味调整一下发给您看看。”

10秒以后，张总已经收到调整好的菜单。

“张经理好，菜单没问题，尤其是你臭鳜鱼点的非常好，刘总就好这口。”

“好的，那我就照这个下单了，菜单和请帖我已经发您，您可以转发给今天的客户。”

阅读以上案例并回答问题：

①H酒店餐厅销售员小张是如何提高点餐效率的？

②餐厅的客户与客房产品客户存在哪些不同？

2. 整合多种互动渠道

酒店为了加强与客户沟通、接触更广泛的市场，建立了多种互动渠道，早期的电话、电子邮件、网站，后来推广到呼叫中心、微信平台、智能语音机器人等多种沟通渠道。借助CRM系统，酒店记录了与客户所有的互动信息，如客户预订、消费、偏好、投诉、支付、退款等信息，可以把互动渠道与市场营销、服务进行有机结合。

3. 客户画像与数据分析

CRM系统记录客户信息并提供给酒店中高层管理者用于制定市场策略和长期决策，一方面，CRM系统中的数据描述了客户的基础数据、消费行为、购买方式、酒店与客户的互动等，可以用来了解客户的整体情况，完善客户画像；另一方面，这些数据也描述了酒店在会员管理、会员营销方面的进展，如新增会员数量、客户互动数量、会员储值金额、发放积分/消费券数量等。酒店的市场推广、营销计划、产品和服务的升级等重大决策都受益于CRM系统所提供的分析数据，高层管理者妥善利用CRM系统提供决策支持，从而提升营销效果、改善客户体验和增加客户终身价值。

最新的发展趋势是智能决策，让信息系统具备部分自动判断的功能，从而为酒店决策提供支持，在不同阶段有多种叫法，从商业智能（BI，business intelligence）到人工智能（AI，artificial intelligence），比如流失客户判断、异常预警等，实现这些功能的本质在于行业数据的积累、系统自动分析比对，比如某酒店定义年消费金额对比去年同期下降的客户为流失预警，某餐厅定义客户60天未消费为沉睡、120天未消费为流失（图2-8）。

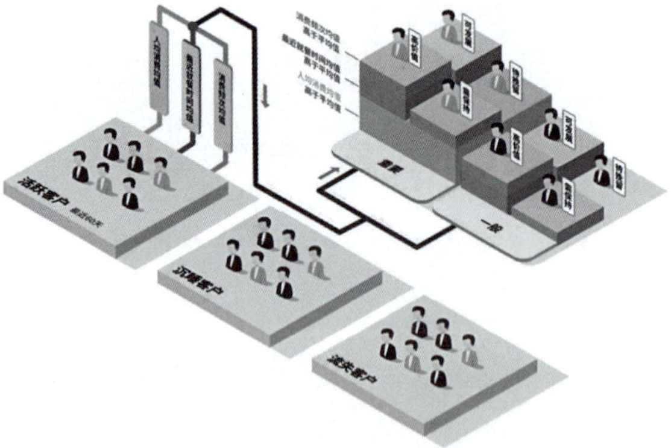

图2-8 根据客户数据对客户进行分类评价（数据来源：客必得餐饮客户分析系统）

四、常见酒店客户关系管理系统及其应用

1. 连锁酒店自行开发

早期连锁酒店集团主要采取自行研发的路线，通常将集团CRM系统和门店的PMS系统进行结合，比如希尔顿酒店集团将System 21酒店管理系统进行整合，开发了名为OnQ的系统平台，除完成日常的酒店业务外，还可以方便地访问其他系统提供的数据，比如Group 1客户联络管理系统、E.piphany客户关系管理数据分析系统等。丽思卡尔顿酒店集团也建立了

名为秘诀系统（Mystique System）的CRM系统，为酒店提供优质服务奠定了基础。

酒店自行研发CRM系统实现了连锁酒店的需求，但CRM系统与PMS需要大量数据交换，而且所有酒店都将客户数据视为核心机密，不同的研发组织之间数据交换难度大。酒店自研系统大多使用人工整合数据的方式，比如丽思卡尔顿酒店的GRO需要在Opera PMS系统中查询入住客户名单（arrival list），将其中的重点客户录入秘诀系统中查询，这种操作方法效率较低、容易出错。

行业链接

丽思卡尔顿成功要素——秘诀系统的优势与短板

秘诀系统（Mystique System）于2005年开发，是丽思卡尔顿酒店集团自行开发CRM系统的代表。围绕秘诀系统，丽思卡尔顿酒店构建了客户喜好的获取、输入、使用的流程，实现了集团层面客户信息的共享，可以供旗下所有酒店参考，从而有针对性地提供个性化服务。丽思卡尔顿的目标是：为每一位客人记录5种偏好，如果客人下次来到旗下另一家酒店，酒店员工至少会满足这5种偏好中的3种或更多，秘诀系统是丽思卡尔顿"预见并满足客户的需求"目标的关键，被奉为成功三要素之首。

从服务流程看，秘诀系统帮助酒店实现了高水平的个性化服务，但秘诀系统无法与酒店PMS系统进行数据交换。如果酒店员工了解到某位客人的新信息（例如，客人偏爱健怡可乐），只能手工将该信息输入秘诀系统。在客户入住时，酒店员工需要先在Opera PMS中获取到店客户名单（arrival list），再进入秘诀系统进行查询。这样的操作一方面效率较低，另一方面，如果在操作过程中出现了数据错误，比如客户预订姓名错误输入，就会导致重点客户无法识别，出现服务缺陷。

在秘诀系统研发时，互联网还处于发展初期，由于网速和稳定性的限制，CRM系统均为非实时系统，例如某白金卡客户电话预订某酒店时，预订员无法实时获取该客户的会员信息，如楼层偏好、房型需求、投诉信息等，也就无法在预订过程中进行针对性的服务。

秘诀系统作为早期CRM的代表，为丽思卡尔顿酒店带来了显著的竞争优势，高质量的个性化服务成为酒店的重要卖点，在研发和使用过程中也克服了许多难题。随着中国软件产业的发展，国产大会员系统和PMS系统的配合更加紧密，功能更强、成本更低，为中国酒店开展会员管理提供了良好的基础。

2. 专业的客户关系管理解决方案

随着越来越多的酒店提出集团客户管理的需求，出现了专业的CRM解决软件平台，通常由传统PMS厂商开发，解决了数据完整度的问题，比如MICROS公司推出的OCIS（opera customer information system）系统，就可以解决酒店客户数据互联互通的问题，可以实现与PMS有效衔接（图2-9）。

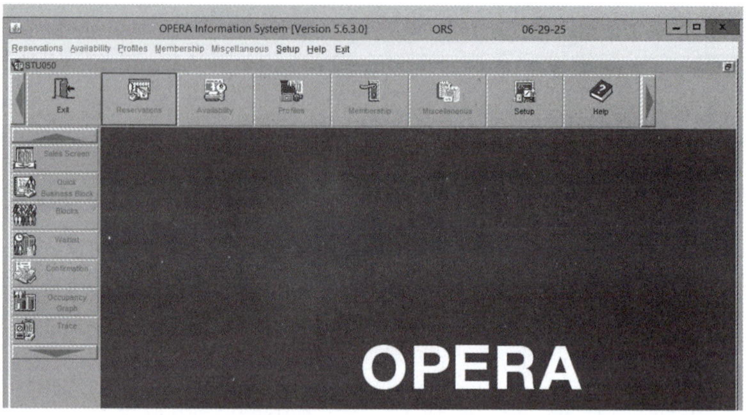

图2-9　Opera系统中OCIS客户关系已经与ORS集团预订系统整合

随着技术的发展，中国软件供应商也开发了功能完备的CRM系统，比如绿云大会员系统、盟广信息、石基昆仑等，还出现了专门运营酒店直销和会员的机构，如直客通等，结合互联网的发展，实现了CRM+PMS数据实时互联互通，用户操作效率明显提升（图2-10）。比如集团预订中心接到预订电话时，可以结合来电显示、呼叫中心等技术平台实时显示会员信息，提高预订的效率和质量；当客户在门店入住时，也可以实时显示会员信息，自动匹配服务资源（图2-11），中国互联网产业为酒店业的发展提供了基础。

图2-10　CRM系统中整合了会员在全集团的消费数据

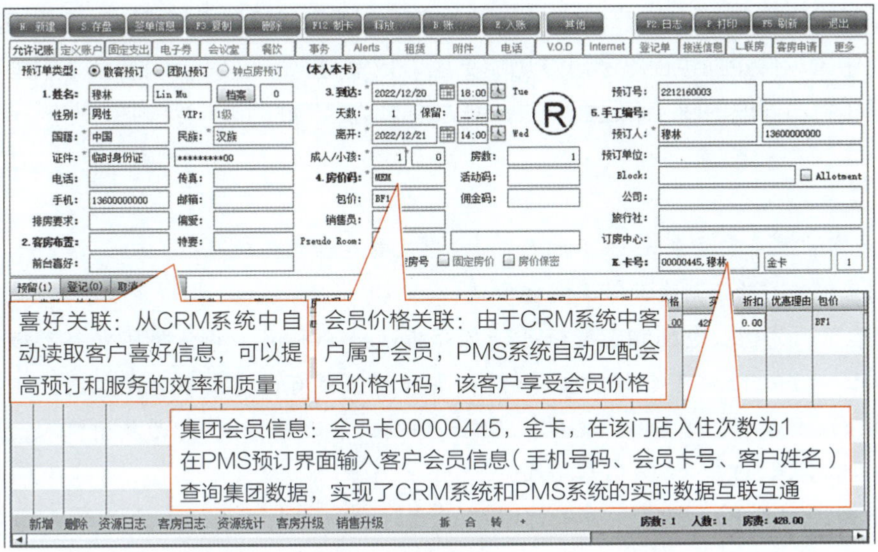

图2-11 客户预订时关联会员信息，匹配价格信息和服务需求

五、CRM 系统的未来展望

1. CRM系统功能和集成度进一步提升

在功能上，CRM系统逐渐成为管理客户数据的中心，不仅是酒店内部信息，还通过接入客户外部信息，比如景区、车辆、电子券的获取/使用等，实现更大范围的会员管理；CRM系统也与CRS系统、客户点评等系统整合，实现更好的功能整合。

2. CRM系统将成为酒店连锁经营的核心

酒店连锁经营的比例越高，对CRM系统的需求就越强，数量庞大、认可度高的会员体系既可以增强酒店的市场竞争力，也是酒店管理公司获取业主青睐的重要因素。今天的中国酒店在设施和服务方面获得了长足的发展，而会员管理方面落后于国际品牌，制约了中国酒店品牌的进一步发展。

3. 人工智能在酒店会员管理领域的应用

酒店会员管理积累了大量的数据，是AI技术应用的理想领域，比如万豪集团使用AI精准会员营销，根据会员等级、消费金额、历史入住偏好等多维度数据，自动生成“住客价值积分排名”，优化客房升级策略，比如系统预留了1间套房并为某钛金客户升级，减少了过去员工操作的随意性。这种策略使会员高等级会员满意度提升22%，投诉率下降35%。凯悦集团引入AI动态定价模型，根据会员消费习惯、市场需求及酒店库存调整积分兑换规则。例如，热点城市的酒店自动提高积分兑换门槛，同时为高等级会员保留固定配额。实现了积分兑换率提升27%，高等级会员积分消耗增长45%。四季酒店AI整合客房物联网数据与会员偏好，例如，会员连续三次选择“冥想模式”灯光设置，系统自动在下次入住前调整客房环境，并推送周边瑜伽课程链接，实现口碑传播率提升40%。

可以展望，随着中国酒店产业的进一步发展，对品牌建设和会员管理认识会不断提升，与此同时中国软件企业也在不断研发功能更强、效率更高的CRM解决方案，中国酒店将在客户管理和会员管理领域迎来迅猛发展，助力中国酒店产业的进一步发展。

实践演练

1. 什么是客户关系管理系统（CRM系统），它主要包括哪些功能？
2. CRM系统能够为酒店企业带来哪些价值？
3. **阅读下列案例、查询相关资料并进行分析：2018年4月，华住集团发布《华住关于全面停止/禁止OTA线下合作联合声明》，要求旗下所有门店必须通过集团CRS系统接入OTA分销平台（包括美团、携程、艺龙、去哪儿、飞猪等），称为集团接入，禁止旗下门店直接接入OTA，成为门店接入。

（1）酒店通过门店接入OTA，是否可以实现预订功能？在功能和客户体验方面存在哪些差异？

（2）集团接入和门店接入，在会员管理方面存在哪些差异？

（3）集团接入和门店接入，在数字化方面存在哪些差异？

随堂测练

1. 下列系统不属于酒店集团数字系统的是（　　）。
   A. 酒店集团会员管理（CRM）　B. 酒店集团预订中心（CRS）
   C. 集团数字中台　D. 酒店前台管理系统（PMS）
2. 酒店集团的数字系统中，会员管理功能由哪个平台提供？（　　）
   A. 酒店集团会员管理（CRM）　B. 酒店集团预订中心（CRS）
   C. 集团数字中台　D. 酒店前台管理系统（PMS）
3. 为提高客户满意度和忠诚度，酒店企业进行了一系列的组织变革，设立了多个新的部门和岗位，其中属于酒店集团总部的部门是（　　）。
   A. 集团质量管理副总裁　B. 酒店质量经理（或总监）
   C. 宾客关系专员（GRO）　D. 酒店大堂副理（AM）
4. 下列酒店企业应用CRM系统后，管理水平提升效果最显著的是（　　）。
   A. 某大型连锁酒店集团　B. 某单体高星级酒店
   C. 某家庭旅馆　D. 某农家乐
5. 某酒店集团是一家中型连锁酒店集团，当某客户入住集团A门店时，GRO看到该客户在其他门店的投诉记录。可以断定，该酒店集团一定建立了下列哪一种管理平台（　　）。
   A. 酒店集团会员管理（CRM）　B. 酒店集团预订中心（CRS）
   C. 集团数字中台　D. 酒店前台管理系统（PMS）

任务2 酒店客户关系管理系统应用

导入任务

运用CRM系统，了解酒店集团会员概况

尝试登录CRM系统并完成下列操作：

1. 登录酒店集团客户关系管理系统。

2. 查询集团客户统计信息：酒店会员总数（ ），其中白金卡（ ），金卡（ ），银卡（ ），普卡（ ）。

3. 根据会员来源省份统计，集团会员数量排名前三名的省份为（ ）（ ）（ ）。

4. 了解集团各家酒店的会员情况：会员数量最多的门店是（ ），会员数量为（ ）。

5. 集团储值卡使用情况：总储值金额为（ ），总消费金额为（ ），储值账户余额为（ ）。

6. 集团积分发放情况：当前集团积分余额为（ ），昨日新增余额（ ）。

7. 集团电子券发放情况：当前集团发放电子券数量为（ ），昨日新增电子券数量为（ ）。

8. **在集团所有门店中，发展会员最多的三个门店是（ ）（ ）（ ），分别有会员（ ）（ ）（ ）。

9. **在集团所有会员中，会员中消费最高的三位是（ ）（ ）（ ），卡号是（ ）（ ）（ ）。

市场上有多种酒店CRM系统，它们在品牌、技术、性能方面存在差异，但大多数系统核心功能比较类似，本教材以绿云大会员系统为原型系统进行讲解，意在展示酒店CRM系统的核心功能。酒店企业在经营实践中，应根据酒店的规模、客户管理需求、现有IT系统和企业IT能力进行综合评估，选择合适的CRM系统。

一、CRM系统登录

1. CRM系统的使用权限与信息安全管理

酒店应该根据不同职责来分配账号和权限，如集团副总裁、质量管理部门等，在酒店门店为总经理、运营总监、各部门经理、宾客关系部等。CRM系统中存储了大量客户数据，对酒店经营至关重要，各相关人员需要严格执行信息安全规定，关于CRM系统的账号开通、权限变更、密码重置等，应由酒店集团总部管理，确保信息安全（表2-1）。

表2-1 某酒店集团CRM系统权限账号分配表

层级	岗位/级别	账号	权限
集团端	首席运营官		集团所有门店的客户数据，集团会员

续表

层级	岗位 / 级别	账号	权限
集团	质量管理总监		集团所有门店的客户数据，集团会员
门店	总经理		本酒店的会员数据，预订了本酒店的客户数据
门店	服务质量经理		本酒店的会员数据，预订了本酒店的客户数据
门店	宾客关系部经理		本酒店的会员数据，预订了本酒店的客户数据
门店	宾客关系专员		本酒店的会员数据，预订了本酒店的客户数据

2. CRM系统的登录

目前常见CRM系统均为B/S架构的SAAS应用，适合分布范围广、系统复杂的用户使用，在使用时感觉更像是登录网站，本教材使用绿云大会员系统作为原型系统，输入网址https://crm.ihotel.cn，依次输入酒店代码、用户名和密码等信息，登录CRM系统（图2-12）。

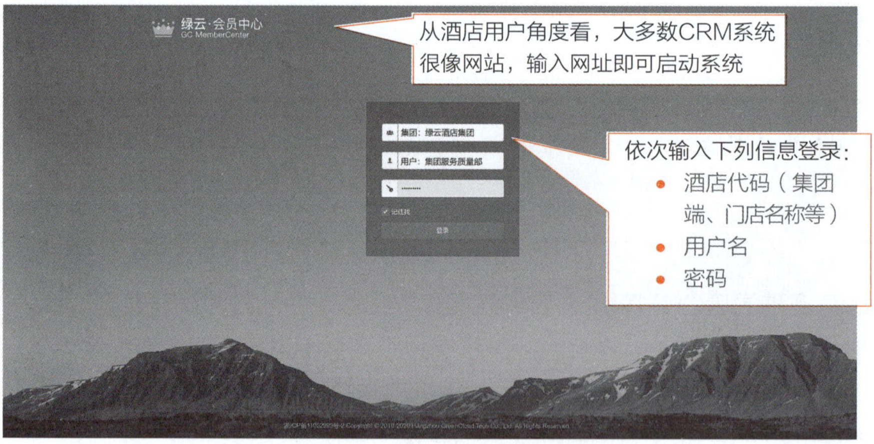

图2-12　CRM系统登录界面

二、CRM 系统概览

作为国内一款典型的CRM系统，绿云CRM能够整合多种PMS系统数据，如Opera PMS（酒店管理系统）、绿云、西软等，实现酒店客户管理的目标（表2-2）：准确地标记和评估客户，向他们提供价格优惠和服务增值，提高客户满意度和忠诚度，鼓励重复消费并且影响更多的客户，最终提升酒店销售业绩。价格优惠、服务增值和精准营销是客户关系管理的关键词，也是所有CRM系统的共同功能，为了准确度量和评估效果，CRM系统一般提供完善的报表功能、数据分析和实时监控功能。

表 2-2 酒店会员管理制度与 CRM 系统功能的对应关系

酒店目标	管理手段	CRM 系统功能	对应的会员管理制度
提高客户满意度和忠诚度	价格优惠	会员管理与等级	不同客户匹配不同价格或优惠策略
		积分管理	消费获取积分，积分可以兑换礼品或客房等，也可以抵用现金，也可以用现金购买积分
		储值管理	储值赠金额、储值获取会员级别
		票券管理	通过各种代金券、折扣券、满减券等实现价格优惠
	服务增值	会员管理与等级	不同客户匹配不同服务等级
		会员评级	根据客户消费、储值等数据对应会员级别
		票券管理	根据客户等级发送不同的票券
提高营销效果	精准营销	消息管理	在不同时间，向不同的客户发送定制信息
		票券管理	向不同类型的客户进行票券精准推送
		舆评管理	对客户投诉、建议和分销渠道点评信息进行管理
辅助服务、营销决策	数据分析	标签管理	对客户数据加注标签
		会员画像	对客户进行分类分析

1. 主界面和关键指标展示

大多数CRM系统的主界面会根据登录用户的不同级别，显示核心指标，强化落地执行，如总部登录后显示整个酒店集团数据（图2-13），而门店登录后只显示该门店数据（图2-14）。首页展示了总量指标、今日指标、会员分布、数据分析、门店分析、会员分析、消费分析7个统计内容。

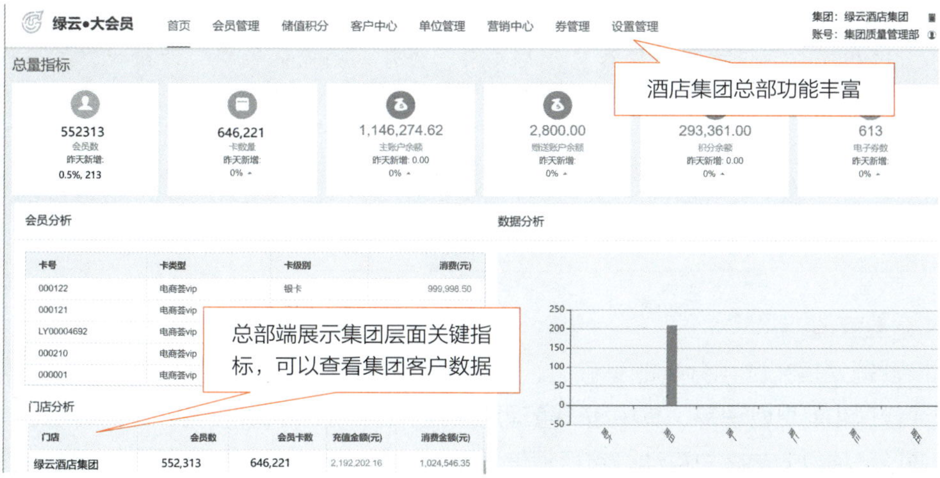

图2-13 CRM系统主界面（集团端：主要关注集团层面数据）

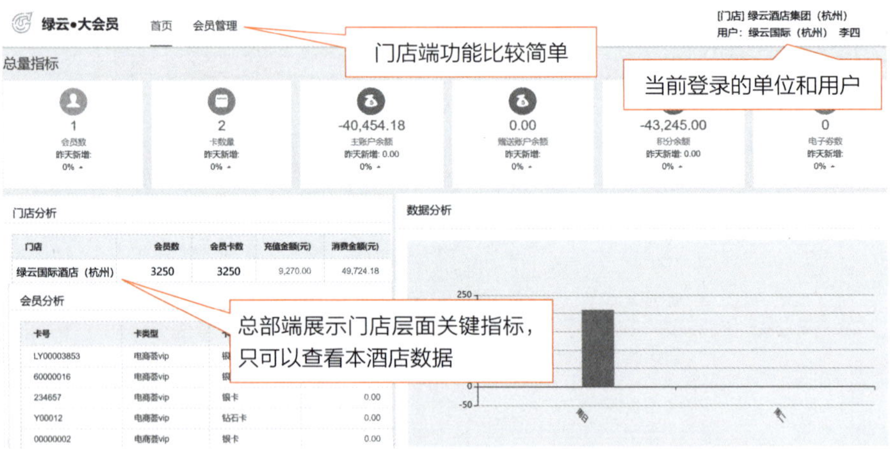

图2-14　CRM系统主界面（门店端：主要关注门店层面数据）

2. 价格优惠与服务增值

围绕“与客户互动，并提供增值服务和价格优惠”目标的一系列功能，是CRM系统的基础功能，包括会员管理、积分管理、储值管理等，并提供相关报表。

行业链接

连锁酒店为什么储值卡使用率较低?

储值卡，又称预付卡，即客户一次性支付某金额作为预付款，在未来一定时期内进行消费的经营形式，对优化企业现金流、提高客户保持率效果极佳，在许多行业应用非常广泛，如零售、通信、交通、美容美发等，在许多住宿餐饮企业，也有比较广泛的应用。

但是，在连锁酒店产业，储值卡的应用并不广泛，主要由于两方面的原因：

1. 从酒店角度看，储值本质属于预收款，不能纳入营业收入，也就不会计入管理团队的业绩，无法对销售人员和管理人员进行奖励。

2. 酒店发放储值卡需要给客户开具发票，会带来高额的税费，所得税、增值税等合计超过30%。

所以，大型连锁酒店集团很少发行集团通用的储值卡，企业实践中一些酒店的储值卡，大多数是酒店业主方出于优化现金流、税收统筹等需要自行发放，一般只能用于特定酒店使用。从CRM系统角度看，在很多酒店储值功能的应用并不广泛。

3. 精准营销

精准营销是指在数据分析的基础上，向存量客户销售的过程，包括促销管理、票券管理、舆评管理和消息管理等，其中舆评管理用来维护客户的点评、投诉、舆情等信息，消息管理是通过各种渠道与客户互动，包括短信、微信、邮件等方式。推广是增加潜在客户的过程，在互联网时代，推广与销售的界限越来越模糊，比如向客户发送优惠券，可以视作销售活动，而向潜在消费者发放优惠券、刺激消费的行为，则可以视作推广。让客户说话，影响更多的客户，是社交媒体和用户原创内容（user generated content，UGC）和专家生产内容（professional generated content，PGC）的重要特征。

4. 数据分析

CRM系统中存储了大量的客户数据，酒店还不断尝试对外部数据进行整合，形成酒店大数据，CRM系统的分析功能越强大，就可以形成越详细的客户画像，对酒店企业的服务和营销的作用也越大。在分析之后，可以对客户添加标签、进行分类等，便于日常管理。

三、重要指标介绍

1. 总量指标

当前会员数/卡数量/储值总额/积分总额/电子券数，同时展示昨日新增数量以及所占百分比。

维护良好的会员体系，既可以形成忠诚的客源群体，加强营销，也可以形成直销客群，优化渠道。从数据角度看，会员的消费过程产生的数据量最大，客户地理位置、手机归属地、预订平台（应用程序、微信小程序等）、预订时间、支付平台等数据完备，可以最大限度地为客户分析和市场营销提供依据，会员预订的数据质量不仅超过了分销预订，也明显好于电话预订、网站预订。各酒店集团都将增加会员数量、提高会员质量作为重要目标，也为集团门店制定了会员发展的目标，具体数量与酒店规模、级别和员工数量有关，通常每位员工每月几个到几十个不等。

2. 今日指标

统计当天的订单/销售电子券/产生积分/消费/使用电子券数以及当天生日的人数。

3. 会员分布

统计每个省份的会员总数，并在地图上用颜色的深浅加以区分，会员数越多，省份颜色越深，鼠标悬停时可显示对应省份会员数量。

4. 数据分析

以柱状图统计最近7天每日新增会员数量/会员卡数量/消费金额/充值金额数据，鼠标悬停时可显示当天各指标数值。

5. 门店分析

统计集团与每个门店的会员数/充值金额/消费金额总数，集团登录时展示集团与每个门店数据，根据会员数量从多到少排序，门店登录时仅展示当前登录门店数据。

6. 会员分析

展示消费金额最高的5张会员卡数据。

7. 卡数量/昨日新增

发放会员卡的总数，一般与会员数量有所差异：

（1）酒店存在多种会员卡，如常规会员卡、储值卡、餐饮美食卡，酒店还会发放健身卡、SPA卡、温泉卡等。

（2）一位客户可能有多张卡，如果是会员卡，可以将多张会员卡合并。

（3）会员卡的有效期。过去酒店发行的会员卡具有有效期，超期失效，近年来大多数酒店会员管理的理念发生变化，发行的最低级别的会员卡均为终身有效，只是会员级别会定期升降级。

8. 账户余额/赠送账户余额

反映了会员卡中存储的金额，主要用于储值卡，许多酒店发放储值卡时存在赠送金额，如充10000元赠1000元等，赠送金额记入独立的赠送账户（此类账户金额会有许多条款，比如消费范围、消费期限等），便于财务核算。

9. 积分余额/昨日新增

会员消费时产生的积分总数，是大多数连锁酒店最重要的会员奖励计划，结合积分兑换客房、积分商城等功能，可以实现客户有效激励，并且可以结合会员级别实现差异化定价。

10. 电子券数量/昨日新增

CRM系统向会员发放的电子券张数，通过CRM系统发放的电子券可以精确地记录发放时间、发放对象、使用情况、使用率等指标，还可以进行分享、转发、裂变等，电子券是社交媒体时代酒店常用的营销手段。

行业链接

裂变营销

裂变营销是指通过社交平台，通过分享曝光、转发积赞、邀请好友、拼团优惠、票券分发、订房拼团等形式实现推广的一种营销方式，如酒店向会员发放优惠券，持券预订客房给予100元优惠，优惠券转赠有效，鼓励客户转发裂变；或者某餐厅发放优惠券，持券用餐可以免费获赠10只小龙虾等，裂变营销的核心在于鼓励客户分享，吸引新会员的加入。

裂变营销的价值不仅仅是销售，更重要的是对数据的跟踪和分析，分享效果评估、分享时间等数据的汇总和总结，对营销效果影响深远。

11. 今日指标

今日酒店集团/门店主要指标的实时数据，包括订单（本日会员新增预订客房总量）、销售电子券（发放电子券的总金额）、产生积分（因会员消费而发放的积分总数）、消费（会员消费总金额）、使用电子券（发放的所有电子券当日使用金额）、生日（所有会员中今天过生日的人数）等数据，点击今日指标可以链接到报表，查看详细信息，也可以实现生日祝福邮件、短信息的自动发送，实施客户关怀。

12. 消费分析

以折线图形式展示最近30天每日消费积分与消费金额，鼠标悬停时可显示当天具体数值。

四、总结

客户关系管理要求集中存储所有的客户数据，并且根据客户互动不断更新数据，今天的连锁酒店，使用CRM系统是完成这一任务的常用工具。借助高速互联网的应用，CRM系统越来越实时化，从发展会员、客户消费、积分生成到优惠券使用，数据被实时纳入统计；而移动互联网、智能手机的使用，每一部智能手机背后都是一个独立的客户，下单时间、地理位置等数据都被精确记录，进一步完善了CRM系统的数据指标。

实践演练

1. 同学们每3～4人一组分组讨论，每名组员选择1个最感兴趣的连锁酒店集团，通过网络、新闻等查询，它的集团会员规模为（　　），集团酒店数量为（　　），平均每家酒店的会员规模为（　　）。
2. 同学们每3～4人一组分组交流，任选酒店和岗位，回顾自己在酒店兼职、打工或实习的经历，或向有酒店工作经验的朋友询问，该岗位是否有发展会员的数量要求？该数量要求为（　　），为了提高该任务的完成率，酒店是否有奖励或惩罚的措施？
3. **了解酒店下列岗位，在客户关怀、客户管理方面有哪些职责？

层级	岗位 / 级别	客户关怀、客户管理方面的工作职责
门店	宾客关系部经理	
门店	宾客关系专员	
门店	前台接待员	

4. **尝试登录某酒店CRM系统，感受CRM系统与PMS系统在界面和功能上的不同。

随堂测练

1. 下列功能中，不属于酒店CRM系统的是（　　）。
   A. 会员管理　　B. 积分管理　　C. 会员画像　　D. 办理入住
2. 某连锁酒店集团CRM系统中，可以查询全集团会员数据的人员为（　　）。
   A. 某门店总经理　　B. 某门店宾客关系部经理
   C. 集团质量经理　　D. 某酒店宾客关系专员
3. 某连锁酒店集团CRM系统中，不可以查询A门店数据的人员为（　　）。
   A. A门店总经理　　B. B门店宾客关系部经理
   C. 集团质量总经理　　D. A门店宾客关系专员
4. 连锁酒店集团吸引会员的主要手段中，下列方法中错误的是（　　）。
   A. 积分策略　　B. 价格优惠　　C. 现金返还　　D. 服务增值
5. 面向会员的营销手段中，可以实现分享、转发、裂变的手段是（　　）。
   A. 电子券发放　　B. 会员积分奖励
   C. 充值返现金　　D. 客房免费升级

任务3 酒店集团忠诚度计划与CRM系统

导入任务

酒店会员体系调研

同学们每3～4人一组分组讨论，每名组员选择1个最感兴趣的连锁酒店集团，通过互联网登录会员网站，获取会员手册，查询酒店会员制度，熟悉酒店连锁集团会员体系并进行分析、讨论和总结。

（1）查询该集团会员体系信息，包括集团名称、会员体系名称等并填写表格。

类别	酒店集团1	酒店集团2	酒店集团3
酒店集团名称与定位			
会员体系名称			
基础级会员名称			
会员级别数量			
会员名称			
升级方法			
房型升级礼遇			
免费早餐礼遇			
行政酒廊礼遇			
付费会员			
特殊会籍（邀请制）			

（2）结合本次任务的调研结果进行分析，从酒店客户的角度分析，哪一个酒店会员体系对你最有吸引力？

（3）将你们的结论进行整理，与其他小组分享你们的结论。

当酒店进入以客户为中心的新时代，开展忠诚度计划就成为普遍的经营手段，酒店开始建立多种类型的会员体系，包括集团会员、门店会员、储值会员等，向会员提供价格优惠、服务增值来提升客户的忠诚度。CRM系统是酒店管理大量会员的有效工具，可以将客户的基础数据、消费数据、喜好数据进行集中管理，可以帮助酒店进行数据分析并制定更有效的营销和服务策略。

一、客户忠诚管理简介

客户忠诚管理是通过回馈客户的方式建立长久的关系进而增加企业收益的一种方法。在媒体全球化、渠道多元化、品牌多样化、客户选择自由化的背景下，客户的消费心理日趋成熟，使得酒店市场竞争异常激烈，最终导致客户形成多样化的需求，很少忠诚于某一特定品牌。客户只需浏览网页、打开App就可以方便地对比多个酒店的位置、服务、价格和客户点评信息，只需点点鼠标、动动手指就可以选择能够给他们带来更高价值的酒店，这些客户通常被称为“品牌摇摆者”（brand-swingers）。他们没有固定的忠诚模式，偏爱那些能够提供更多价值的酒店，酒店需要依靠有效的营销手段提升老客户的忠诚度，同时拓展新的客户群，在信息技术和数字技术的加持下，CRM系统成为连锁酒店集团的共同选择。

1. 客户满意度的定义

客户满意度（customer satisfaction degree）用来描述客户对酒店产品/服务与期望值相比较后的满意程度。客户的期望程度与酒店品牌和价格有关，品牌越好、价格越高客户期望值越高，酒店获得客户满意的难度也越大；酒店满意度会进一步细分，细分数量与接触点和关键时刻有关，比如酒店环境、入住服务、客房、餐饮等。

满意度是客户对酒店的一种感受状态，通常使用级别进行评价，满意度会影响后续交易行为的发生。相关研究数据表明：一个满意的客户，相较于不满意的客户，继续购买酒店产品或服务的概率会提升6倍。关于客户满意度的理论可以追溯到1965年Cardozo提出的“提高客户的满意度，会激发客户再次购物的行为”，基于客户满意度来评价企业质量是ISO 9000标准的核心方法。

2. 客户忠诚度的定义

客户忠诚度（customer loyalty degree）用来描述客户消费后的行为，即客户在一段时间内是否会再次消费该酒店的产品和服务，消费后行为是评估客户忠诚度的核心，主要指标是客户保持度（customer retention）。获取客户忠诚的目的不仅仅是赢得客户的重复消费，还包括收获良好的口碑以及巩固客户的关系。客户忠诚管理就是通过各种方式招徕、稳定客户，实现重复交易，并尽可能影响更多客户，客户满意度、竞争激烈程度是客户忠诚度的影响因素，影响着客户保持度和客户终身价值。根据学者的研究，酒店客户保持度每提升5%，可以增加20%～100%的利润[①]。

行业链接

OTA的发展与酒店客户管理的挑战

在线旅行社（OTA）是酒店业近些年来发展最快的领域，运用互联网技术，在线旅行社将大量酒店整合后向客户展示，方便了客户选择、预订、支付和点评，获得了商业上的成功。对酒店业，除了支付OTA佣金带来的营销费用提升，在客户管理方面也带来了新的挑战：

1. OTA让酒店之间的竞争更透明，更白热化。

2. OTA“价格一致性”条款限制了酒店自由定价权，即使是会员，也不能提供低于OTA的价格。

在这一背景下，酒店必须实施忠诚度计划来提高客户保持度，在价格上通过积分计划来实现间接的价格优惠，在服务上根据客户级别实现分级服务和个性化服务。

---

① 弗雷德里克·F. 赖克尔. 忠诚法则［M］. 陈绍锋译. 北京：中信出版社，2002。

酒店客户忠诚度的逐步提升意味着潜在客户逐步成长为酒店的支持者、拥护者和合作伙伴（图2-15），“粉丝经济”开始出现。

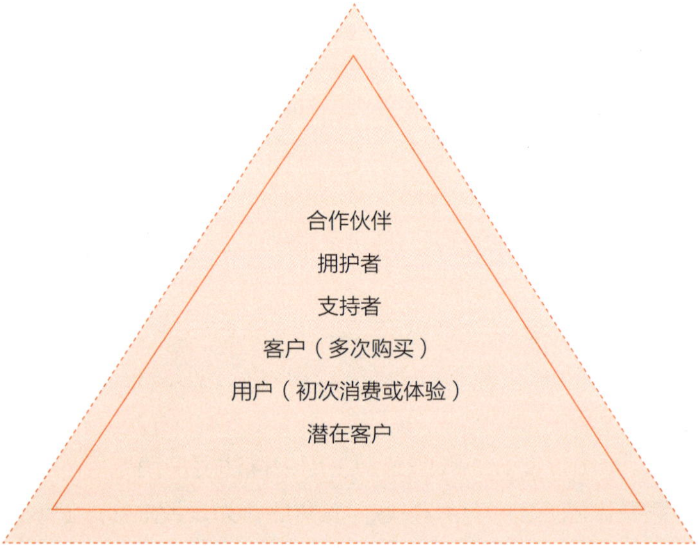

图2-15　客户忠诚的不同层级

潜在客户：是酒店品牌所定义的满足要求的目标群体，是市场中存在的个人或组织。例如，W饭店的目标客户：时尚潮流的创造者，年龄在30～35岁，受过良好教育，一般没有小孩，对最新、最酷、最时尚的东西感兴趣；中档酒店亚朵的目标客户：追求生活品质的新消费者群体，为企业服务的顾客群体；经济型酒店如家的目标客户：中小企业商务人群和休闲游客。

用户（初次消费或体验）：当潜在客户被酒店所提供的产品和服务吸引并购买时，该潜在客户就成为初次消费用户。在许多场景下，此类客户支付的价格可能比较低或者并不付费，比如团购、体验券带来的客户，或者餐饮企业中被宴请的客户。

客户（多次购买）：当初次消费的用户对酒店满意，继续购买酒店的产品或服务，就转变为该酒店的客户。消费者的初次购买可能只是为了尝试该产品或服务，而客户则是重复购买的消费者。对客户而言，初次购买或体验可能获得了一次非常满意的体验，例如，酒店在双十一大促时销售了许多客房体验券，王女士体验后非常认可酒店的设施和服务，加入了酒店会员并持续消费，成为酒店的客户。

支持者：当客户对酒店提供的产品或服务非常满意并将其推荐给自己的朋友、亲戚或者同事，该客户就是该酒店的支持者，形成了很高的忠诚度。由于口碑效应可以吸引更多新客户，而互联网和社交媒体进一步扩大了口碑的效应，口碑营销成为酒店营销中的新方法和新手段。在潜在客户向客户转化的过程中，口碑是很好的推广方式。

拥护者：酒店最高层次的支持者，除了会推荐新客户以外，还会持续增加酒店的销售额并主动与酒店沟通以改善产品或服务。客户拥护是酒店最强有力的市场营销工具，客户成为酒店产品和服务的代表，并强力推荐他人购买，在社交媒体时代，如果拥护者具有很强的影响力，就可以成为意见领袖（key opinion leader，KOL）、关键意见消费者（key opinion consumer，KOC）等。

合作伙伴：当拥护者积极参与酒店决策时，就成为酒店的合作伙伴，通过合作活动来提升客户价值，会使客户与营销人员间形成更强的黏合力。

在上述几个阶段中，客户忠诚度水平呈增长趋势，随着时间的推移，客户会展现出越来越高的客户价值，并为酒店创造利润以及良好的口碑。

行业链接

KOL 和 KOC

随着自媒体的发展，网络受众的关注点越来越专业化，单纯靠“颜值”已经很难打动用户。意见领袖（key opinion leader，KOL）是某一领域的专家，平时会通过不同的平台，如在抖音、微博、知乎、小红书等平台，发布自己的专业内容，吸引大量“粉丝”关注，直接或者间接影响“粉丝”消费行为的关键人。与“网红”不同，KOL靠的是在某个特定领域的专业权威度，被“粉丝”信任和认可。关键意见消费者（key opinion consumer，KOC）一般指能影响自己的朋友和粉丝的消费决策行为的消费者。

对于酒店产业，将高质量的视频发布在酒店官方网站、抖音账号，访问者多为酒店客户，无法吸引新客户流量，在这种情况下可邀请度假博主、美食达人体验酒店产品、拍摄视频并发布，可以带动酒店知名度和销售量的提升。

3. 客户忠诚管理

客户忠诚管理是指为确保客户满意度和忠诚度的提升而实施的一系列方法。在很多情况下，酒店提供价格合理、质量可靠的产品和服务就可以赢得客户满意，但酒店还需要主动通过更多的手段提升客户忠诚度，主要包括价格优惠、服务增值、精准营销和数据分析。客户忠诚管理的最终目标是提高客户满意度，使客户重复购买并推荐其他人选择酒店的产品和服务，即客户复购率和推荐率。

在酒店，客户忠诚管理需要细化为两个维度：客群与时间，客群是指哪些客户的满意度，比如酒店重点客户、普通客户、新客户等，酒店会格外关注重点客户、新客户的满意度，因为他们既是酒店收入的重要来源，也代表了酒店品牌的主要调性，比如某奢华酒店90%的客户都觉得太贵，但10%的重点客户觉得价格很合理，最终酒店选择继续执行现有的价格策略。通常酒店会向重点客户提供更好的服务，但他们的客户满意度未必更高，因为重点客户通常期待更高，例如客房升级、赠送早餐对于普通客户可能会受宠若惊，但白金卡会员却觉得理所当然。

客户满意度的另一个维度是时间，满意度的高低通常与经营淡旺季相反——在经营旺季，客户多，酒店场地、员工数量更加紧张，而且旺季销售价格高，客户期望更高，从而客户满意度较低；在经营淡季，客户少，员工可以更加关注客户、提供优质服务，并且淡季销售价格低，客户期待相对较低，从而客户满意度更高（图2-16）。

客户满意度关键指标	负责人	月度指标												酒店实际	集团指标
		1月	2月	3月	4月	5月	6月	7月	8月	9月	10月	11月	12月	目前平均值	目标
客户总体满意度	房务总监	70	65	70	85	90	85	80	80	90	85	90	70	80.0	80
入住体验	房务总监	68	63	68	85	85	85	75	75	88	80	88	70	77.5	77.3
总体员工服务	房务总监/餐饮总监	85	80	80	90	80	90	85	85	95	90	95	85	86.7	86.5
硬件维护与保养	工程总监	75	70	60	70	80	80	75	70	75	80	85	85	75.4	74
餐厅食品满意度	行政总厨	75	65	70	85	85	80	75	75	80	80	85	75	77.5	77
客房清洁	房务总监	95	70	75	85	90	85	75	75	85	85	90	90	83.3	82.7
互联网速度与性能	信息经理	60	60	60	85	85	80	60	60	70	70	75	75	70.0	70
高等级会员满意度	房务总监/餐饮总监	70	65	75	80	80	80	75	75	80	80	70	70	75.0	74.2
调查数量		60	[illegible]	80	60	60	60	80	80	60	60	60	[illegible]	1020	1000

客户满意度年度计划，客户总体满意度80

高等级会员满意度计划单列，目标值75

1、2月为经营旺季，客户满意度指标较低

三亚酒店冬季为旺季，春节期间为超级旺季，而夏季为淡季

7、8月为经营淡季，客户满意度指标较高

图2-16 客户忠诚管理需要考虑客群和时间（三亚某酒店满意度计划）

4. 客户忠诚管理的层次

客户忠诚管理涉及客户关系的三个级别，分别是客户满意、重复购买和推荐，三个级别是层层递进的关系。

客户满意：满意取决于客户对产品和服务质量、产品价格的认可度。产品和服务的高质量有助于客户更好地认识产品价值。

重复购买：如果客户对消费的产品和服务感到满意，而且市场上其他酒店不能提供更好的产品和服务，则客户会重复购买本酒店或本酒店品牌的产品和服务。

推荐：客户不仅会重复购买产品，而且会主动向周围的亲戚、朋友、同事进行推荐。只有在产品能够产生牢固的情感纽带时，这种情况才会出现，持续的价值实现和互惠互利是客户向他人推荐产品的前提条件（图2-17）。

图2-17 良好的分享工具和激励措施可以提高客户推荐概率

行业链接

网络商城与客户推荐

当客户对酒店的产品和服务满意时，会通过社交媒体等方式进行分享传播，如果酒店提供积分、返佣等奖励，就可以激发客户的分享热情，提高推荐的概率，拓展酒店客源。

借助酒店电子商务平台，可以方便地实现海报生成、会员推荐、消费统计、奖金计算等功能，是酒店加强客户关系的有效工具。

二、酒店客户忠诚度计划

酒店客户忠诚度计划是为了提高客户保留率并鼓励客户重复购买而开展的营销工作，这些工作会提高客户保持率，从而增加酒店的营业收入和经营利润。对于酒店企业，那些能够显著增加酒店收益的高净值客户都应该享有特殊待遇，对这类客户群体的服务需要实现高度的定制化和个性化，因此，忠诚度计划就是要通过采取客户识别、价格优惠、服务增值等活动来回馈客户，进而强化客户关系。

在酒店、餐饮等行业，企业会根据客户特征进行细分，通常的分类依据是客户价值——根据客户价值的不同来匹配不同的服务资源，从设施设备到服务人员。酒店企业的另一个特征是符合二八原则——一小部分重要客户所带来的收入和利润占主要部分，而大部分普通客户对收入的贡献却很小。通常酒店企业应特别关注以下两类客户群体：

高价值客户：毫无疑问，拥有消费次数多、消费金额高的客户群体是所有酒店的理想，比如多次重复消费的商务客户，酒店企业可以通过三种方式提升客户的价值，分别是提高客户保持率、减少现有高净值客户流失和促进中净值客户到高净值客户的转化。

高价值客户流失或者减少消费都会导致价值增长放缓、酒店收入减少，酒店需要开展有效的忠诚度计划确保高净值客户的保持率和消费额。CRM系统中的数据可以对客户流失、沉睡等行为进行预警，酒店可以及早做出反应，唤醒沉睡客户，挽回流失客户。同时，酒店还应该向中价值客户提供个性化的激励机制和消费回馈，从而促使他们转化为高价值客户。如果他们有成为高价值客户的倾向和潜力，那么他们会逐渐增加消费数量和频次，最终变为高价值客户。

酒店需要充分认识到吸引高价值客户的难度，一方面他们见多识广，对产品和服务的要求更高，“品位”更高；另一方面高价值客户是众多酒店争夺的目标群体，他们的“选择”更多，通常酒店制定满意度指标时，高价值客户的指标会低于普通客户（图2-16）。与此同时，酒店也应该客观看待这一问题，一方面，高价值客户的“挑剔”是公平的，对所有酒店都一致；另一方面，让他们满意的价值也最高——他们消费能力强、消费频繁、影响力大，提升高价值客户的忠诚度是酒店企业的优先工作。

行业链接

客户的沉睡、流失和激励

客户的沉睡和流失都是消费额减少的表现，酒店可以根据实际情况进行定义，比如某酒店将年入住次数减少15%的客户定义为沉睡、减少30%定义为流失，而一家商务餐厅将连续30天未光顾定义为沉睡，连续90天未消费定义为流失。

CRM系统可以对客户数据变化进行监控，及时发现客户流失，大多数情况下，酒店应首先与客户沟通，了解客户是否有投诉、业务变化等特殊情况，之后可以进行相应的客户激活，如客户答谢活动、定向奖励、特殊优惠等。

激励是准确告知客户升级/保级条件以及相应权益，促进客户增加消费，除了常规升级方法外，酒店也会通过白金挑战赛、联名卡等互动，激发客户的消费热情，提升客户价值。

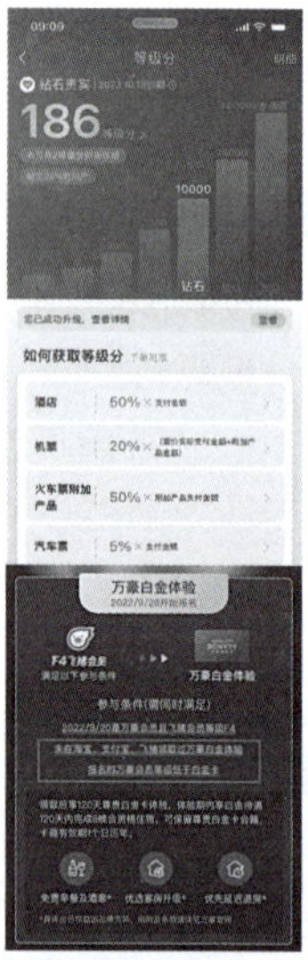

新客户：对于刚刚成为客户的消费者，很难有耐心去积累足够的积分以换取奖励，酒店忠诚度计划通常会“照顾新人”，比如新会员住二送一、首次入住额外送积分等活动，可以提升客户成为会员的意愿。

总而言之，酒店不能理所当然地认为现有客户永远是自己的客户，在激烈的市场竞争环境下，客户很容易被各种促销和竞争性活动所吸引而发生转换，大多数情况下，有计划的、合理的忠诚度计划可以使酒店拥有更高的客户保持率，从而获得更高的知名度和重复购买率，带来更高的收入。忠诚度计划给酒店带来了下列好处：

（1）稳定的客户回馈机制和关系机制，而且利润贡献越多、业绩份额越大的客户，回馈越多、建立的关系越稳定。

（2）提高客户和员工的推荐率，促进口碑营销和销售增长。

（3）提升酒店长期财务业绩。

三、常见酒店忠诚度计划

无论是高星级全服务酒店，还是普通的有限服务酒店，培养客户忠诚度在所有酒店的战略中都应该占据优先地位，因为有影响力的客户忠诚度计划会给酒店带来丰厚的回报，由于商业模式、客户类型、利润率的不同，酒店客户忠诚度计划通常分为四个大的类型：

（1）高星级全服务酒店客房产品利润率高，服务内容多，通常采取增值服务和价格优惠相结合的方法，其中增值服务如房型升级、行政酒廊、免费早餐、欢迎仪式、客房布置、延迟退房等，在价格优惠方面，折扣力度大，可以实现10%～70%的价格折扣。

（2）有限服务酒店客房产品利润率低，服务内容少，通常采取以价格优惠为主的方式，价格优惠一般为5%～20%，增值服务比较简单，如延迟退房、免费早餐等。

（3）单体酒店和餐饮类会员：与客房类产品不同，餐饮客户通常为周边客户，多采取以价格优惠为主的方式，价格优惠5%～50%，增值服务包括包房保留、食材预留等。酒店企业会推出专门的餐饮、美食类会员体系，如凯悦美食卡、雅高A佳卡等。

（4）储值类会员：一般为单店发行使用，仅限某门店或几个门店使用。

1. 连锁酒店忠诚度计划——高星级全服务酒店

知名连锁酒店集团都建立了忠诚度计划，如万豪旅享家（Marriott BONVOY，原万豪礼赏）、洲际酒店优悦会（IHG Rewards）、希尔顿荣誉客会（Hilton Honors）、雅高心悦界（Accor Live Limitless）、凯悦天地（World of Hyatt）、温德姆奖励计划（Wyndham Rewards）、香格里拉会（原香格里拉金环会）等（表2-3），国内酒店集团如锦江、首旅、开元、万达等也都建立了集团忠诚度计划。

表 2-3 常见高星级全服务酒店忠诚度计划

集团	万豪	洲际酒店	希尔顿	雅高	凯悦	香格里拉
忠诚度计划名称	旅享家 Marriott BONVOY	优悦会 IHG Rewards	荣誉客 Hilton Honors	心悦界 Accor Live Limitless	天地 World of Hyatt	香格里拉会 Golden-Circle
基础级会员	普卡	俱乐部	蓝卡	经典卡	普卡	黄金
会员级别	5	4	3	4	3	2
会员名称	银卡 金卡 白金卡 钛金卡 大使卡	银卡 金卡 白金卡 钻石卡	银卡 金卡 钻石卡	银卡 金卡 白金卡 钻石卡	探索者 冒险家 环球客	翡翠 钻石
升级方法	通过客房消费获取入住次数（Arrivals）、间夜数（Room Nights）和消费金额积分，可以进行升级，团队预订、分销渠道预订不能获取间夜和积分					
房型升级礼遇	金卡（不包括套房） 白金卡（包括套房）	钻石卡	钻石卡	金卡以上	冒险家 （不包括套房） 环球客 （包括套房）	翡翠以上
免费早餐礼遇	白金卡以上 50间夜/年	钻石卡	金卡以上	白金卡以上	环球客	翡翠以上
行政酒廊礼遇	白金卡以上 50间夜/年	钻石卡	钻石卡	白金卡以上	环球客	钻石
付费会员	无	大使和皇家大使	臻享卡	无	无	无
特殊会籍（邀请制）	钻金	皇家大使	无	无限卡	礼遇卡 （courtesy card，CC）	帝星

注：以上信息来自各大集团官网会员信息，2025 年 6 月数据。

可以看出，各大酒店集团忠诚度计划尽管名字各不相同，但存在许多共同点：

（1）都开展移动互联网改革，实现多账号统一，实体卡和卡号不再是唯一凭证，客户手机号码、身份证号码（护照号）、邮件地址、会员卡号等均可以登录会员账号。

（2）近10年来，各集团都新增了“基础级”会员，其目标是锁定低频消费客户，对抗携程、Booking等网络分销商，此类会员特征是服务很少（仅有Wi-Fi免费、积分增加等），也没有门槛（登记可得，无有效期、不降级、无入住和消费限制）。

（3）高等级会员一般三级，各集团名称也逐渐趋于一致（银卡、金卡、白金卡），根据酒店集团规模有所调整，集团越大、品牌越多，级别越多，占顾客总数的1%~5%，其中能够享受重要礼遇的限定在比较高的等级（比如免费升级房型、行政酒廊一般需要金卡或白金卡以上级别），目的是刺激顾客增加消费，提升客户终身价值。

（4）会员价格优惠大多通过积分间接实施，一般可以提供20%~50%比例的折扣，结合房型升级待遇，可以向高等级会员提供50%~80%的价格折扣。酒店积分可以兑换客房、餐饮等，有些酒店支持“积分抵现金”，积分价值较高（消费时一般为每积分0.05~0.08元）。

（5）为了强化会员吸粉效果，一方面取消终身卡片类型，以防止客户满级后流失；另一方面也在此基础上推出消费积累+现金购买结合的方法。

（6）在会员体系的背后，需要建立以VIP体系为主体的分级服务体系，确保高等级会员获得优质服务，有些酒店集团推出了隐藏级别会员。

（7）目前的高星级酒店的会员权益体系来自国际品牌，客户体验优良，但自动化、智能化水平低，客户喜好获取、住宿安排、欢迎礼遇等需要人工实现，一个VIP接待过程成本至少为100元，运营成本很高，这一体系只能用于房价较高的高星级酒店，在有限服务酒店难以应用。

行业链接

服务的天花板——特殊会籍

在许多酒店会员体系中，在最高级别会员之上还存在一种神秘级别，通常不对外宣传，采取邀请制，如万豪钻金、洲际皇家大使、雅高无限卡、凯悦礼遇卡（courtesy card，CC）等，酒店集团为该级别的客户提供了最高级别的服务，是酒店集团品牌宣传、获取客户的方法。

以万豪钻金（Cobalt）为例，该会员需要万豪国际集团董事长或首席执行官亲自邀请，可以享受会员最高级别——大使级会员的所有权益，包括价格优惠和服务增值，除此之外还有以下待遇：

1. 欢迎信中提及客户是钻金会员，并且代表万豪集团CEO欢迎客户。
2. 在大多数品牌，欢迎信为纯手写。
3. 酒店总经理（或在岗的最高领导人）亲自陪同举行特殊仪式，不同品牌有着不同的仪式，如巴林丽思卡尔顿参加生命之树亮灯仪式、成都富力丽思卡尔顿酒店成都茶馆体验等；瑞吉品牌的特殊欢迎仪式：血腥玛丽鸡尾酒仪式、晚间仪式和下午茶仪式等。

神秘级别会员的设置为酒店品牌树立了服务的典范，酒店可以将该服务流程在经营中运用，比如拍摄酒店宣传片、媒体体验活动、重要团队策划等，助力酒店品牌知名度的提升。

2. 连锁酒店忠诚度计划——有限服务酒店

国内主流经济型酒店、中档酒店也建立了忠诚度计划，如首旅如家、锦江/维也纳、华住、格林豪泰等。对比全服务高星级酒店的忠诚度计划，有限服务酒店的忠诚度计划主要以价格优惠为主，优惠方式为直接折扣，消费获取的积分价值较小，一般为1积分=0.01元；在服务方面内容较少，一般为免费早餐、延迟退房等，这些策略与有限服务酒店利润率较低、服务内容有限有关（表2-4）。

表 2-4 常见有限服务酒店忠诚度计划

集团	首旅如家	锦江	华住	格林豪泰	亚朵
忠诚度计划名称	如LIFE俱乐部	锦江会员俱乐部	华住会	格美会	ACARD（亚朵A卡）
是否有普通卡	E会员（95折）	注册用户	星会员（95折）	数字卡（95折）	注册会员
会员级别	4	4	3	4	3
会员名称及折扣	银会员（92折） 金会员（88折） 白金会员（85折） 钻石会员（82折）	蓝卡（95折） 银卡（9折） 金卡（85折） 白金卡（8折）	银会员（92折） 金会员（88折） 铂金会员（85折）	贵宾卡（92折） 金卡（88折） 铂金卡（85折） 贝壳卡（不打折，可以获得12倍积分）	银卡（88折） 金卡（88折） 铂金卡（85折）
升级方法	可以靠积分或订房升级，大多数也可以直接现金购买				
免费早餐礼遇	金会员	金卡	金卡	无	兑换制

注：以上信息来自各大集团官网会员信息，预计有限服务酒店会员体系将迎来明显的变化，特保留2022年11月数据，便于读者进行比对研究。

行业链接

亚朵，高效会员体系带动集团增长

亚朵是一个快速成长的酒店品牌，2012年成立，2018年初门店为159家，2025年初达到1619家，亚朵的会员体系也扩张迅猛，支持了酒店的扩张，2018年底会员1800万，2025年初达到8900万。

亚朵酒店通过创新，将有限服务酒店的会员权益在房价折扣、免费早餐基础上进行扩展，提供了房型升级、延迟退房、房间定制、免费会议室等服务，2023年推出“安心锦囊”（Aplus），由会员采取“自选”方式，在诸多权益中自行选择（银卡可选1项、金卡2项、铂金3项），其中包括咖啡茶饮、安心浴袍、睡眠套装等。

在提供增值服务的同时，亚朵通过创新显著降低了服务的成本，首先，客户在手机中选择权益，降低了收集喜好、录入系统的时间成本，提高了准确性，而且客户需要使用权益券兑换，降低了使用成本（比如金卡延迟退房每年32小时，房间定制为每年1次）；其次，大多数服务项目为快消品（如茶包、挂耳咖啡、面膜、一次性洗脸巾等），存储周期长，采购成本低；第三，积累了准确的客户需求数据，丰富了酒店客户数据。

亚朵酒店在会员体系方面的实践，借鉴了许多全服务酒店的做法，又通过创新显著降低了服务成本，产生了明显的经济效益，是一种很有价值的探索和实践。

2024年起，有限服务酒店开始认识到会员体系的价值，首旅如家、锦江、华住等集团都开始升级会员权益，增加入住礼遇、房型升级等权益，开启了中国有限服务酒店新一轮的创新。

通过上述总结可以看出，全服务酒店与有限服务酒店在商业模式、利润率、产品和服务内容方面存在很大差异，忠诚度计划也很难统一，这就出现一个难题：如果一个酒店集团既有高星级全服务酒店品牌，也包括有限服务酒店品牌，如何设计一个能够平衡两类产品、吸引多种客户的忠诚度计划，这是一个有挑战的话题。例如R集团是一家中国连锁酒店企业，旗下品牌既包括高星级酒店，也包括经济型品牌，集团设立了统一的忠诚度计划，但高星级客户和经济型客户都对该计划不满：

高星级客户：我一年入住40间夜，花了30000多元，现在你们提供82折的价格，你们的价格优惠太没有诚意了。

经济型客户：你们升金卡也太麻烦了，别的酒店花钱就可以买，你们却只能靠住客房才行。

上述矛盾的本质是高星级酒店和经济型酒店忠诚度计划不匹配，高星级酒店属于高利润率、高折扣企业，而有限服务酒店属于低利润率、低折扣企业，此类酒店集团的忠诚度计划需要满足两种客户的需求，比较可行的做法是根据酒店利润率制定积分获取规则，实现“同样消费，不同积分”，如雅高酒店集团的积分规则（图2-18）。

每消费10欧元可以获得的积分数量

会员卡类型	高星级全服务酒店（索菲特、诺富特、普尔曼等）	有限服务酒店（宜必思、宜必思尚品等）	长租公寓和服务式公寓	其他品牌
经典卡	25	12.5	10	5
银卡	31	15.5	12.5	6.25
金卡	37	18.5	15	7.5
白金卡	44	22	17.5	8.75
钻石卡	44	22	17.5	8.75

图2-18 雅高酒店集团使用积分差异化政策用来平衡不同级别酒店的优惠

3. 单体酒店忠诚度计划

酒店的餐饮部门，独立餐饮、健身、康养、SPA类企业，客户群体一般为酒店周边的客户，会推出以餐饮为主的忠诚度计划，如万豪万誉会、洲际悦膳会等，也包括许多高星级酒店的餐饮会员，俗称“饭卡”，其中凯悦美食卡、雅高A佳卡很有代表性（表2-5）。

单体酒店会员卡通常由门店发放，并且通过本地代理机构进行推广，比如广播电台、电话销售、周边美食俱乐部等。由于此类会员卡是由门店而非集团发行，不同门店在有效期限、优惠策略、使用规则等方面存在差异，如果销售代理机构没有向客户明确说明相应条款，容易产生客户投诉和负面舆情。

表 2-5　常见酒店餐饮类忠诚度计划

集团	凯悦	雅高	青岛海景花园大酒店	米其林
忠诚度计划名称	美食卡	A佳	贵宾卡	米其林指南CLUB
获取方式	2000~4000元一年会籍（到期续费），送一批优惠券和1张客房券	2240元一年会籍（到期续费），送一批优惠券和1张客房券	餐饮单次消费5000元为金卡 单次消费20000元为白金卡	358元购买一年会籍
餐饮优惠	1人10% 2人50% 3人 35% 4人25% 5人20% 6~20人15%	用餐免1位 2人50% 3人 33% 4人25% 不同酒店的政策有所差异	金卡会员优先保证包房	订餐特权 隐藏菜单 会员限定活动
客房优惠	门市价10%~30%不等	门市价 10%~20%不等	—	—
升级方法	没有级别，一年有效，到期自动失效			

与连锁酒店的会员制度相比，单体酒店会员卡更适合其自身情况，尤其是设施、服务方面有特色的酒店，如餐饮、温泉、会议等，它们存在共同的特点：一是地域性，客源以周边客源为主；二是稳定性，属于高频消费，消费结构相对稳定；三是消费具备“群体性”，让客户带着潜在客户来消费，是此类企业常用的推广方式和销售手段，是酒店稳定客户关系、拓展潜在客源的有效方法。

行业链接

餐饮企业的会员销售

餐饮企业，尤其是商务类餐饮，客户具有显著的群体性特征，即客户已经在你的餐厅中，但你并没有“激活”他。

以北京某精致餐饮企业为例，客户群体以商务宴请、高端餐饮为主，餐饮人均消费约为800元。该餐厅曾经为了吸引新客户而开展互联网团购，结果发现效果很差——团购客户主要关注菜品和性价比，对包房服务、用餐环境、文化氛围很少关注，尽管餐厅已经大幅降价、推出人均500元的特价套餐，但网络点评依然只有2.5分，吃不饱、菜量太少、太贵等各种恶评如潮。

该餐厅果断关闭互联网渠道，开展会员营销：商务宴请具有很强的群体性，这次被宴请的用户，下次可能就是请客的客户，在客户用餐期间，销售经理主动进入包房，向客户和来宾问好，展示良好服务并向用餐者递送名片，拨打电话预订的客户视作会员，享受专属服务管家和价格折扣。据调查，一年后，该餐厅90%的客户来自这一方法获取，在餐饮产业中被称为“随客”营销。

4. 储值型忠诚度计划

储值卡又叫预付费卡，顾名思义就是先存钱后消费，客户以预付款的方式把消费资金预存在酒店，后续消费直接从预付款中扣除消费金额，储值卡在许多产业应用广泛，如零售、电信、交通等。储值卡具有非常明显的优点：显著提升客户保持率、增加酒店流动资金等，但缺点也很明显：预收款不能计入营业收入，储值卡增加流动资金而不提升营业收入。储值卡在餐饮类企业更加适合，由于可以获得进项发票，餐饮企业储值卡税率也非常低；对于住宿型企业，由于缺乏进项发票抵扣，发行储值卡需要缴纳高额所得税，所以酒店企业很少使用在集团范围发行储值卡，而是各门店根据需要自行发行，尤其适合新开门店聚集客户、回笼资金，表2-6介绍了常见的酒店储值卡类型。

表 2-6 常见酒店储值卡对比表

酒店名称	国际连锁集团	国际品牌某门店	开元酒店集团	餐饮企业
忠诚度计划名称	无	诺享卡	商祺会	储值卡
获取方式及优惠方式	万豪、洲际、凯悦、雅高、希尔顿等国际酒店集团，均未发行集团层面的储值卡，各门店根据需求发行储值卡	充值1万元送1200元 充值2万元送3000元 充值5万元送1.2万元 充值10万元送3万元	早年发行过集团储值卡，根据储值金额进行优惠 近年来改为单店储值，根据储值金额提供优惠	餐饮企业普遍使用储值卡，包括全聚德、海底捞等

行业链接

从储值卡到电子券

使用储值卡是客户管理和市场销售的好方法，可以极大地提升客户忠诚度，但在酒店经营中的应用却呈现分化状态，在中小型企业、单体酒店，尤其是餐饮、康乐类企业使用较多，而大型连锁酒店，尤其是以客房产品为主的酒店应用越来越少，主要有以下原因：

1. 出于资金安全的要求，预付费需要实施实名制，2012年起，个人或单位一次性购买1万元（含）以上储值卡的，执行实名购卡。

2. 预付费卡在实际经营中容易出现消费纠纷，如诱导办卡、夸大宣传、关门跑路等，国家也开始加强对预付卡的管理，比如2022年6月生效的《北京市单用途预付卡管理条例》，对退款条款、资金监管、社会公示等方面做出了明确的要求，其中资金监管是指客户预付费存入政府监管的特殊账户。

3. 预付费在开具发票时也有严格要求，比如只能开具增值税普通发票，不能开具增值税专用发票等。

综上，目前酒店倾向于使用销售抵用券、代金券来代替储值卡，如588元购买客房体验券、1998元购买10张自助餐券，在客户消费时直接使用电子券来支付。采用发行票券的方法账务更清晰、管理更便捷，并且可以根据票券的使用率评估广告投放效果，成为酒店的主流选择，也成为现代CRM系统的重要功能。

5. 合作机构的忠诚度计划

除了酒店企业自己开展的忠诚度计划，酒店合作的企业也重视客户关系，建立了类似的忠诚度计划，如银行金融机构、航空公司、在线旅行社平台等，酒店可以与相应机构建立合作关系，实现会员等级互通、积分互换等功能，提高会员价值，提高客户保持度。例如携程、飞猪、美团等互联网平台，也建立了会员分级、消费积分、价格优惠、特殊权益等在内的忠诚度计划，与酒店相比，合作机构的会员计划存在以下不同之处：

（1）更丰富的产品和服务。银行会员拥有更广的消费场景，OTA企业整合了交通（包括机票、火车票、租车等）、住宿（酒店、民宿等）、旅游（旅行团、门票等），客户可以实现“一站式”出行服务，对客户的吸引力很强。

（2）更强的技术手段。OTA企业作为互联网企业，技术手段先进，应用程序App、网站开发等功能更强大、系统更稳定、客户体验更好。近年来，OTA充分运用点评、直播、大数据推荐等，将客户管理与内容营销进行融合，提升了客户保持率。

四、CRM 系统与忠诚度计划的执行

对于连锁酒店，忠诚度计划覆盖了集团总部和分散的门店，内容庞杂，并且会定期更新，为了确保忠诚度计划在整个集团完整、准确地执行，酒店集团需要建立完善的信息系统，涉及CRM、CRS、积分商城、集团收银系统等平台，才能确保会员权益、积分产生与消费、服务流程的严格执行（图2-19）。

行业链接

积分重要，积分的使用更重要

在酒店忠诚度计划中，积分作用非常显著，是实现价格优惠的主要手段，积分的产生和消费不能割裂开来，需要严格控制积分价格的稳定和流畅地使用。只重视积分发行，忽略积分消费会造成积分贬值，价值感降低；一味地消耗、甚至折价，也会引发用户的投诉，损害用户体验。酒店需要对积分产生—消费的循环进行定量监控，保持良好的周转和消费。

酒店不仅要构建积分产生的流程，也需要建立积分消费的机制，如积分商城、积分消费、积分抽奖等，积分的使用场景越多、消费越方便，积分带给客户的价值就越高，忠诚度计划才能更有效地实施。

比如某酒店许多会员有积分，却不消费，经分析发现该酒店积分商城最便宜的杯子需要3500积分才能兑换，按照260元的客房价格，客人需要住14天才能兑换一个玻璃杯，对于积分不足3500的客户，积分价值为0，该酒店积分计划对低频消费客户并无价值。后来，酒店对积分消费进行了调整，增加了1000积分换早餐、100积分抽奖等项目，促进积分消费，提升了会员申请率和客户保持率。

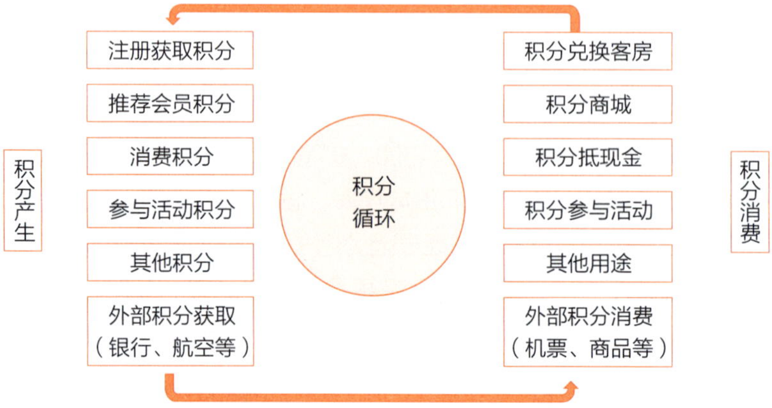

图2-19　良好的积分循环体系是酒店积分价值的决定因素

1. CRM系统是管理大量客户的基础工具

CRM系统记录了详细的客户数据，构建了与客户互动的渠道，是忠诚度计划实施的前提，借助信息技术，给客户发送积分变动通知、生日祝福邮件，邀请客户参与满意度调查等；酒店服务和管理人员可以查询客户信息、了解会员政策、执行客户价格、使用客户积分等。CRM系统已经可以自动化完成并精确统计，是酒店忠诚度计划的基础工具，为酒店决策提供数据支持。

会员发展需要酒店集团和门店的共同努力，集团通过新媒体推广、网络营销、外部机构合作等形式增加会员，酒店门店则通过面对面的服务、营销来发展会员。过去在酒店申请会员需要填写复杂的申请表格，而现在的趋势是简化会员申请流程，客户只需要提供姓名、手机号码等简单信息就可以完成会员注册，CRM系统的使用建立了“持续完善”的机制，可以在客户互动、客户服务过程中不断完善客户信息（图2-20）。

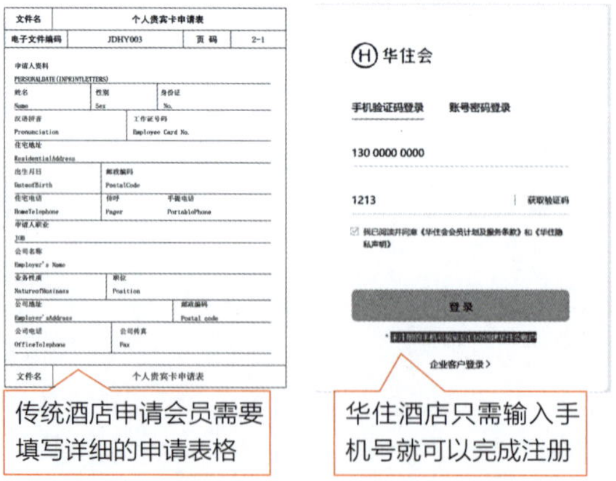

图2-20　酒店降低会员申请门槛，提高会员数量

2. 客户消费数据是客户评级的主要依据

CRM系统中存储了客户的消费信息，如消费总额、客房消费数据、餐饮消费数据、积

分数据、储值金额等。消费数据是客户评级的主要依据，同时也会参考客户业务数据，比如平均房价、取消次数（cancel）、应到未到（no show）次数等。

CRM系统可以根据数据对客户进行自动评级、升级/降级。当客户满足升级条件，比如达到年度入住次数、间夜要求等，系统自动完成会员升级、客户通知；当结算周期临近，客户尚未达到保级条件，系统也会发送信息提醒客户，激发客户消费，提升酒店业绩。

3. 客户偏好数据是个性化服务的基础

酒店个性化服务是指将标准化服务的要素进行拆分、重组，并按客户的各种个性需求做出细节改良，使服务的过程与客户个性更匹配，从而提高服务质量。CRM系统中的客户姓名、客户喜好/禁忌、过敏史等喜好数据，是酒店个性化服务的主要依据。

CRM系统中的偏好数据来自服务过程中，由员工进行录入，比如客户的客房布置喜好、餐饮偏好等，酒店应制定全面的策略和流程，在保护客户隐私安全、信息安全的前提下，确保信息收集可靠、数据录入准确。

4. 意见和投诉数据是改进客户关系的重要依据

客户意见、投诉信息是一种特殊的客户数据，并非所有的客户遇到不满都会投诉，数据显示只有4%的客户在不满时会投诉。投诉可以反映客户的需求和习惯等信息，比如客户投诉客房太吵、菜品太辣等，解决投诉的措施主要是满足客户需求和尊重客户习惯，酒店也应当将客户意见、投诉等信息录入CRM系统，这样就可以在未来的服务过程中实施改进，提升客户满意度。

酒店收集客户意见数据主要有三种方法：一是酒店员工在与客户交流中获取；二是酒店对客户实施满意度调查；三是通过第三方机构获取。客户意见可以详细地反映出酒店在设施、服务方面的问题和缺陷，有助于酒店改进服务质量。

五、总结

忠诚度计划是酒店维系客户的最常用方法，价格优惠和服务增值是酒店忠诚度计划的主要方式，酒店需要根据经营模式、产品和利润特点建立恰当的忠诚度计划。各大酒店集团都建立了强大的CRM系统，实施忠诚度计划，提升客户满意度和忠诚度，集成会员管理、积分管理、客户画像、投诉管理等在内的CRM系统已经成为酒店忠诚度计划的核心。

实践演练

1. 为什么保留老客户比获取新客户更重要？
2. 如何理解客户忠诚度？
3. 什么是忠诚度计划？它与促销计划有什么区别？
4. 酒店实施忠诚度计划有哪些好处？
5. **忠诚度计划应该与酒店组织进行整合，讨论并研究在酒店组织内整合并实施忠诚度计划的方式。
6. 同学们每3～4人一组分组讨论，每名组员选择1个最感兴趣的连锁酒店集团，通过网络、新闻等查询并研究该集团的忠诚度计划，在上述研究的基础上，对比高星级全服务品牌和有限服务品牌在忠诚度计划上的不同，分析忠诚度计划对于提高客户保持率的效果。

（1）结合本次任务的调研结果进行分析，从酒店客户的角度分析，哪一个酒店会员体系对你最有吸引力？

（2）综合对比分析，在众多酒店或酒店集团会员体系中，哪一个最合理？

（3）将你们的结论进行整理，与其他小组分享你们的结论。

随堂测练

1. 下列客户中，对酒店忠诚度最高的是（　　）。

   A. 潜在客户　B. 初次消费客户　C. 拥护者　D. 多次消费客户

2. “首次注册会员送500元代金券”，某酒店集团的会员推广活动条款中，体现出忠诚度计划应该着重关注（　　）。

   A. 高价值客户　B. 年轻客户

   C. 互联网客户　D. 新客户

3. 下列方法中，不属于高星级全服务酒店忠诚度计划的常用手段是（　　）。

   A. 价格直降　B. 积分计划　C. 房型升级　D. 服务增值

4. 酒店面向餐饮客户的忠诚度计划中，不属于餐饮常用优惠手段的是（　　）。

   A. 价格折扣　B. 代金券　C. 房型升级　D. 储值返现

5. 下列酒店数据中，不包含在酒店CRM系统中的是（　　）。

   A. 客户基础数据　B. 客户喜好数据　C. 客户投诉数据　D. 客户交易数据

6. 下列方法中，属于有限服务酒店常用会员体系的是（　　）。

   A. 价格直降　B. 积分计划　C. 房型升级　D. 行政酒廊权益

项目三

CRM 系统与价格优惠

学习与素养目标

1. 熟悉酒店 **CRM** 系统的基础功能，了解会员管理、积分管理、储值管理与酒店价格优惠的关系。
2. 熟悉酒店会员管理的作用和主要功能，能够使用 **CRM** 系统完成常见操作。
3. 熟悉酒店积分管理、储值管理的作用和主要功能，能够使用 **CRM** 系统完成常见操作。
4. 了解个人和组织在酒店消费的需求多样化趋势，理解这一趋势既是酒店差异化定价策略的依据，也佐证了我国经济发展的成就和酒店业的繁荣。

导入案例

看着很贵，对会员却很优惠

看着很贵，对会员却很优惠

青岛绿云酒店位于二线城市，是绿云集团的一家五星级全服务酒店，酒店的设施、服务处于城市中上水平，网络点评也维持在中上排名，无论从哪个角度看，青岛绿云酒店并不拔尖，但它却获得了许多高端商务人士的青睐，经营业绩在本城市排名靠前。

王大大女士是某金融公司高管，每年入住本酒店超过20次，除客房消费外，餐饮、会议消费也很多，是酒店的重要客户，她每次来都是你安排入住和行程，你们之间建立了良好的客户关系。

H酒店位于青岛绿云酒店附近，是本城市口碑较好的酒店，在服务标准、网络点评方面都优于青岛绿云酒店，一次王女士的朋友董佳佳邀请她入住了H酒店，本以为她会对H酒店称赞有加，结果，王女士和董女士在行政酒廊谈起了两家酒店的区别：

“H酒店看起来服务不错，价格也比青岛绿云酒店低，但那只是普通人的感觉，对于白金会员来说，青岛绿云酒店的服务远超H酒店，而且价格也便宜。”

“便宜？不会吧，我看各大平台上，青岛绿云酒店比H酒店要贵不少呢。”董女士很诧异地说。

“那只是普通人，我们白金卡会员有积分，算下来差不多85折吧。”

“这么低？那确实和H酒店差别不大了。”

“这只是一方面，白金卡会员还可以升级套房、免费早餐、行政酒廊，”王女士品了一口普洱，“比如这行政酒廊，环境好，所有的酒水、果汁、饮品对白金卡会员都是免费的，对我们客户交流很有用。这些都算上的话，我觉得基本就是五折的价格。”

“那我明白了，怪不得你每次都住这里呢。原以为你是公司报销、不差钱呢。”董女士听说免费，又跑去倒了满满一杯红酒。

“越是频繁出差的人，对价格和品质的平衡更在意，另外，这还只是价格优惠，如果你体验过白金卡的服务，你会见到一个完全不同的青岛绿云酒店，”王女士看了看表，“下个月我还会过来，你陪我一起住，你自己体验吧。”

阅读以上案例并回答问题：

1. 在面向普通客户时，青岛绿云酒店和H酒店哪一家的定价更高？

2. 王女士作为绿云酒店集团的白金卡会员，青岛绿云酒店和H酒店分别提供了什么样的价格折扣？

3. 绿云酒店集团“向普通客人高定价，给重点客户高折扣”的差异化定价是如何实现的？

项目概述

在酒店忠诚度管理实施过程中，依托CRM系统开展会员管理是主要方法，向客户提供价格优惠、服务增值、精准营销和实现动态分析是核心功能。本项目讲解酒店会员管理、积分管理和储值管理，建立起酒店会员体系和差异化定价体系，向重点客户实施更灵活、更有力度的价格优惠，向普通客户提供适中的价格优惠。

任务1 CRM系统与会员管理

导入任务

会员发展与会员卡管理

尝试登录CRM系统并完成下列操作：

1. 将自己发展为酒店会员，其中会员信息需要输入的内容如下（请注意保护个人信息）：

- 姓名、性别、电子邮件（E-mail）据实输入，生日：年份据实输入、选择你喜欢的日期。
- 证件类型中选择“临时身份证”，在证件号码中输入自己的学号。
- 协议公司：选择你所在的学校，如果未找到你的学校，请选择“其他院校”。
- 推荐人：选择你认识的其他会员，也可以空缺。
- 卡片信息中，卡类型选择“普通会员（MEM）”，卡等级为“银卡（MEM1）”。

2. 尝试使用姓名、手机号码、证件号码等信息查询自己的会员信息，查询自己的会员级别（　　）、积分（　　）、会员有效期（　　），你升级到金卡的条件是（　　）。

3. 在你的推荐下，你最要好的高中同学也想加入酒店会员，使用你所知道的信息帮他注册会员，并注册一张会员卡（银卡）。

4. 你后来才得知，你的同学自己也通过互联网申请了一张会员卡，根据酒店的政策，他（她）只申请到一张普卡，会员的价格优惠、服务等方面都低于你申请到的银卡。

5. 将你同学的会员卡合并，确保“一个客户只有一条会员信息，只有一张会员卡”的要求。

完成以上任务并思考：

1. 什么是酒店会员，酒店和酒店集团为什么要建立会员体系？
2. 对客户来说，酒店会员和会员级别有什么价值？
3. 如何理解酒店CRM系统在会员管理中的作用？

价格优惠是酒店忠诚度计划的最基础的组成部分，酒店首先需要发展会员来标识客户，会员信息中包括了客户基本数据、消费数据、积分储值信息等，是酒店评估客户价值的重要依据。会员管理中包括会员信息、会员卡管理、会员注册、会员合并等，是酒店会员管理的基础。

一、会员管理功能概述

在酒店业，实施忠诚度管理的主要方法是建立会员体系，向会员提供价格优惠、服务增值，精准营销和动态分析是酒店实施会员管理的主要目标。CRM系统向连锁酒店集团提供了便捷、实时的会员管理、积分管理和储值管理功能。会员分级、积分、评价等权益实现了产品和服务的差异化，积分管理、储值管理则提供了多层次的价格优惠，酒店差异化体系得以设立，达到了提高会员忠诚度的目的。

会员管理包括新会员与会员卡注册、已注册会员与会员卡查询、修改、合并、升降级等管理功能：

会员注册&新卡注册：一个客户可以在CRM系统中建立一个会员账号，一个会员账号可能有多张会员卡。会员注册用于新增会员，同时会生成一张新会员卡；新卡注册功能用于酒店会员注册新会员卡，或者集团会员注册门店会员卡、储值卡等。

会员卡列表（会员详情）：对酒店集团（或酒店门店）会员进行查询，是酒店最常用的会员操作功能，查询范围与操作者权限有关，连锁酒店总部人员可以查询集团会员，而门店人员需要授权后才能查询集团数据。

批量导入&批量升降级：批量导入是指通过导入文件的方式进行会员批量注册，批量升降级是对会员卡进行批量升降级操作。如酒店与某公司建立了合作关系，为该公司普通员工办理会员卡（银卡），所有部门经理以上级别员工办理金卡，这种情况可以使用本功能进行操作。

合并操作：包括会员合并和卡合并，会员合并是将不同会员合并成同一个会员，被合并会员的会员卡统一转移至目标会员，常用于客户重复注册会员账号；会员卡合并是将多张会员卡合并为一张，被合并会员卡的所有数据都转移至目标会员卡，只有同一会员下的会员卡可进行合并，并且当日有储值或者积分的会员卡不允许合并。

行业链接

会员数据统计与夜审

在酒店行业，数据统计与核算通常以天为单位，不会追求实时完成，比如客户结账退房后，消费并不会实时计入会员产量，需要酒店夜审后才会被统计。

这样处理的根源在于不同酒店的夜审时间不同，导致了“天”的概念并不一致，比如1月10日凌晨2点，A酒店还没做夜审，系统时间还处于1月9日，此时的收入也属于1月9日；而B酒店已经做完夜审，系统时间为1月10日，此时的收入属于1月10日。上述问题当酒店跨地区、跨时区经营时尤为明显。

由于上述问题的存在，尽管实时数据统计从技术上是可行的，但酒店实际运营时通常隔天有效——客户的消费、积分和产量等统计数据，要经过一次夜审后才会被准确地统计。

预发卡&临时卡：预发卡是没有新增会员就提前制作会员卡，酒店经常预发一部分会员卡放置于前台，便于发展会员，等发展会员成功后再完善会员信息；临时卡可用于一些短暂且重复使用的线下场景，比如美食城购卡充值消费，离场时退钱退卡。

卡费管理：卡费管理用来查询会员卡注册、续卡、补卡、升降级操作产生的所有收费记录。

批量操作日志：批量操作日志模块统一管理系统中所有批量操作的结果，包括批量导入、批量升降级、批量储值、批量积分等。

黑名单：用于管理禁止注册的人员信息，可添加或者移除。如果客户未注册会员，加入黑名单后将不允许注册会员；对于已注册会员的信息，加入黑名单后不允许注册新会员卡；已注册会员卡允许使用。

二、会员管理常用操作

1. 会员信息查询

在绿云CRM系统主界面点击【会员管理】按钮，默认进入会员卡列表对话框，查询内容必须填写，不支持查询全部会员卡；智能检索模式下输入卡号/姓名/手机/邮箱/身份证号均可作为查询条件（除姓名外，其他需要输入准确的内容），选择关键字后支持模糊查询，确认查询信息后点击【查询】按钮，可以看到满足查询条件的会员信息（图3-1）。

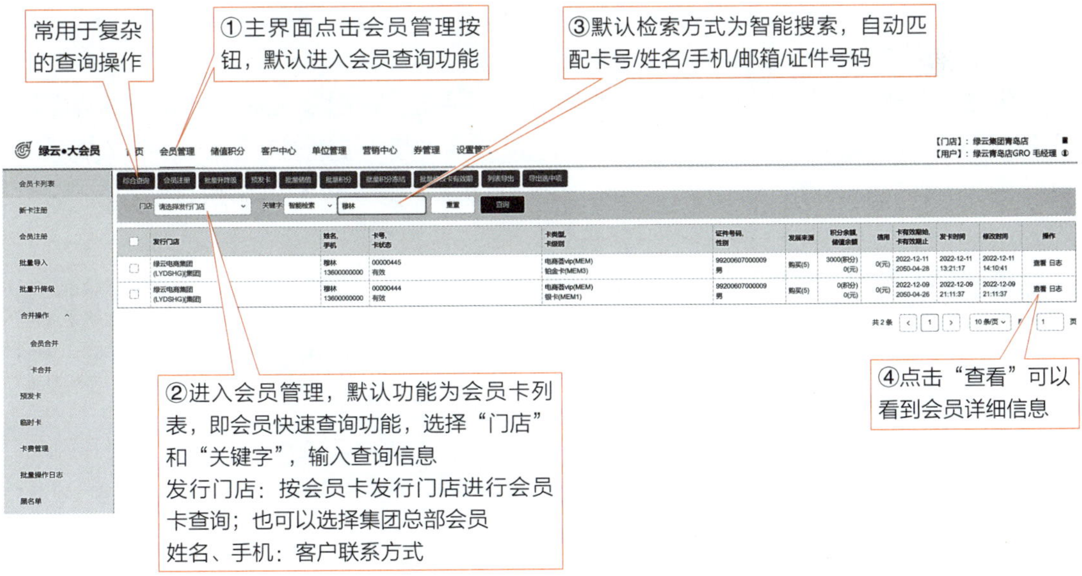

图3-1 会员管理是CRM系统的基础功能

在酒店会员查询结果点击【查看】按钮，进入会员详情界面，包括会员主要信息/附加信息/电子券/会员产量/点评反馈/持有会员卡/用户画像/成长值/权益使用等（图3-2），并且可以进行复杂的会员操作，如查看客户信息、信息修改、密码重置等，是酒店CRM系统最常用的操作。

图3-2 会员详情界面显示了丰富的客户信息

2. 会员信息修改与会员升降级

在会员详情界面可以对会员信息进行修改，完成后点击【保存】按钮完成操作，或者点击【返回】按钮取消修改操作，返回会员卡列表。点击【会员卡详情】按钮进入会员卡详细操作界面，可以进行卡费管理、制卡、更换持卡人、消费密码重置、升降级等会员卡高级操作（图3-3）。

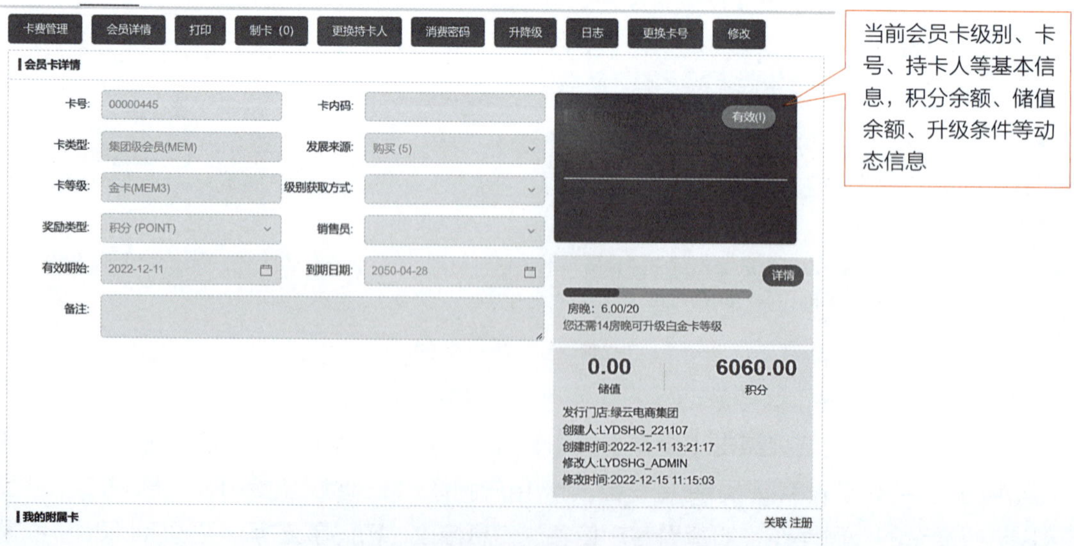

图3-3 会员卡详情显示了会员等级、积分等信息

会员卡的级别是酒店价格优惠、服务增值的主要依据，在通常情况下，会员达到升级条件后升级至目标级别，一个评级周期后如果未达到保级条件则会员降级。会员卡的升降级由CRM系统自动控制，只有在特殊情况下需要手动进行升降级操作，如特别会籍赠送、员工奖励等。在会员卡详情界面点击【升降级】按钮进入会员卡升降级操作（图3-4），选择客户会员等级、升降级原因等信息后，点击【确定】按钮完成会员等级调整操作。

3. 会员注册

在会员管理界面点击【会员注册】按钮，进入会员信息录入对话框（图3-5），依次输入姓名、性别、称谓、手机号码等信息，其中手机号码、身份证号码、电子邮箱地址会进行重复校验，每个手机号码只允许注册一次（每个会员可以注册多张会员卡）。

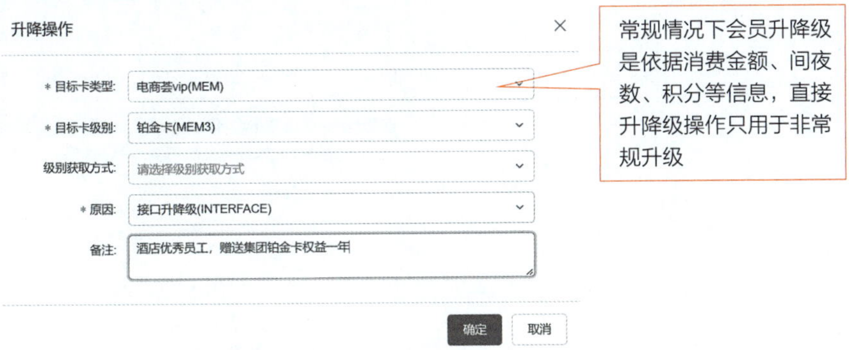

图3-4　升降级功能用于客户会员卡级别变化操作

图3-5　会员注册功能同时生成会员信息和会员卡信息

为了确保客户会员权益和统计数据的正确，每位客户只能拥有一个会员信息。一旦完成会员注册，该会员信息（包括身份证号码、手机号码、电子邮件地址）将在酒店CRM系统和PMS系统中更新，当客户尝试再次注册会员时，系统显示已经存在会员卡信息（图3-6）。

正确录入会员信息后，点击【注册】按钮，如果该酒店会员注册收费，则会弹出收费窗口，需进行收费操作；若会员免费申请，则直接注册成功，并且弹出提示框显示会员名称与卡号。

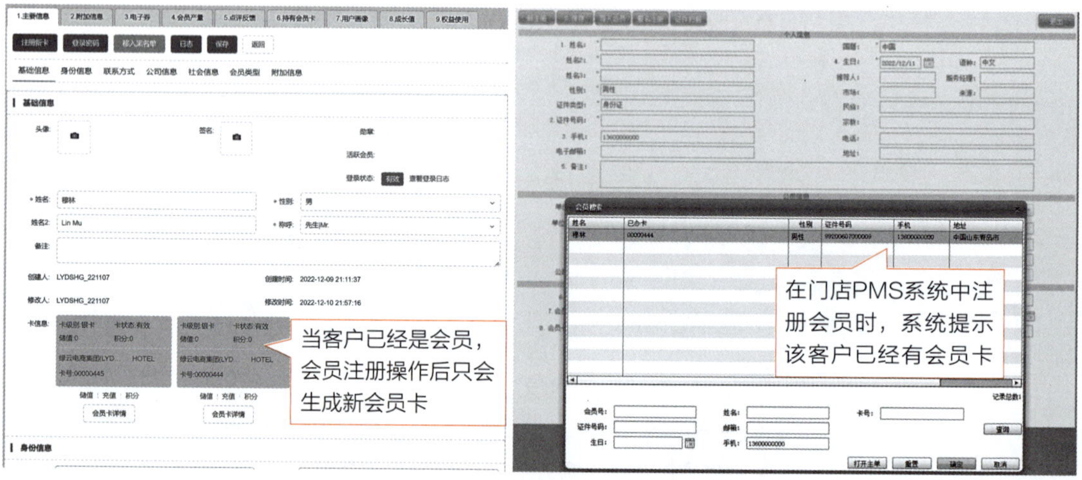

图3-6　CRM系统与PMS系统数据同步，防止生成重复信息

4. 新卡注册

新卡注册用于存量会员注册新卡。点击【新卡注册】按钮进入会员查询对话框，查询已经存在的会员信息（图3-7），确认会员信息后双击进入新卡注册对话框，可以看到会员信息和已有的会员卡信息（图3-8），输入要办理的新会员卡后点击【新卡注册】按钮，生成一张新的会员卡。

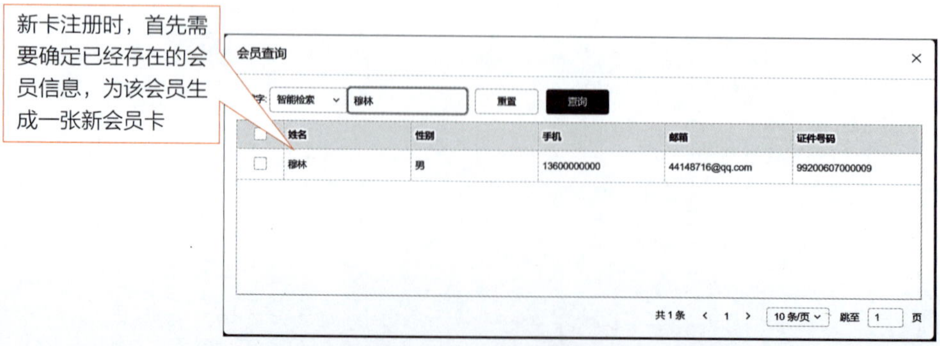

图3-7　生成新会员卡时，首先需要查询存量会员信息

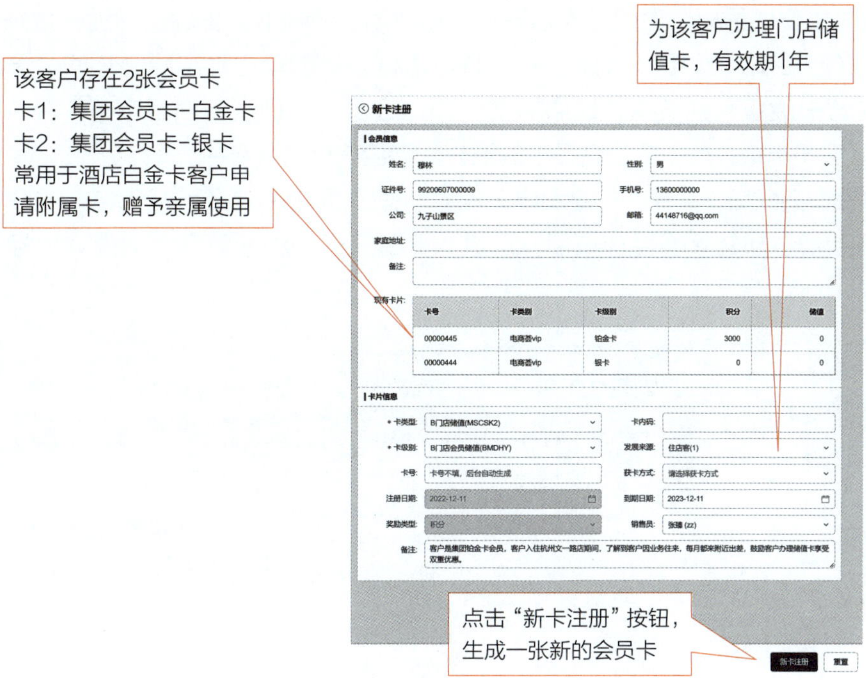

图3-8　为会员办理多张会员卡

5. 合并操作

当一个客户拥有多个会员信息时，可以使用【会员合并】功能进行合并。点击【合并操作】→【会员合并】按钮，进入会员合并对话框（图3-9）。通过查询选择多条会员信息，点击合并按钮进行合并操作。

会员合并操作完成后，会员基本信息，如姓名、手机号码等信息被整合，而会员卡、会员产量信息被合并，如会员A有2张会员卡，会员B有1张会员卡，对两条客户信息实施会员合并（称为新会员A）后，新会员A拥有3张会员卡，会员产量也等于两位会员之和。

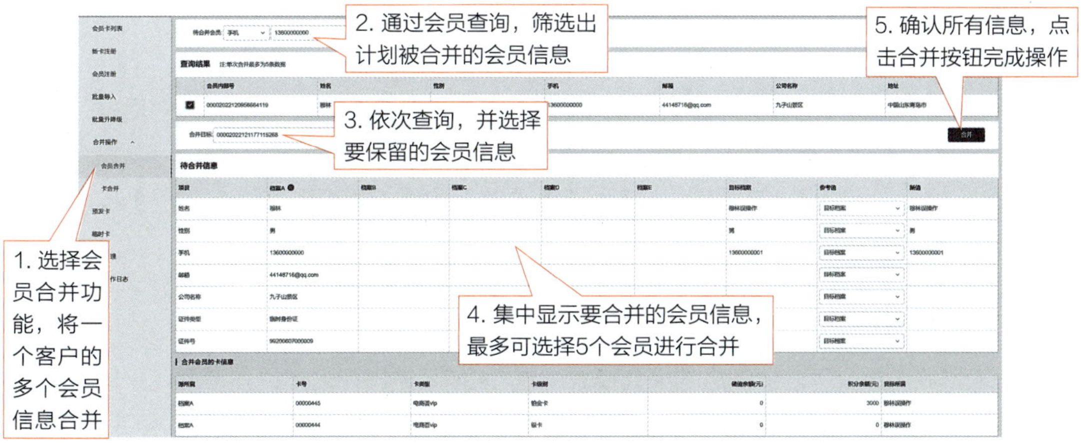

图3-9　会员合并功能将多个会员信息合并

会员合并操作的另一个功能是卡合并，可以将同一会员的多张会员卡进行合并。操作方法是点击【卡合并】按钮进入会员卡合并对话框，通过查询确定要合并的会员信息，系统显示该客户的所有会员卡，选中需要合并的会员卡，确认无误后点击【合并按钮】（图3-10）。会员卡合并后，多张会员卡的积分、储值信息也将合并。

卡合并操作完成后，被合并的会员卡并不会消失，而是进入“销卡”状态（图3-11），积分与储值余额全部转移至目标卡后，可进入储值管理与积分管理页面查询目标卡进行验证。

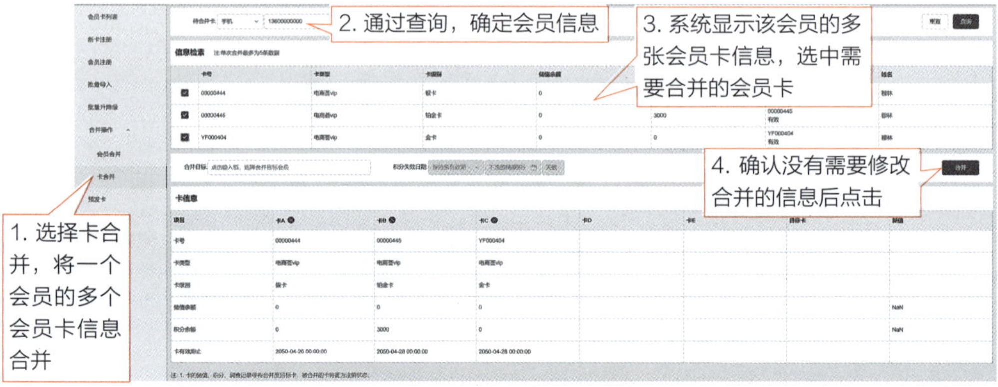

图3-10　卡合并功能将一个会员的多张会员卡合并

图3-11　卡合并操作后会员卡状态变更为“销卡”

6. 新卡注册

新卡注册用于存量会员注册新卡。点击【新卡注册】按钮进入会员查询对话框，查询已经存在的会员信息（图3-7），确认会员信息后双击进入新卡注册对话框，可以看到会员信息和已有的会员卡信息（图3-8），输入要办理的新会员卡后点击【新卡注册】按钮，生成一张新的会员卡。

三、会员管理与酒店连锁经营

CRM系统改变了连锁酒店的经营模式，在CRM系统出现之前，连锁酒店采取各自为战的方式，连锁酒店的不同门店之间主要依靠硬件的整合，比如相似的选址、巨大的Logo、相似的装修、相似的服务等，但各酒店之间的数据整合却很少，客户资料（Profile）、会员待遇、贵宾级别、客户信息都无法共享，客户无法享受到统一的会员权益、价格优惠和服务增值。

CRM系统改变了这一切，依托会员管理功能，实现集团层面的数据共享，连锁酒店可以实现“一次注册，集团共享”的会员管理功能，会员可以体验统一的会员权益、价格优惠和服务增值，成为连锁酒店重要的竞争优势。会员管理功能既是会员等级、权益管理、积分管理、储值管理等功能的基础，也为酒店新媒体推广、网络营销提供了新的工具，是CRM系统的核心（图3-12）。

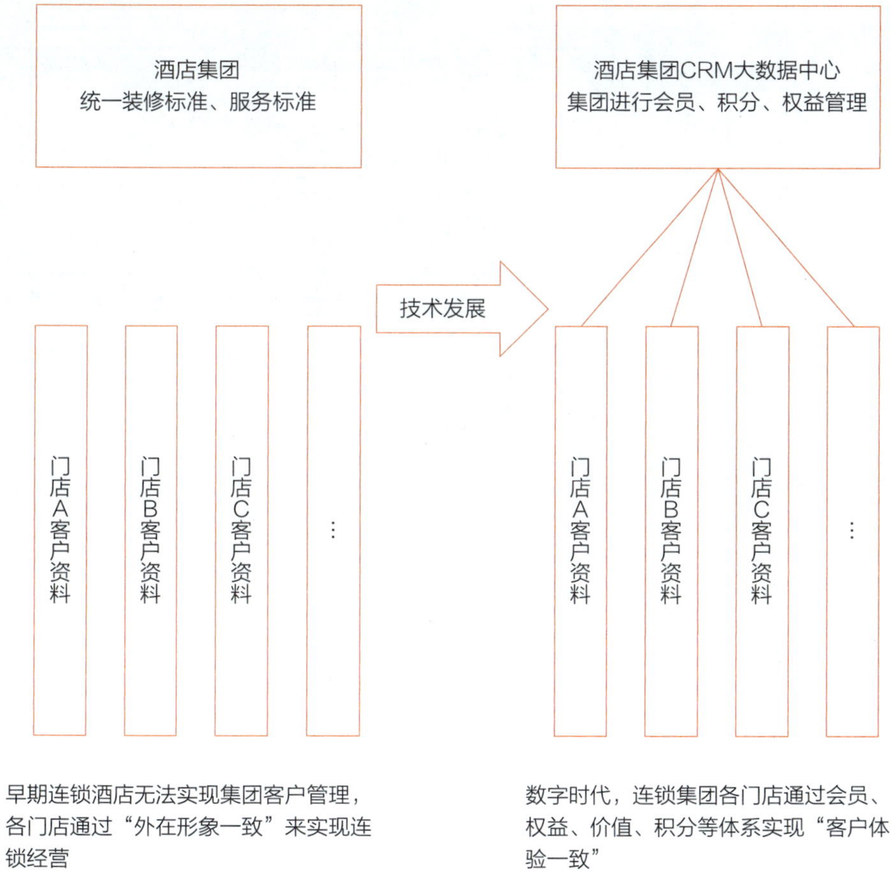

图3-12　CRM系统形成了集团会员数据库

现代CRM系统整合了会员管理功能，实现会员发展、会员信息查询、会员信息修改等功能整合，还可以通过系统设置，实现会员卡费用计算、会员有效期管理、会员升降级等功能的自动化，提高了酒店集团会员管理的效率。优秀的CRM系统能够与酒店运营系统（PMS）有机整合，实现更高效、更精准的管理，提供更优质的客户体验（图3-13）。CRM系统已经成为连锁酒店集团重要的竞争优势，而且连锁酒店规模越大、信息化程度越高，优势就越明显。

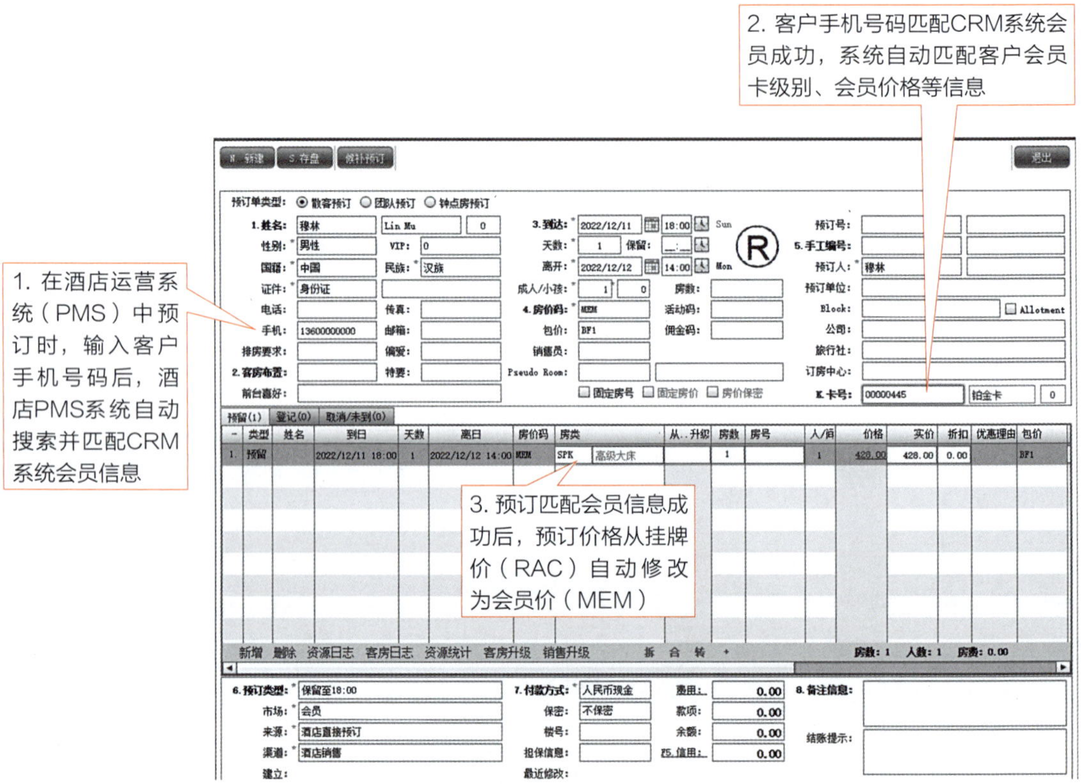

图3-13 依托CRM系统实现了集团级会员价格、权益统一管理

实践演练

1. CRM系统在会员管理方面有哪些功能？
2. 为什么酒店集团要求“一个客户在CRM系统中只有一条信息”？
3. **向酒店GRO调研，在哪些情况下会登录酒店CRM系统查询会员信息？
4. **在酒店连锁集团经营实践中，除了常规的会员升级方法，还存在哪些升级方法？通过网络、电话等方式进行调研或查询，与同学们分享你的成果。

随堂测练

1. 绿云酒店集团是一家拥有200家门店的连锁酒店，集团安装了CRM系统并实施统一的客户管理。张大大女士是集团的高级别会员，张女士入住期间，酒店员工李杰了解到她的过敏信息时，李杰应该如何操作才能确保该信息被全集团酒店获取？（　　）

   A．不予理睬，不做任何操作　　B．将该信息录入酒店PMS系统

   C．将该信息写到交接班记录本上　　D．将该信息录入集团CRM系统

2. 绿云酒店集团是一家拥有200家门店的连锁酒店，集团安装了CRM系统并实施统一的客户管理。张大大女士是集团的高级别会员，第一次预订BHG北京店，酒店GRO应如何获取张女士详尽的客户数据？（　　）

A．找张女士询问　　B．从酒店PMS客户资料中查询

C．从百度上搜索　　D．从集团CRM会员信息中查询

3．绿云酒店集团是一家拥有200家门店的连锁酒店，张大大女士是集团的高级别会员，会龄超过10年，每年入住集团酒店十几家、80多间夜。如果集团会员管理制度严谨、员工操作规范，则张女士在CRM系统中的会员账号数量为（　　）。

A．1条　　B．十几条　　C．80多条　　D．几百条

4．酒店CRM系统最核心、最基础的功能是（　　）。

A．会员管理　　B．积分管理　　C．储值管理　　D．营销管理

5．王先生入住绿云酒店，这是他第一次入住绿云酒店集团。前台员工邀请王先生加入酒店会员，前台员工可以使用CRM系统中的（　　）功能为王先生办理。

A．会员注册　　B．新卡注册　　C．会员导入　　D．会员查询

任务2 CRM系统与积分管理

导入任务

积分查询、录入与兑换

你今天上班时，一位白金卡客户王女士怒气冲冲地来投诉，说她上次入住酒店没有正常获得积分，你完成以下工作：

1．根据客户信息，查询客户会员卡信息和积分信息，你发现确实没有正确积分。据了解，王女士上次入住时，是她的助理小李做的预订，小李用自己的名字预订了客房，并且没有将预订关联王女士的会员卡信息，所以王女士没有获取积分。

2．你和王女士友好地进行了交流，她上次入住价格为1000元，3天合计获取积分3000分，加白金卡权益后为4500分。你为她补录了积分，为了表达酒店对她的歉意，你又申请了800积分作为对王女士的补偿，她对你的方案非常认可。

3．你向王女士表达了谢意，顺便告诉她近来正是拉萨旅游的好时候，集团的拉萨店刚刚开业，正在做会员积分兑换的特惠活动，原价10000分的兑换现在只需5000分即可兑换。王女士欣然地接受了建议，她说拉萨是她规划了很久的旅行目的地，你帮她完成了积分兑换操作，兑换了1晚的入住权益。

你送走了王女士，在王女士的会员信息中，喜好一栏写着“客人每年年底度假”，而她微博照片是她在珠峰大本营的照片……

完成以上工作任务并回答问题：

1．王女士上次入住没有产生积分的原因是什么？

2．酒店是如何处理王女士的投诉的？

3．酒店如何利用积分策略带动销售？

在互联网快速发展的背景下，现代酒店需要保证渠道价格一致，直接提供折扣价格会造成酒店价格体系的混乱，积分是会员管理的基本功能，是向会员提供价格优惠的主要手段。一方面，通过积分返还的方式可以避免价格体系的混乱，另一方面，酒店围绕积分形成了完备的体系，从积分产生、积分赠予、积分消费等基础功能，到积分抽奖、积分交易、积分商城等，成为酒店忠诚度管理的重要工具。

一、CRM 系统积分管理概述

积分管理是酒店忠诚度计划的重要组成部分。由于酒店与分销渠道签订的代理合同中（如在线旅行社、全球分销系统GDS等）普遍包含价格一致性条款，酒店需要保持直销渠道和分销渠道价格一致，无法对直销渠道给予价格优惠，会员积分就成为酒店实现价格优惠、客户奖励的主要手段。

酒店集团将CRM系统与PMS互联互通，当客户在门店消费、在PMS中结账完成后，CRM系统会完成会员消费信息、积分信息的统计。CRM系统通常包括积分查询、积分补登、积分转移、积分冻结、积分兑换等功能。

行业链接

会员积分与差异化优惠

酒店通过积分，对客户实施差异化优惠策略。

如果客户不是会员，他不能享受积分带来的优惠，优惠比例为0%。

普卡会员有积分，消费1元可以获取1积分，7500积分兑换一间客房，假设酒店客房价格为800元，会员每消费9.375间客房可以获赠一晚房费，折算优惠约9%。

银卡会员额外奖励10%积分，消费6818元可兑换一间客房，优惠约10.5%。

金卡会员额外奖励25%积分，消费6000元可兑换一间客房，优惠约12%。

白金卡会员额外奖励50%积分，消费5000元可兑换一间客房，优惠约14%。

通过CRM系统的积分功能，酒店集团可以实现消费积分、会员积分奖励、积分兑换、积分商城的自动化运行，而且不会违反酒店与分销商的价格一致性条款。

二、积分管理主要功能

在绿云CRM系统主界面点击【储值积分】按钮，进入储值积分功能列表（图3-14），主要包括积分管理、批量积分等功能，点击积分管理按钮可以进入积分管理对话框，积分管理主要包括以下功能：

积分查询：通过卡号、手机号码、身份证号码等查询会员卡积分信息，如持卡人、发行门店、会员级别、会员积分等，还包括会员卡交易信息，如积分的产生、兑换等。

积分录入：一般情况下，当客户在酒店进行客房、餐饮消费后，在PMS系统进行结账操作，积分会自动进入CRM系统的会员积分账户。如果积分没有正确计算，例如客户预订

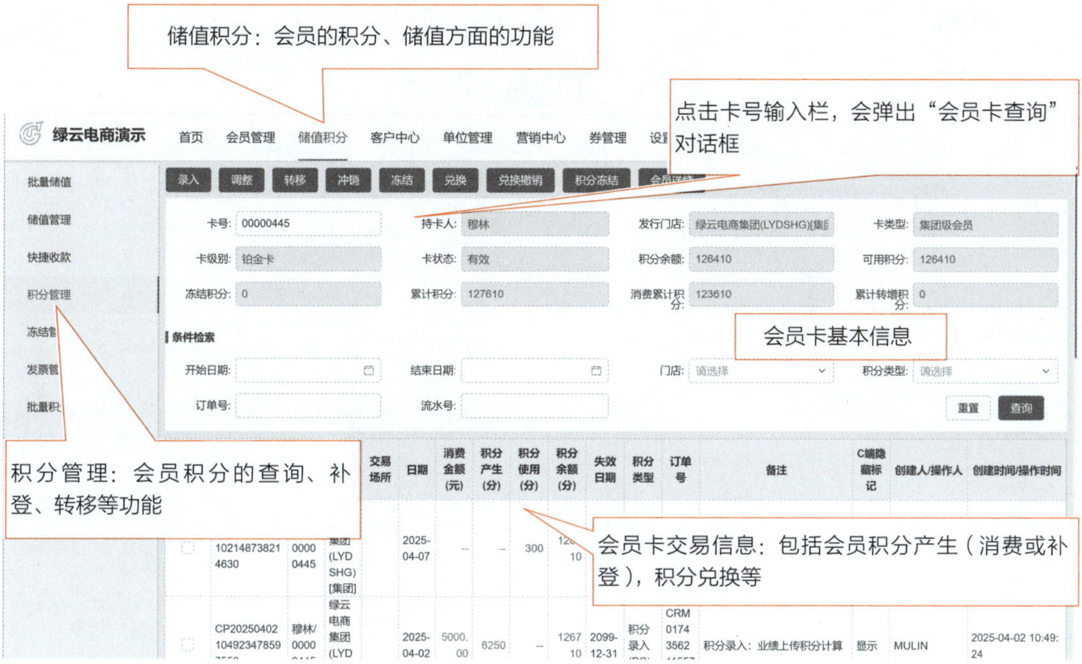

图3-14　CRM中积分、储值功能是酒店实现价格优惠的主要工具

和入住时，没有正确输入会员信息，就会发生积分错误。此时可以通过积分录入功能进行补录，补录的消费业绩可以在会员产量处查询。

积分调整：当积分产生或者消费后，可以通过积分调整进行修改。

积分转移：将当前会员卡的有效积分转移至其他会员卡，仅可转移至同类型积分卡，比如集团会员积分卡不可以转至门店储值卡。

积分冲销：当发现积分错误时使用，冲销会产生一条与积分记录相同但数值为负的积分记录，会员卡消费与调整产生的积分可冲销，转入积分与促销积分不允许冲销，已被使用的积分不允许冲销。

积分冻结：可以将积分进行冻结操作，比如有会员卡遗失，会员申请挂失时。

积分兑换：会员使用积分兑换商品或服务，如纪念品、早餐和客房等。目前连锁酒店通常采用积分商城的方式来实现积分兑换功能，本功能只用于少量兑换操作，如在前台兑换礼品、在餐厅兑换早餐等。

三、积分管理常用操作

1. 积分查询

在积分管理窗口，点击【卡号】输入栏，会弹出会员卡查询对话框（见图3-15，操作方法与任务1的会员信息查询相同），输入卡号、手机、证件号码等信息后点击【查询】按钮进行查询，确认会员卡后双击返回，可以看到会员卡基本信息和会员卡交易信息，如积分的产生、兑换等（图3-16）。

图3-15　会员卡查询支持卡号、手机、姓名等综合查询功能

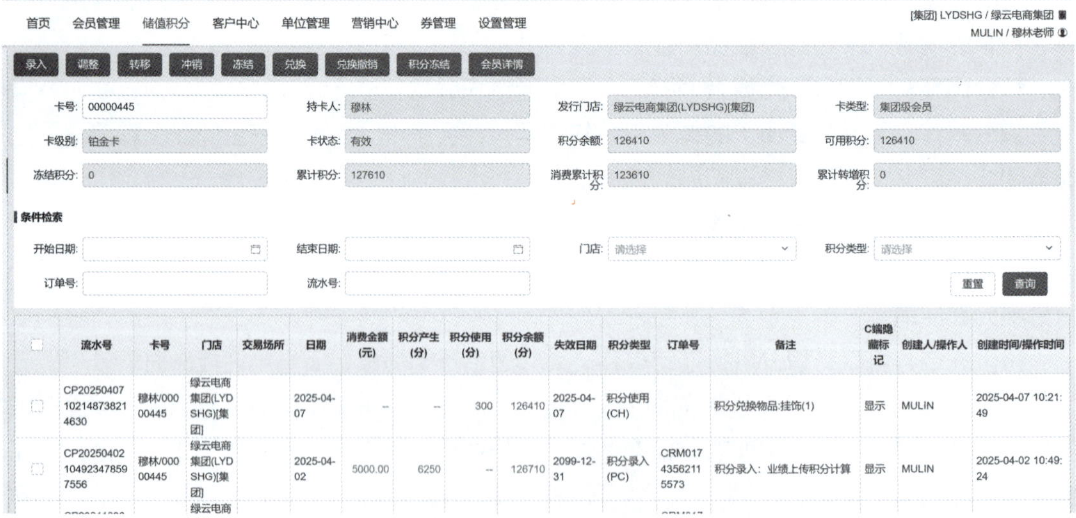

图3-16　积分查询功能可以查看积分产生、消费的所有数据

2. 积分录入

操作方法：在积分管理窗口，点击【录入】按钮可打开消费录入窗口（图3-17），CRM系统会自动获取并显示当前会员信息，且不可修改；若录入业绩符合该卡等级积分规则，则会生成积分记录，可在列表显示；若不符合，仅生成业绩记录，进入会员产量页面可查看（图3-18）。

行业链接

积分从哪里来？

积分是酒店向会员实施奖励、优惠的主要方法，积分获取包括许多渠道，比如：

1. 集团发放积分，比如客户调查奖励积分、推荐新会员奖励积分、会员生日赠送积分等，另外，许多酒店集团还提供了现金买积分、合作信用卡消费积分等。

2. 门店积分中，最重要的是消费积分，还包括投诉赠送积分、好评赠送积分等，酒店门店发放积分通常不够“慷慨”，因为门店发出去的所有积分，需要门店向酒店集团总部购买，会显著增加经营成本，通常流程比较复杂。

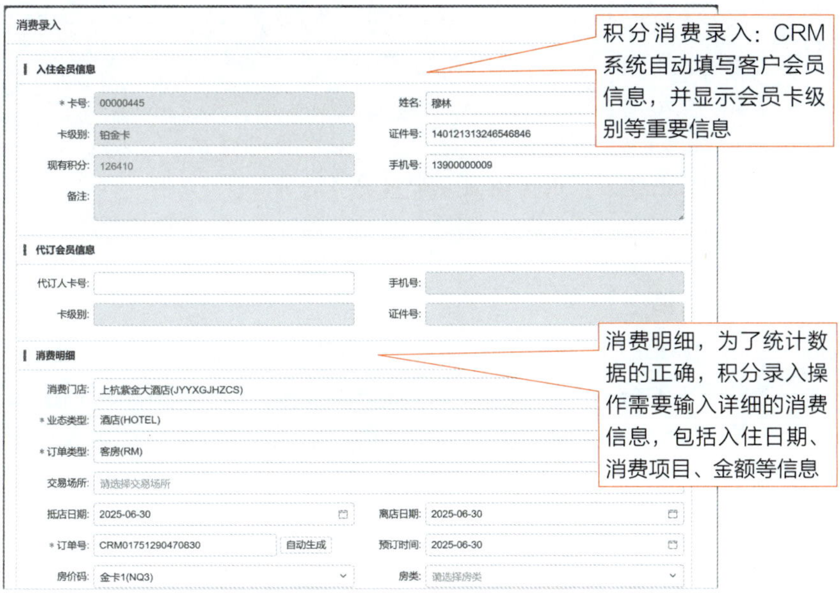

图3-17 积分录入功能仅用于补录发生错误的积分

图3-18 通过补录操作录入的积分，也可以查询积分的产生记录

行业链接

调整（adjustment）与冲销（rebate 或 allowance）

调整与冲销都可以用来修改账务处理的错误，关于它们的使用要求各酒店有所不同，例如某酒店规定：

1. 修改消费项目、备注等信息，部门经理授权后可以使用调整（adjustment）。此类操作不需要财务部额外工作，也不影响酒店营业收入，不需要修改营业报表。

2. 修改支付方式信息，如现金修改为信用卡、支票等，由部门经理授权后使用冲销（rebate），再次录入正确的支付信息。此类操作一般需要财务部进行额外操作，但不影响酒店营业收入，不需要修改营业报表。

3. 修改金额信息，由总经理授权后使用冲销（rebate）后，再次录入正确的支付信息。此类操作需要财务部进行额外操作，而且影响酒店营业收入，需要修改营业报表，如果跨月、跨年的，还需要更加复杂的操作。

无论是调整还是冲销，都会给自己与他人带来额外的、不必要的工作，在进行财务、账务类操作时，应认真仔细，尽量避免。如果出现错误，应及时反馈并修改，尽量减少损失，不要试图掩盖，因为掩盖会带来更多的麻烦。

3. 积分调整/冲销

调整（adjustment）和冲销（rebate）都用来修改积分操作时发生的错误，两种操作都会产生一笔负值来冲抵，不同在于冲销只能全额进行，比如错误输入100元消费，冲销只能收入-100元，操作的结果等于0，相当于删除操作。而调整可以输入任意金额，相当于修改操作（图3-19）。

图3-19 积分调整经常用于修改积分操作错误

使用积分调整功能来改正错误输入：在积分管理对话框选中要调整的积分记录后单击【调整】按钮，弹出【积分调整】对话框（图3-20）。用户需要输入调整方式、调整门店、积分数量、失效日期、调整原因等信息，点击【保存】按钮完成操作，会生成一条新积分记录，客户积分会发生相应变化。

☐	流水号	卡号	门店	交易场所	日期	消费金额(元)	积分产生(分)	积分使用(分)	积分余额(分)	失效日期	积分类型	订单号	备注	C端隐藏标记	创建人/操作人	创建时间/操作时间
☐	CP20221215111443597132246	穆林/00000445	绿云电商酒店(LYDSH)		2022-12-15	1888.00	2360	--	6061	2099-12-31	积分消费转入(PA)	09	积分消费：业绩上传积分计算	显示	LYDSHG_ADMIN	2022-12-15 11:14:44
☐	CP20221215111303336825916	穆林/00000445	绿云电商酒店(LYDSH)	绿云电商酒店(LYDSH)	2022-12-15	1.00	1	--	3701	2099-12-31	积分消费转入(PA)	0202938273	积分消费：业绩上传积分计算	显示	LYDSHG_ADMIN	2022-12-15 11:13:03 / 2022-12-15 11:15:03
☐	CP20221214205737913832264	穆林/00000445	绿云电商集团(LYDSHG)[集团]		2022-12-14	--	--	300	3700	2022-12-14	积分使用(CH)		积分兑换物品:挂饰(1)	显示	LYDSHG_221107 / TASK	2022-12-14 20:57:38 / 2024-04-26 02:00:09
☑	CP20221214195629211933591	穆林/00000445	绿云电商集团(LYDSHG)[集团]		2022-12-14	--	1000	--	4000	2099-12-31	积分调整-产生积分(AP)		客户为金卡会员，入住时产…	显示	LYDSHG_221107 / MULIN	2022-12-14 19:56:29 / 2025-04-07 10:21:49
☐	CP20221211141041391002061	穆林/00000445	绿云电商集团(LYDSHG)[集团]		2022-12-11	--	3000	--	3000	2099-12-31	积分调整-产生积分(AP)			显示	LYDSHG_221107 / MULIN	2022-12-11 14:10:41 / 2025-04-07 10:21:49

图3-20　积分调整操作后，会增加一条新的积分记录

4. 积分兑换

在积分管理对话框，点击【兑换】按钮打开积分兑换窗口（图3-21），系统会自动获取会员卡信息，兑换信息处根据兑换物品的门店选择出货门店，然后选择兑换渠道、兑换物品与兑换数量；系统自动计算使用积分的数量，不可修改；最后，填写收货人信息并保存即可兑换成功，同时生成积分使用记录（图3-22）。

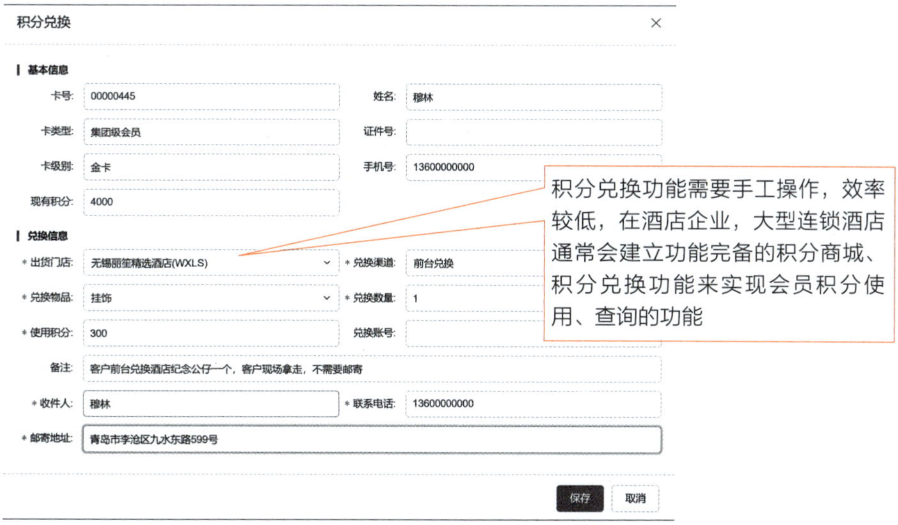

图3-21　积分兑换功能是实现会员价格优惠的主要工具

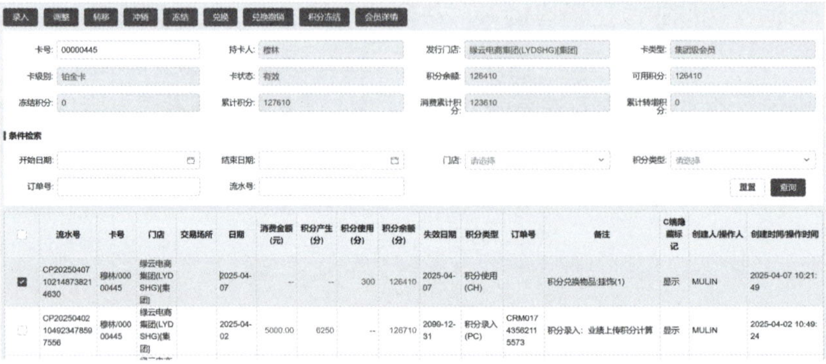

图3-22　积分兑换完成后，可以在积分管理中进行查询

四、总结

在酒店忠诚度体系中，积分是酒店会员体系的基本功能，是酒店实现价格优惠的主要手段。在酒店制定价格策略时，通常直销渠道和分销渠道定价相同，表面看，客户在直销渠道预订的价格与分销渠道一致，实际上，由于积分策略，客户直销预订可以享受10%～30%不等的价格优惠。积分策略的另一个优势是带动需求，商务客户会将积分用于个人出行、度假等，从而进一步促进酒店需求、拉动淡季需求。积分策略已经成为各大酒店集团忠诚度计划的核心，在全服务酒店和有限服务酒店都得到了应用。

CRM系统提供了会员积分查询、登录、调整、转让和兑换功能，并通过中央预订系统。积分商城等平台实现了有效的积分管理。在酒店日常运营中，应注意“人卡一致”，即客户预订、入住和消费时，需要准确录入客户电话、身份证号码等信息，确保积分正确核算和积分政策的有效运行。

实践演练

1. 酒店会员获取积分的主要方式有哪些？
2. 酒店如何利用积分策略实现差异化的价格优惠？
3. **在酒店连锁集团经营实践中，除了消费获取积分的方法，还存在哪些其他获取积分的方法？通过网络、电话等方式进行调研或查询，与同学们分享你的成果。
4. **选择你感兴趣的酒店集团，通过会员积分商城进行调研，该酒店集团向会员提供了哪些积分兑换选择，价格如何？

随堂测练

1. 关于酒店积分政策，下列说法中正确的是（　　）。

   A. 酒店对所有会员应一视同仁，相同消费获取相同积分

   B. 酒店消费是获取积分的唯一方法

   C. 酒店积分只能用来兑换礼品

   D. 酒店积分策略，本质上相当于价格优惠

2. 下列酒店积分中，需要使用积分录入功能产生积分的是（　　）。
   A. 客房消费积分　　B. 金卡会员额外奖励积分
   C. 餐饮消费积分　　D. 积分错误补录积分
3. 客户入住酒店客房，下列预订方式中哪一种可以获取积分（　　）。
   A. 直销渠道预订入住　　B. 分销渠道预订入住
   C. 团队入住　　D. 申请免费房入住
4. 酒店客户积分发生错误时，GRO可以使用CRM系统中（　　）功能来查看积分的生成和消费记录。
   A. 积分调整　　B. 积分兑换
   C. 积分录入　　D. 积分查询
5. 酒店客户积分发生错误时，CRM系统中可以用来修改积分的操作是（　　）。
   A. 积分调整　　B. 积分兑换
   C. 积分录入　　D. 积分查询

任务3 CRM 系统与储值管理

导入任务

储值卡的开通与使用

你今天上班时，白金卡客户王女士来找你，对集团拉萨店的位置和服务大加赞扬，看来你录入CRM系统的信息起到了作用，你还特意给拉萨店的GRO经理刘鑫打电话沟通了细节。

1. 王女士说他们公司下个月有个小型会议打算放在酒店，需要8间客房，预算大约2万元，听说酒店有储值卡，特意来找你办理。你为她办理了本店专用的储值卡，告知她卡号为（　　），并告知她使用时需要她本人签字。

2. 为王女士充值20000元，根据酒店充值政策，赠送金额为2200元，之后你又向她介绍了负责会议销售的刘经理，负责对接她的会议需求。

3. 一星期后，王女士带着刘经理来找你，对酒店提供的会议服务很满意，并且需要从她的储值卡中扣除会议费用20200元。你完成了扣款，并帮她开具了会议费发票。

4. 等刘经理离开后，王女士请你帮她查询一下储值卡余额。

5. 你告诉王女士，你特意申请了2张温泉体验套票，每张可以2个人泡温泉，或者去体验新的SPA水疗项目，套票已经充入她的储值卡，去温泉或SPA消费即可。

看着王女士离开时欢快的样子，你知道王女士储值卡中的剩余金额已经有了用途。

行业链接

储值给金卡？

储值卡主要是一种优惠手段，也有酒店将储值与会员级别对等起来，尤其是一些单体酒店，很难使用入住间夜数的指标来定级，比如充值5万元对应白金卡、充值1万元对应金卡、充值5000元对应银卡，这样的策略如何？

这一策略存在漏洞，因为充值金额与客户产量并不等同，从财务角度看，客户的储值是预收款，并不属于酒店的营业收入，如果客户充值5万元，拿到白金卡待遇后只消费低利润产品，如偶尔来吃简餐、吃自助，对酒店的利润贡献很低。

对于单体酒店，采用单次消费评价法或RFM法更为合理，比如某知名单体酒店有储值卡，但储值卡只享受价格优惠，而会员评级需要根据客户单次消费金额来确定，单次消费20000元为白金卡、5000元为金卡，一年有效。此方法对商务客户的筛选更有利，同时屏蔽了某些特殊场景消费客户，比如婚宴、寿宴等。

储值管理是酒店会员管理的另一项重要功能，也是实现价格优惠的常用方法，一方面具有很高的客户黏性，另一方面可以有效改善酒店现金流，是酒店会员管理中常用的手段。但储值容易引发消费者投诉，随着相关法律法规的完善，连锁酒店集团储值卡使用有所减少，通常在连锁集团门店和单体酒店应用较多。

一、储值管理概述

储值，即预付费，由于能显著改善现金流、稳定客户消费，是企业常用的会员形式，但也存在监督管理难度大、消费纠纷多等问题，是国家规范管理的主要领域。2012年商务部出台《单用途商业预付卡管理办法（试行）》（2016年修订），对企业发行预付费卡的企业资质、实名注册、发票开具、资金管理都提出了明确的要求；2020年以来，各省市又出台了更严格的管理条例，对预付费卡提出了更严格的规定，如资金监管、退款条件等。在酒店业，连锁酒店通常实行委托管理、特许经营的模式，同一品牌的酒店分别属于多个业主所有。由于收入核算、税收统筹、资金管理等方面的难题，大型连锁酒店一般不发行集团储值卡，储值卡的发行、使用主要集中在酒店门店，或一些地区性连锁酒店、餐饮连锁企业等。

从酒店CRM系统看，储值功能并非CRM系统的标准功能，有些酒店集团在CRM系统中集成储值功能，有些酒店则使用独立的储值管理系统，本书中的绿云CRM系统使用前一种解决方案。从技术角度看，绿云CRM系统中的所有会员卡都具备储值功能，在酒店具体应用时，应结合酒店集团的需求进行设置，比如发行单独的储值卡、储值卡仅限特定门店使用等。

发行储值卡是酒店实现差异化价格优惠的手段，通常在储值时给予赠送或返还一定金额作为优惠，这些金额在后期消费时正常使用，如果客户有集团会员卡，依然可以进行打折和积分。储值卡有两种常见的优惠策略。

1. 充值送金额

储值××元（本书中称为储值金额）赠送××元（按金额或百分比，本书中称为赠送金额），储值金额和赠送金额的权益不同，如开具发票、退款、有效期、使用范围等，为了便于财务处理，在CRM系统中分为基本账户和赠送账户。

2. 充值买次数

也称次卡，用于以次计费的场景，如健身、游泳、温泉、自助餐等，通常会给予数量的优惠来鼓励客户消费，比如自助餐原价238元，酒店提供2000元10次的产品。

二、储值卡与 PMS 收银

CRM系统中的储值功能与酒店PMS中的收银功能对接，持有储值卡的客户，可以在酒店消费结算时使用储值卡进行结算（图3-23、图3-24、图3-25）。对酒店收银员来说，储值卡是一种支付方式，与银行卡、信用卡相同，在消费时需要注意以下几点。

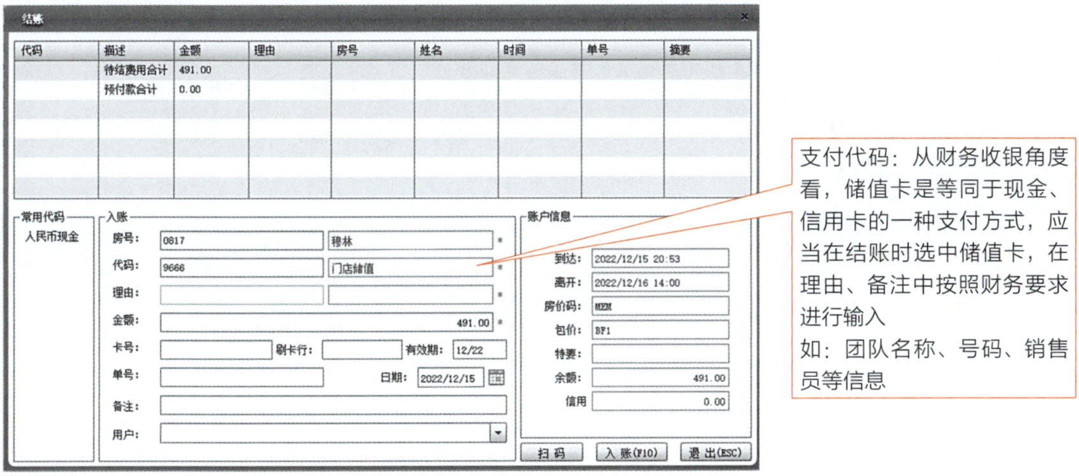

图3-23 在结账时，支付代码选择门店储值卡

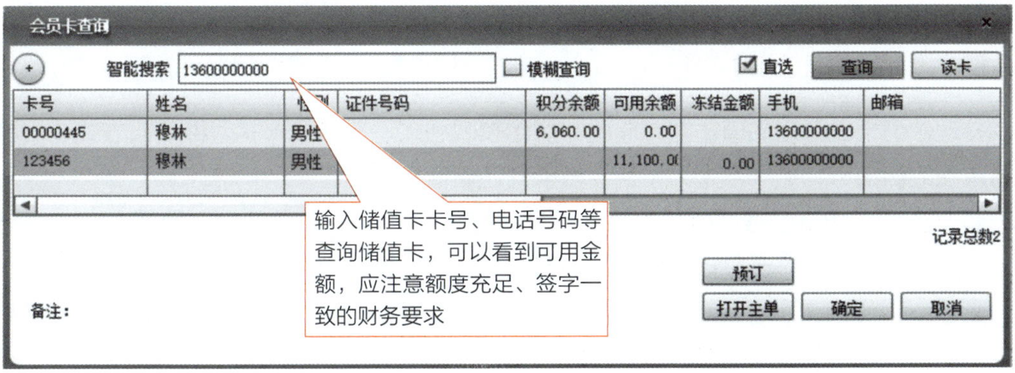

图3-24 在客户多张会员卡和储值卡中进行选择

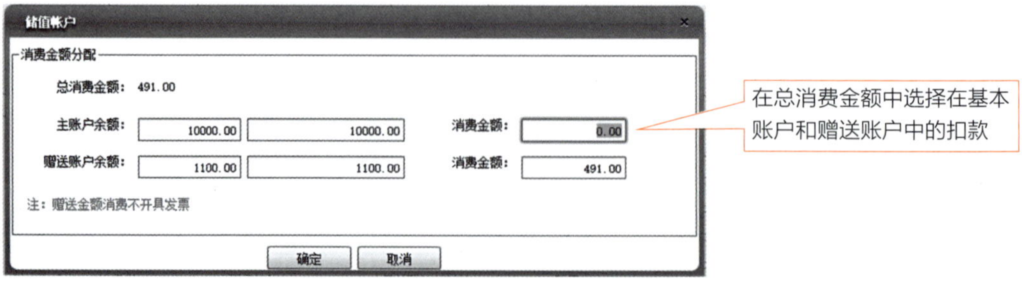

图3-25 选择使用余额账户（基本账户还是赠送账户）

（1）消费验证。按照酒店要求和储值卡注释进行验证，通常为密码验证、签字验证等。

（2）余额充足。消费时应确保可用余额充足，应注意储值卡的信用、冻结金额等。

（3）发票管理。发票管理是储值卡应用中最容易出错的地方，如果在充值时已经开具发票，则消费时不再开具发票。

使用储值卡支付完成后，使用储值卡查询功能可以查看消费明细（图3-26），还可以用于客户查询、酒店审核等，也为酒店实施客户分析提供了数据准备。

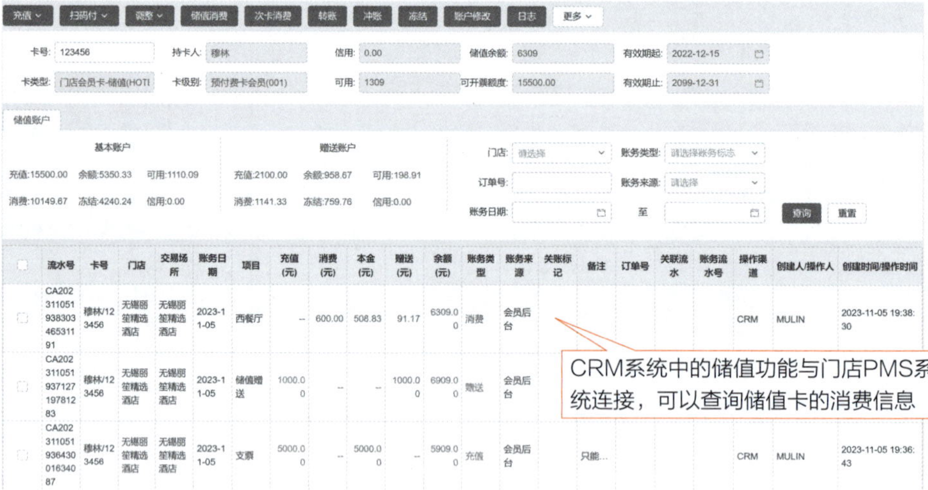

图3-26 使用储值卡结算后，可以在CRM系统中的储值界面查询消费信息

三、储值管理主要功能

办理储值卡或开通储值功能：储值功能比较敏感，酒店储值卡有两种获取方式，一种是发行单独的储值卡；另一种是为普通会员卡开通储值权限。

储值查询：通过卡号、手机号、身份证等查询会员卡的储值信息，如持卡人、发行门店、会员级别等信息，还包括储值卡的储值账户、赠送账户信息。

充值：对储值卡进行充值，包括基本账户、赠送账户、次卡账户，应根据酒店财务制度要求进行充值，如某温泉度假酒店制度为：充值10000元赠1100元，另赠温泉体验券2张，其中10000元充入基本账户，1100元充入赠送账户，2次温泉门票充入次卡账户。

储值消费/次卡消费：对储值卡中的金额或次数进行消费，并生成消费记录，作用与PMS系统中的消费操作一致，属于备用功能，一般用于补录操作。

转账：将当前会员卡的可用账户余额转移至其他储值卡，基本账户、赠送账户、次卡账户均可进行转移，其中基本账户与赠送账户转移可用余额，次卡账户转移可用次数。

储值调整/储值冲账：均用于对错误操作的修正，具体区别与积分操作类似。

冻结：可以对客户账户的可用余额进行冻结，冻结额度不可使用，可以使用解冻功能恢复额度。

信用：储值卡的储值账户可配置信用额度，信用额度可用于消费，如储值账户余额为100元，信用为2000元，那么储值卡实际可消费2100元。

发票管理：主要用于发票的开具、查询等，客户可以在储值时开具发票，发票内容为预付费，消费时不再开具发票；或者储值时不开具发票，在消费时再开具。根据相关规定，如果客户需要开具详细消费内容，如住宿费、餐费、会议费等，只能在消费时开具发票。

行业链接

储值卡用户越来越少的原因

在过去，储值卡的使用率非常高，因为它满足了酒店企业客户管理的许多需求，而这样的情况正在发生变化：

1. 支付便捷的优势被移动支付替代：储值卡的一大优势是充值后客户每次消费非常便捷，可以通过签字、密码等方式进行消费授权，但移动支付、二维码支付等方式提供了更便捷的工具。

2. 预支发票受到严格的管控：许多公司出于财务报销、税收统筹的需要，通过储值来获取大量发票，这样会造成国家税收损失，是近年来税收管控的重点。2012年之后，储值时只能开具专用的预付费发票，而且不可以冲抵企业所得税。

3. 福利送礼管理更加规范：储值卡经常用于企业发放福利、节日送礼等用途，不容易监管，自2012年提出预付费卡实名制要求以来，这方面的管理也逐渐规范起来。

以上变化的发生，让企业储值的需求显著减少，储值卡的使用范围大大缩小。

四、储值管理常用操作

在绿云CRM系统主界面点击【储值积分】按钮，进入储值积分功能列表（图3-27），主要包括储值管理、冻结管理、发票管理等功能，点击【储值管理】按钮进入储值管理对话框，主要包括以下功能。

1. 储值卡查询

在储值管理窗口，查询会员卡信息，卡号对话框支持“会员卡查询”，可以输入卡号、手机、证件号码等进行查询，确认会员卡后双击返回，可以看到储值卡基本信息和交易信息，如充值、消费、调整消费、调整充值等（图3-27）。

2. 充值

在储值管理窗口确定客户卡号及持卡人信息，点击【充值】按钮并选择账户充值选项（基本账户、赠送账户和次卡账户），打开充值页面（图3-28），输入充值总额、付款方式、适用门店等信息，之后点击【保存】按钮完成充值，充值金额自动进入基本账户，系统自动计算赠送金额并冲入赠送账户（图3-29）。

储值卡除了充入可消费金额，还可以冲入某种消费权益，比如温泉、健身等体验券，在充值时选择冲入次卡，进入【次卡充值】对话框，依次输入相应的金额、消费权益、次数等信息，点击【保存】按钮完成次数充值（图3-30）。

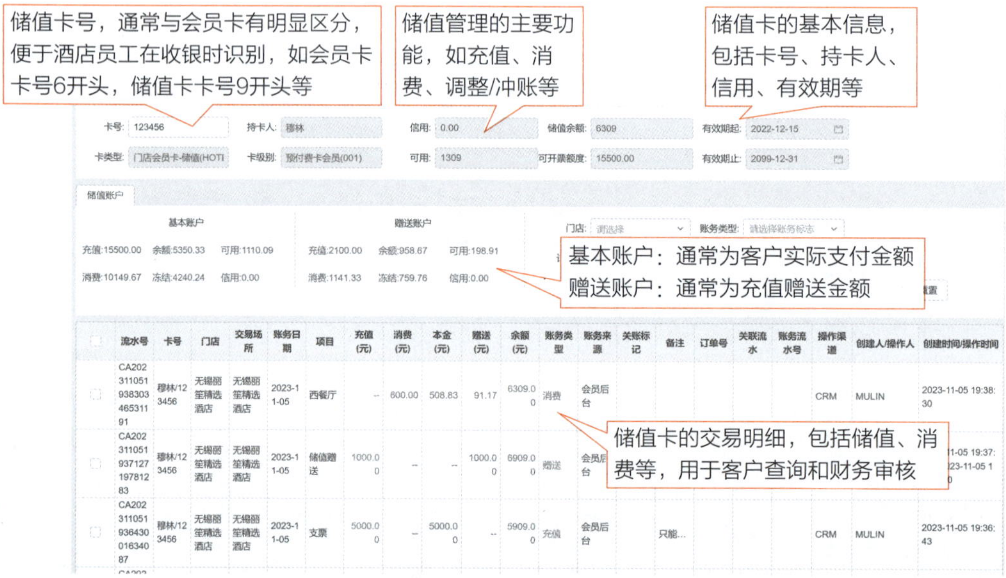

图3-27 储值管理包括充值、消费、调整/冲销、冻结、发票等主要功能

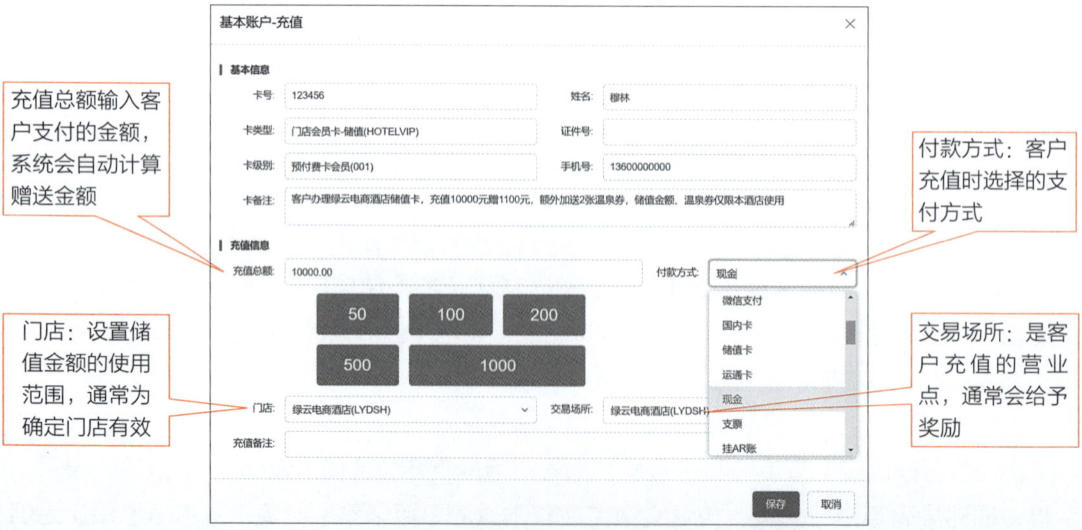

图3-28 充值功能用于向储值卡中存入金额、消费次数等

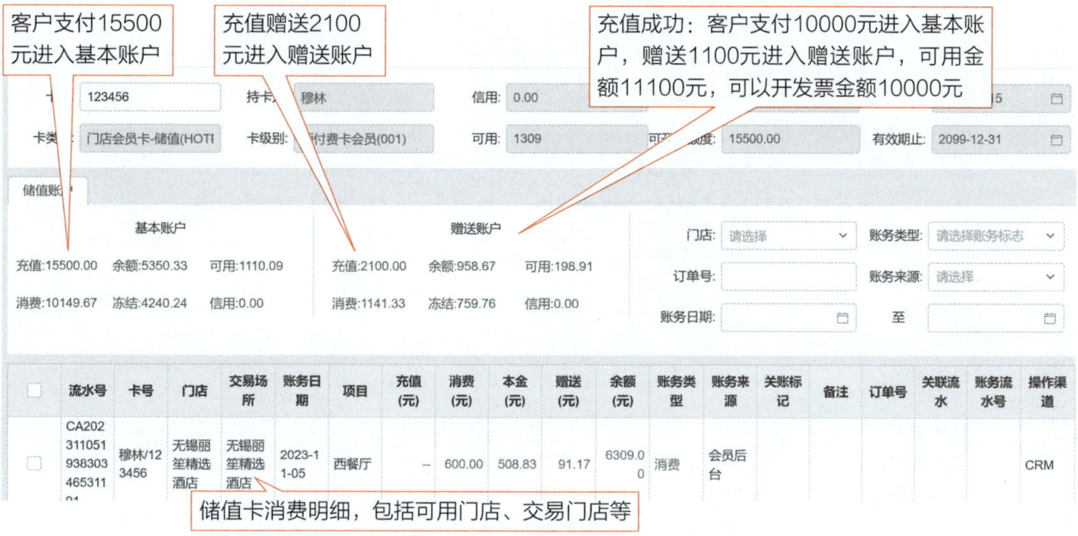

图3-29 充值功能用于向储值卡中存入现金、票券等

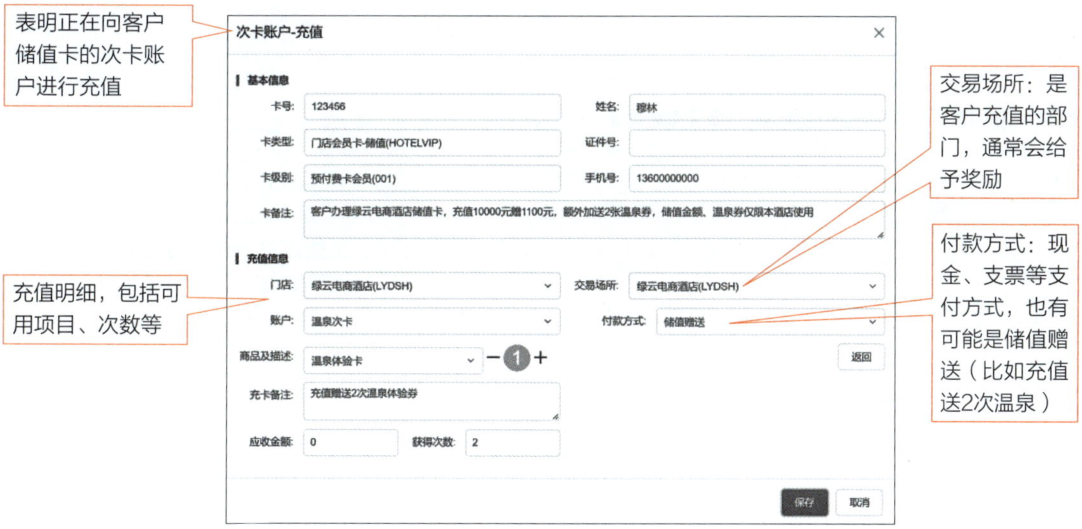

图3-30 充值功能用于向储值卡中存入现金、票券等

3. 储值消费/次卡消费

当客户在酒店使用储值卡支付时，酒店收银员在PMS中选择【门店储值】作为结算方式，CRM系统中的储值消费功能并不常用。在储值管理窗口确定客户卡号，点击【储值消费】按钮可打开消费窗口（图3-31），基本信息根据当前会员卡信息自动填充，不可修改；消费信息一栏依次输入消费门店、交易场所、费用码、消费金额等信息，系统会自动计算从基本账户和赠送账户的扣款金额，确认后点击【保存】按钮完成操作。

储值消费完成后，系统自动更新账户余额并且生成消费记录，如果基本账户与赠送账户均有消费，则按照各自消费金额分别生成记录（图3-32）。

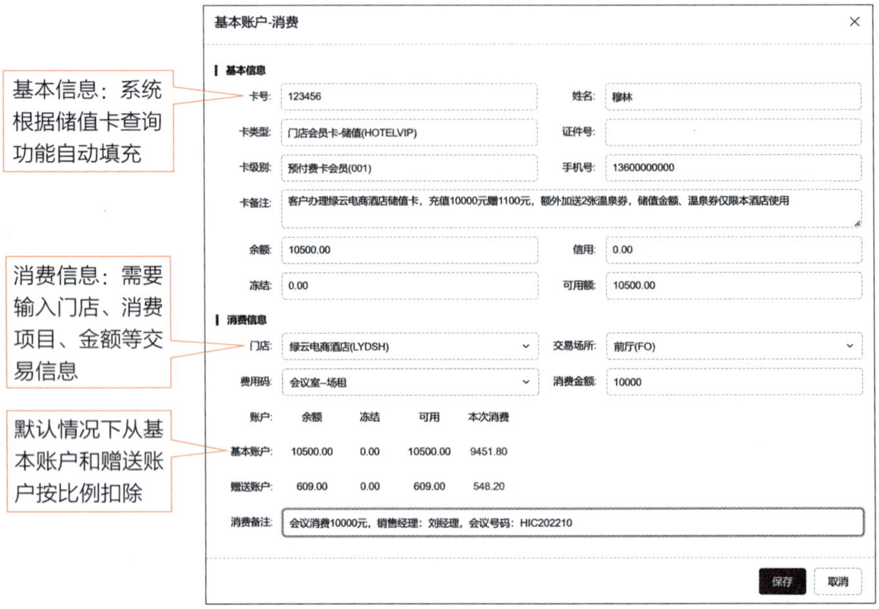

图3-31　储值消费与PMS中消费结账功能完全相同

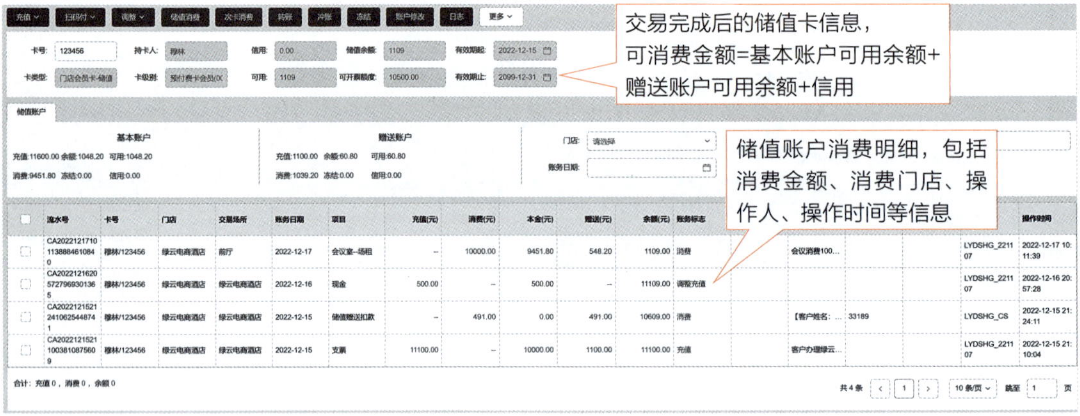

图3-32　CRM系统根据充值金额计算赠送金额

五、总结

发行储值卡是酒店企业忠诚度计划中向客户提供价格优惠的常用方法，此方法客户初始获得感强、保持度高、执行简便，是企业非常喜欢使用的方法，但同时也是国家大力规范的领域，酒店企业需要严格管理、规范经营。

从酒店经营角度看，CRM系统的基础功能包括会员管理、积分管理、储值管理等，实现了会员卡/储值卡注册、积分计算、储值、消费、查询等功能。酒店集团的CRM系统和CRS系统，与各门店PMS、POS系统等数据整合，实现了会员产量计算、积分统计、会员升降级、储值优惠等功能，向会员提供合理的价格优惠和流畅的服务体验。酒店会员管理、积分、储值功能共同组成酒店忠诚度计划的基石，也为酒店运营不断积累客户数据、经营数据，为酒店智能决策奠定基础。

实践演练

1. 酒店如何利用储值策略实现差异化的价格优惠？
2. **选择你感兴趣的酒店进行调研，该酒店向会员提供了哪些储值方式，价格优惠如何？
3. **了解储值卡和预付费管理领域的《预付费管理条例》等各地法规，思考：酒店企业应如何规范管理储值卡？

随堂测练

1. 某酒店推出充值优惠活动，充值10000元以下送10%、10000～50000元送11%、50000元以上送12%。该活动需要使用CRM系统的哪项功能？（　　）
   A. 储值管理　B. 积分管理　C. 会员管理　D. 发票管理
2. 某酒店推出充值优惠活动，充值10000元以下送10%、10000～50000元送11%、50000元以上送12%。该活动需要使用储值管理的哪项功能？（　　）
   A. 充值　B. 消费　C. 查询　D. 支付
3. 酒店客户储值10000元赠送1100元，则酒店可以给客户开具的发票金额为（　　）。
   A. 10000元　B. 11100元　C. 8900元　D. 1100元
4. 酒店某客户信用为0，储值10000元赠送1100元，则客户可消费总额为（　　）。
   A. 10000元　B. 11100元　C. 8900元　D. 0元
5. 在绿云CRM系统的储值卡中，不存在的账户类型是（　　）。
   A. 基本账户　B. 赠送账户　C. 次卡账户　D. 积分账户

项目四

CRM 系统与服务增值

学习与素养目标

1. 熟悉酒店客户分级与服务分级的区别与联系，理解两者在服务增值中的作用。
2. 熟悉 **CRM** 系统在服务增值中的价值，能够操作 **CRM** 系统获取客户关键信息，能够使用 **CRM** 系统处理客户声音。
3. 熟悉常见酒店集团忠诚度计划，能够操作典型 **CRM** 系统查询会员权益和待遇。
4. 了解新时代中国酒店业面临的挑战与机遇，提升应对产业发展模式、竞争格局、产业技术变革与行业竞争的职业实力。

导入案例

打动关键客户（VIP 接待流程）

打动关键客户
（VIP 接待流程）

小曹是绿云国际酒店的GRO，负责重要客户（VIP）的识别和接待工作。今天早晨GRO经理钱经理给她安排：明日入住的VIP客户接待工作。需要完成以下工作。

（1）识别并确定VIP客户。

（2）组织协调各部门为VIP客户提供更好的服务。

（3）记录VIP客户的需求，并完善信息。

阅读以上案例并回答问题：

1. 酒店应当如何在客户中确定重点客户？选择的依据是什么？
2. 在明天入住的客户中，小曹应如何确定重点客户？如何获取重点客户的信息？
3. 重点客户接待和入住期间，如何提供优质的服务？在服务过程中GRO的作用和价值如何？

项目概述

服务增值是酒店会员计划的另一个重要手段，首先，酒店或酒店集团根据客户价值确定客户级别，依据客户级别建立起差异化服务体系：对非会员提供基本服务；对会员按照级别提供分级服务，级别越高权益越多；对高等级会员提供个性化服务。CRM系统是提供增值服务的重要工具，通过客户业务数据评估客户价值并确定会员级别，记录客户喜好信息并辅助个性化服务。酒店还需要建立起服务分级体系，从服务人员、场地保障到服务流程、服务标准，确保差异化服务体系的运行。

任务 1 构建酒店差异化服务体系

导入任务

VIP 分级体系

对你熟悉的酒店进行考察或者调研，了解酒店VIP服务体系和服务流程，完成调查后回答下列问题：

1. 该酒店的VIP分级体系如何，一共分为几个级别？
2. VIP分级与酒店客户分级之间有何关系？
3. 酒店对VIP的服务与普通顾客有何不同？

服务增值是酒店忠诚度计划的另一个重要领域，其核心在于建立差异化服务体系。首先，酒店制定了客户分级和服务分级体系；之后，酒店根据客户价值实施客户分级，并根据客户分级匹配相应的服务标准和服务流程。差异化服务体系是酒店提高客户满意度、获得客户口碑的基本方法。

一、客户分级与服务分级

酒店通过会员、积分、储值等体系建立了会员制度和价格优惠的体系，酒店忠诚度计划中的客户分级得以确立，接下来，酒店需要构建服务分级的体系，按照客户级别提供相应的服务，服务分级既是酒店提高客户满意度和忠诚度的重要方法，也是实现酒店服务资源合理分配、控制服务成本的基本工具。

向所有客户提供最好的服务是许多酒店的经营目标和营销口号，但酒店的服务目标与其服务能力经常存在不匹配的情况，酒店需要评估自身服务能力，对酒店服务资源的分配和服务流程的执行做出计划，如某四星级酒店计划向所有客户提供顶级服务，甚至为每位客户配备贴身管家，但评估酒店服务能力后发现，酒店共有150间客房但只有90名员工，而上述服务计划至少需要210名员工，在认真评估之后，该酒店制订了分级服务的计划：为最重要的1%的核心客户提供贴身管家服务，1%～3%的重要客户提供优质服务，每名GRO关注3～5名VIP客户，协调他们的预订、接待、在住和离店等服务；其余客户只提供标准服务，只有在发生投诉时GRO才会介入。

（一）客户分级

从市场营销角度，客户分级有许多方法，比如按消费目的、客户来源、地区等，从客户关系管理角度，客户分级是按照客户价值对客户进行分级，一般分为散客、协议客户、团队等，其中的散客客户分级主要体现为会员级别，如白金卡、金卡、银卡等，协议客户和团队一般按照年度业绩贡献、团队规模等进行分级，分为重点客户、大客户、普通客户、小客户等。

（二）服务分级与VIP

服务分级是为了满足差异化服务的要求，对服务标准和服务流程的内部分级，便于酒店进行资源、人员的调配，在酒店通常称为VIP分级，可以译为贵宾。严格来说，VIP的叫法并不严谨，酒店服务分级实质上并不指人，而是对服务的分级，称为VIP服务标准更贴切。在本书中，考虑到行业的习惯称谓，沿用VIP分级的称法，VIP分级、服务分级意思相同。

在客户关系管理理念的指引下，酒店首先建立客户分级，将客户分为不同的级别，如白金卡、金卡、银卡等；围绕客户分级制定服务分级体系，如V1、V2、V3，或VIP、VVIP、VVVIP（表4-1），在酒店标准操作流程（standard operating procedures，SOP）和政策与程序（policies&procedures，P&P）中充分结合服务分级，以匹配不同档次的服务（表4-2）。

表 4-1　某全服务酒店客户等级 – 服务等级对应表

客户职位、获取方法	设施安排、服务流程	VIP 级别
1. 中外国家领导人（主席、元首、总统、首相等） 2. 社会名人 3. 白金卡会员 4. 集团酒店业主 5. 本酒店总部总监以上级 6. 集团酒店的总经理 7. 财富榜前500的公司的董事长或执行总裁 8. 总统套房客户（正常预订并付费） 9. 星评员、暗访员	1. 总经理欢迎信（亲笔） 2. 在房间里摆放鲜花 3. VIP1客房布设 4. 赠送中国茶欢迎套装 5. 总经理参与接待工作，欢迎仪式人数不少于15人 6. 提供水 7. 在睡衣上绣上名字 8. 到达时有花束献上（只限女性） 9. 满足客户喜好（杂志\报纸\雪茄\水果等）	V1 总经理审批
1. 主要客户董事长或执行总裁（公司排名非前500） 2. 地方长官、总领事 3. 里程碑客人（第25/50/75/100/150/200/250次） 4. 集团酒店业主代表 5. 名人 6. 会议组织者/主要组织者 7. 销售地点考察 8. 媒体、自媒体、协会等（公共关系部门评估决定） 9. 免费升级到总统套房客户 10. 其他酒店集团业主、总经理等	1. 总经理欢迎信（签字版） 2. 房间里摆放鲜花 3. VIP2客房布设 4. 满足客户喜好（杂志\报纸\雪茄\水果等）	V2 销售部总监审批
1. 外部合作机构的顶级会员（银行、航空公司、携程、飞猪等） 2. 金卡会员 3. 本酒店业主单位主要领导 4. 重点会议致辞嘉宾&演讲嘉宾 5. 由总经理办公室认定的VIP 6. 本集团员工（经理级别或优秀员工奖励旅游） 7. 媒体、自媒体、协会等（公共关系部门评估决定）	1. 总经理欢迎信（普通版） 2. 大号果盘	V3
1. 重点儿童客户（very important kid，VIK） 2. 本集团酒店员工（非经理级别的） 3. 有过敏症的客人 4. 残疾人	1. 为儿童准备的：饼干，牛奶或果汁 2. 儿童浴袍、拖鞋、洗浴用品等	V4 （特别注意）
重要代理商	1. 总经理欢迎信（手写） 2. VIP2客房布设	V5
长住客（入住超过7晚）	1. 总经理欢迎信（标准打印版） 2. 特别注意（更多的水、挂钩，大号牙膏） 3. 小号果盘 4. 每三天客户关系部礼节性电话	V6
1. 普通行政套房预订 2. 普通套房预订	1. 总经理欢迎信（普通版） 2. 大号果盘 3. 摆放鲜花 4. 全套迷你吧酒水（仅限套房或总统套房门市价）	V7

续表

客户职位、获取方法	设施安排、服务流程	VIP 级别
关键的回头客（达到入住10次）	1. 总经理欢迎再次光临信（普通版） 2. 大号果盘	V8
特殊场合（婚礼、生日、蜜月、周年纪念日等） 婚宴赠送房	1. 总经理欢迎信（特殊场合措辞） 2. 针对婚礼 • 玫瑰花瓣客房布置 • 在房间里摆放鲜花 • 香槟套装 • 大号果盘 3. 针对房价1500元以上的 • 客户关系部特殊场合卡片 • （蜜月、周年纪念日）玫瑰花瓣 • （生日）生日蛋糕 4. 针对房价低于1500元的 • 客户关系部特殊场合卡片	V9
潜在流失客人 1. 上次入住有投诉 2. 集团客户调查满意度低于4分	1. 总经理欢迎再次光临信（针对流失客户措辞） 2. 大号果盘	V11
潜力客户 1. 其他酒店高等级会员体验 2. 其他酒店客户考察 3. 冲金卡挑战赛	1. 总经理欢迎信（针对潜力客户措辞） 2. 大号果盘	V12

注：1. 本酒店集团常规会员分为三级：白金卡、金卡和银卡，只有金卡以上级会匹配VIP服务，另外有普卡，无服务。
2. 酒店最高管理者为总经理，下设7位总监，未设置副总经理。

表 4-2 某酒店分级服务标准（显著区分普通客户和 VIP 客户）

岗位	客户类型	操作流程
前台接待：预订与准备	普通客户	不需要提前锁定房间，入住时分配房间，房卡按照客人预订的日期做
	VIP客户	提前锁定房间，锁定行政楼层，房卡多做一天
前台接待：入住	普通客户	正常前台入住，收取押金
	VIP客户	保证90%客户在客房内办理入住流程，不收取押金
客房：客房准备	普通客户	正常清洁，主管查房后可以对外出售
	VIP客户	提前一天锁房，VIP标准清洁、经理查房 按VIP级别准备果盘、饮料、布置、布草、客房备品 V1级别配备专属浴袍（袖口绣客户姓名），房务总监查房

二、客户分级与服务分级的区别

客户分级与服务分级是酒店客户管理的基础，是差异化服务体系的重要组成部分，这两种分级也存在显著的不同（表4-3）。

表 4-3 酒店客户分级与服务分级对比分析

	客户分级	服务分级
相互关系	高等级会员一定是VIP，VIP不一定是高等级会员	
目的	用于吸引客户	用于内部服务分级
获取方式	方式单一、明确，如通过入住次数、消费金额、储值金额等	方式多样，可以通过会员级别对应；也可以通过头衔、职务、会议等方式审批获取；门市价预订高等级房型也可以获取
层级	少，3级居多，最多5级	多，数量超过会员等级
客户	顾客非常清楚自己的级别，会员手册升级/保级条款是公开信息	顾客不知晓自己的级别，在服务过程中不应当告知（VIP服务流程是保密信息）
稳定性	稳定，通常按年度评估	不稳定，每次入住、用餐都可能发生变化

1. 两者目标和用途不同

客户分级是对人或组织的分级，用于市场营销和客户管理，比如酒店依据客户分级制定营销策略、安排销售人员、制定价格策略等；服务分级是对服务的分级，用于酒店制定服务方案，比如VIP3级入住时GRO负责组织、前厅部经理迎接，VIP2级大堂副理负责组织、房务总监迎接，VIP1级前厅部经理组织、总经理迎接。在客户分级中，散客会员分级的权限由集团制定，由CRM系统自动评级；协议客户、团队客户的分级由市场销售部确定，有些酒店将协议客户和团队纳入会员分级体系，即协议客户会员化，如凯悦集团可以通过会议活动获取会员级别；服务分级的权限在门店，除了自动获取外，也可以由管理人员审批获取，如VIP1级由总经理审批、VIP2级由营销总监、房务总监等审批。

2. 两者客户感知不同

客户分级的信息是“面向客户”的，属于公开信息，酒店通过会员手册、会员账号等向客户发布信息，客户对自己的当前级别、会员权益、升级/保级条件、积分等信息非常了解，任何的不匹配都有导致服务缺陷或投诉的可能，比如普通客户入住时不升级房型、不赠送早餐是没问题的，但对于白金卡客户如果没有升级房型（比如套房全满，没办法升级）客户就会很失望，如果不赠送早餐，客户就会失望甚至投诉，集团需要确保会员权益的有效执行。

服务分级的目的是内部应用，属于保密信息，客户并不知道自己所属的级别，也不知道这一体系的存在，比如某贵宾入住后，按照VIP服务流程，酒店给客人准备了欢迎茶、果盘等特殊待遇，当客户赞扬：“你们酒店的服务真好，这是给我的特殊待遇吗？”酒店的回复是：“怎么会呢，这是我们酒店的常规服务，我们对所有的客户都这样，人人都是VIP。”

3. 客户分级相对固定，服务分级更加灵活

客户分级依据客户对酒店或酒店集团的产量和业绩贡献，本质上是客户价值，级别比较稳定，一旦获取会员权益有效期至少1年（持续到下一次评级或签订合作协议），个人客户的白金卡、钻石卡等，根据客户消费数据计算，协议客户的分级（如合作公司、旅行社等）评估根据该机构的业务数据计算。

服务分级根据客户信息、客户社会地位、预订和价格信息、其他信息综合评定，属于动态评级，例如某酒店除了高等级会员匹配VIP之外，知名公众人士（根据社会地位获得）、以门市价预订套房客户（根据预订和价格信息获得）、酒店评审员、纪念日入住（生日、结婚纪念日等）等客户都可以获得VIP待遇，服务分级仅限于本次入住有效。

行业链接

从客户分级到服务分级——服务缺陷的形成与补救

确认客户的VIP级别是GRO的职责，其本质是根据客户信息确定VIP等级。GRO应格外注意VIP级别的动态变化，例如某金卡客户蔡先生刚刚从金卡升级为白金卡，之前他在酒店PMS中的VIP级别为V3，升级后他应该享受V1级别礼遇，他升级后首次入住时GRO需要将他的VIP级别从V3修改为V1，否则就会造成该客户的服务级别对应错误，引发服务缺陷（图4-1）。

更容易出错的是通过“申请”获取的VIP级别，比如会议组织者、协议公司高管，通常由市场销售部发起VIP申请流程，由GRO执行，信息沟通不畅就会出现信息遗漏。在有些情况下客户也需要“降级”，比如客户上次入住时为生日，酒店给予了VIP 9级待遇，下次入住时应取消VIP身份。

客户分级与VIP级别关联错误容易引发服务缺陷，酒店应当在运营过程中尽量避免，同时制定应急策略，努力提高重点客户的识别、服务能力。比如某客户预订客房，由于并非会员，所以并未受到特别的关注，但酒店GRO根据工作经验判断该客户可能是暗访员，因此启动应急流程，将该客户设置为VIP1级并及时通知酒店各部门，在结账离店时该客户果然为暗访员，酒店因此赢得了良好的暗访成绩。

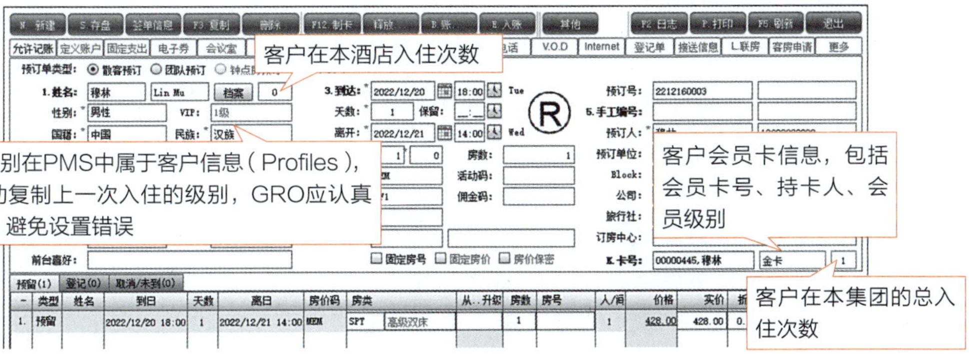

图4-1 GRO应注意及时修改PMS客户数据中的VIP级别信息

三、酒店差异化服务体系

酒店客户构成复杂，客户来源、消费能力多种多样，酒店服务需要一个清晰、明确的标识，众多岗位和员工才能良好地分工协作，为客户提供优质的服务。依靠客户分级—服务分级，酒店构建了一个“化繁为简”的流程，我们称之为差异化服务体系（图4-2）。

第一步，酒店根据客户数据对客户进行分级（散客根据客户数据、消费信息由CRM系统自动评估，协议客户和团队由市场销售部确定）。

第二步，当客户入住酒店时，将复杂的客户分级转化为单一的服务分级，各部门根据服务级别匹配相应的服务资源和服务标准。

第三步，酒店各部门应结合酒店品牌、酒店资源来制定不同层级的分级服务标准，并通过培训不断强化，最终形成“看级别、定服务”的体系。

最终，在酒店中建立了分工协作、高低搭配的多个服务流程，建立起差异化的服务体系。

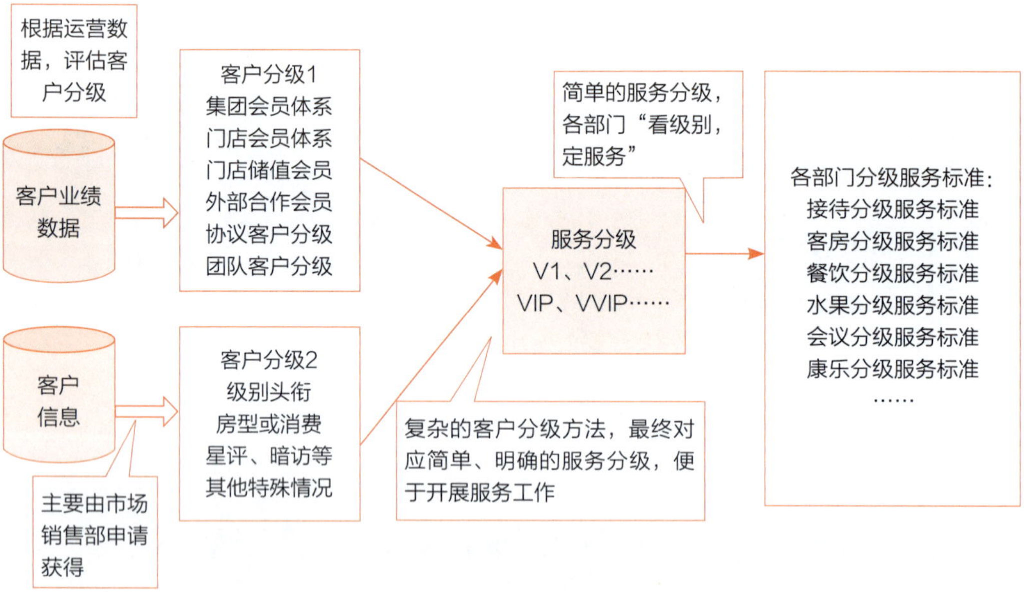

图4-2 酒店客户分级与服务分级体系逻辑关系图

（一）差异化服务的必然性

酒店企业应建立差异化的服务体系，是因为不同客户的价值存在很大差异。例如丽思卡尔顿酒店统计了客户数据，有22%的客户贡献了78%的收入，而总营业收入中的60%来自2%的客户，也就是说：每50位客户中，存在一位客户带来的收入比其他49位的总和还多。根据客户级别匹配不同等级服务，并不是“嫌贫爱富”或“看人下菜碟”，相反，这既是酒店保证利润的方法，也体现了对客户价值的尊重。

行业链接

服务分级是个性化服务的前提

个性化服务是一种高质量服务，是显著提升客户满意度的有效手段，但酒店实际经营中需要控制个性化服务的范围，在服务分级的基础上实施个性化服务，只针对获得VIP待遇的重点客户实施个性化服务。不做控制的提供个性化服务不但会提高成本，甚至会带来服务的灾难，酒店经常会碰到类似的“无法完成的任务”：

1. 某客户（非会员）投诉说自己很不爽，酒店送他1000瓶可乐他就爽了。

2. 某客户（OTA客户）说自己不爽，酒店给他免费他就不投诉了，要不他就给酒店差评。

如果运用服务分级来分析这些问题，就很容易解决了：如果客户是VIP，就尽量满足客户需求，如果客户不是VIP，就应该注意控制成本。至于因此而产生的投诉则区别处理，如果是内部投诉，则“无害化处理”；如果是外部投诉，比如OTA差评等，则通过平台申诉机制进行处理，维护酒店的正常经营。

（二）差异化服务体系的设计

1. 确定分级服务的体系

差异化的服务体系是酒店在控制服务成本的背景下提升客户满意度的关键举措。服务体系中不仅包括操作流程和服务标准，还可以从场地选择、人员配置、景观装饰、设备设施等方面进行设计（表4-4）。

表 4-4 某酒店差异化服务策略（部分）

客户级别		非会员	低等级会员	中等级会员	高等级会员
服务级别		非VIP	非VIP	VIP3级	VIP1级
客房	设施	房型不升级 无视客户喜好	房型升级（如果有空房，不包括套房） 满足客户喜好（预算50元），入住时分配客房 中午12时退房（可以申请延到14时）	房型升级1级（包括套房） 满足客户喜好（预算200元） 提前锁房，房卡多做1天 入住不收押金，退房时正常结账 14时退房（可以视情况延到15时）	房型升级到顶级（不包括总统套房） 满足客户喜好（预算2000元） 提前锁房，房卡多做1天 入住不收押金，退房时正常结账 16时退房（可以视情况延到18时）
	人员	外包员工/临时工	新实习生/正式员工/资深员工	熟练实习生/正式员工/资深员工/管理者	管理培训生/资深员工/管理者
餐饮	设施	堂食	堂食（可以预订包房，视情况而定）	优先使用包房，可以使用A级包房	优先使用A级包房，司机餐免费安排自助
	人员	40餐位1员工 临时工/新实习生/正式员工	40餐位1员工，包房1人 新实习生/正式员工	包房1人，用餐期间经理问候/敬酒1次 熟练实习生/正式员工/资深员工	包房2人，用餐期间总监带队问候/敬酒不少于1次 正式员工/资深员工/管理者

续表

客户级别		非会员	低等级会员	中等级会员	高等级会员
服务级别		非VIP	非VIP	VIP3级	VIP1级
会议	设施	垫布、信纸、矿泉水、2B铅笔	垫布、信纸、矿泉水、水杯、2B铅笔	垫布、信纸、矿泉水、水杯、茶杯、汗巾、汗巾碟，铅笔+红蓝铅笔	垫布、信纸、矿泉水、水杯、茶杯、汗巾、汗巾碟，铅笔+红蓝铅笔
	人员	临时工/新实习生/正式员工	熟练实习生/正式员工/资深员工	资深员工/管理者/会议期间住店经理保障	资深员工/管理者/驻店经理会议期间总经理24小时保障

注：A 级包房是指拥有专用休息区、双卫生间、面积 60 平方米以上的包房。

熟练实习生 / 资深员工是指工作周期超过 6 个月、通过考核的实习生和员工。

2. 制定差异化的服务流程

在高星级全服务酒店、高端餐饮机构、会议中心等，通常由宾客关系部门负责VIP客户服务过程，他们研究客户信息、分析客户喜好并协调对客服务，顶级酒店还会通过一对一的管家服务进一步提升服务质量；在经济型饭店、有限服务酒店、普通餐饮企业中，通过产品和设施进行有效的区分，但酒店企业也通过提供差异化的服务，提升会员价值，如赠送早餐、延迟退房、专属楼层、包房使用等。

行业链接

运用信息技术，助力个性化服务

在传统服务过程中，个性化服务的成本较高，一方面个性化会涉及更多的物料成本，另一方面对员工的素质和服务理念要求很高，使用信息技术是提升个性化服务效率的重要工具。

- 信息系统“引导”员工提供个性化服务，PMS中的姓名、称谓、语言、入住次数等信息，引导接待员正确问候客户；喜好中的禁忌、偏好帮助点餐员正确地推荐菜品和酒水。在信息系统的帮助下，酒店执行着“标准化地提供个性化服务”的过程。
- 信息系统还可以实现“自动化地提供价格优惠”，如价格折扣、积分赠送等服务，由CRM系统与PMS互联后自动实现，并不需要酒店员工的参与。
- 信息技术的应用将进一步拓展“自动化地实现个性化服务”，如客户纪念日发送关怀邮件、电视系统显示客户姓名、机器人自动问候、空调自动设置偏好温度等。

行业链接

差异化服务标准的制定——某五星酒店 VIP 入住流程

责任人：由GRO（VIP2级VIP由大堂副理）负责VIP接待环节，统筹整个流程

1. 准备

根据VIP的行程安排表，了解活动日程、个人资料、房间类型、结算方式，有无特殊要求和特殊喜好等，根据接待方案做好相应措施。

与前台沟通，提前一天锁好房，并通知餐饮、客房、销售等做好准备工作，根据VIP级别准备总经理欢迎信、名片、鲜花、水果等。

2. 检查

接待环节：协调客房部检查房间卫生、设施设备、总经理欢迎信、名片等；根据接待要求，试用房卡；在VIP到店前4小时由工程部检修房间内设施设备；在VIP到店前2小时联系客房经理再次检查客房卫生，摆放鲜花、水果等，记入工作日志；在VIP入住前半小时提前为房间取电并开启空调，查房结束后封闭该房间，客人抵店前不能再进入房间。前台提前将VIP入住登记单填好，将房卡连同入住登记单交与GRO（或大堂副理）。

3. 安排

GRO：安排PA做好大堂及入口区域的卫生清洁工作，随时保持大堂区域、门口、车道等地方的卫生清洁，并有专人负责门口的区域卫生；与保安部协调，负责车场秩序一切正常，确保酒店门口车道通畅，如果客户自驾，根据车辆数量、尺寸安排合适的停车位（新能源车要预留充电桩）；GRO（或大堂副理）需在客人到达前半小时，勘察行走路线，开启大堂灯光。

4. 迎接

与相关人员沟通了解客户到店时间（机场代表或司机），提前15分钟通知接待人员在大厅迎候，确认保安、礼宾员、前台、客房等部门员工就位，提前准备好电梯停于1楼。

陪同VIP客人乘坐专用电梯至房间。视情况在房间内为VIP做快捷的登记工作，只需VIP签名即可（免押金）；视情况简介房内设施，询问VIP是否有需要跟催的事宜，并预祝VIP入住愉快。

3. 差异化服务的隔离

酒店提供差异化服务时，需要注意服务隔离问题，即是否对VIP客户和普通客户的服务过程进行隔离，例如在酒店前台排队办理入住时，如果VIP不排队直接插队办理会导致其他客户不满，酒店可以通过行政楼层办理或客房内办理（in room check in），这就属于服务隔离，既提高了VIP的入住质量，也避免了普通客户的不悦。

有些情况下，当众实施VIP服务也是一种策略，可以凸显对VIP的关怀并影响普通客户，比如海底捞火锅在客户生日时，会组织一个小型的生日祝福仪式并赠送礼物，这种方法可以有效提升客户满意度。一般来说，如果获取VIP的方法比较公开透明，并且对VIP的服务对其他客户的影响不大，可以将两者的服务合并；反之，应视情况将服务进行隔离。

4. 差异化服务的评价

酒店对客户实行分级管理和分级服务以后，不同级别客户的服务期待、服务标准、服务人员都存在不同，需要对不同级别的客户分别进行服务评价（图4-3）。

普通会员满意度：是酒店客户满意度的基础，主要通过客户满意度调查进行，过去以客房纸质问卷、电话和邮件为主，现在通过电子邮件、微信小程序、手机调查等方式进行，以抽样调查为主（如某集团规定：按酒店规模每月30～80份）。

高等级会员满意度：高等级会员（通常为金卡以上）既是酒店品牌的目标客户群，代表了酒店客户群体的偏好，同时又是酒店重要的收入和利润来源，是酒店最关心的数据。在调研方面，一方面酒店应该提高问卷调查的比例；另一方面，GRO也可以通过客户交流、送别问候等方式与客户交流，全面听取客户声音，完善客户满意度。

客户满意度关键指标	负责人	月度指标												酒店实际	集团指标
		1月	2月	3月	4月	5月	6月	7月	8月	9月	10月	11月	12月	目前平均值	目标
客户总体满意度	房务总监	70	65	70	85	90	85	80	80	90	85	90	70	80.0	80
入住体验	房务总监	68	63	68	85	85	85	75	75	88	80	88	70	77.5	77.3
总体员工服务	房务总监/餐饮总监	85	80	80	90	80	90	85	85	95	90	95	85	86.7	86.5
硬件维护与保养	工程总监	75	70	60	70	80	80	75	70	75	80	85	85	75.4	74
餐厅食品满意度	行政总厨	75	65	70	85	85	80	75	75	80	80	85	75	77.5	77
客房清洁	房务总监	95	70	75	85	90	85	75	75	85	85	90	90	83.3	82.7
互联网速度与性能	信息经理	60	60	60	85	85	80	60	60	70	70	75	75	70.0	70
高等级会员满意度	房务总监/餐饮总监	70	65	75	80	80	80	75	75	80	80	70	70	75.0	74.2
调查数量		60	80	80	60	60	60	80	80	60	60	60	60	1020	1000

一般情况下，尽管会体验到更高的服务标准，但高等级会员客户满意度会低于客户总体满意度，主要原因在于：高等级会员对服务有更高的期望

图4-3 酒店客户满意度计划，通常将普通会员和高等级会员分别统计

渠道客户满意度（网络点评指数）：分销渠道客户被归类为小客户（零散客户，通常消费频次较低、消费有限，而且不稳定，随意性较强），他们曾经是被忽略的群体，因为酒店知道提高他们的满意度对业绩提升的效果不明显。但互联网、分销渠道、社交媒体的广泛应用改变了现状，网络点评被看作酒店品牌和媒体的一部分，分销渠道客户在OTA平台的点评会影响酒店点评分数并成为其他客户预订时的参考，有些“大V”的吐槽甚至会引发舆情事件，所以，酒店对网络点评的重视程度大幅提高。

渠道客户满意度发布在不同的网络平台上（如携程、去哪儿、猫途鹰等），准确、实时地获取点评信息主要通过专业机构进行，如洲际集团Merlina系统、慧萍信息等，这些机构对各大预订平台的客户点评进行整合后形成报告，帮助酒店快速决策，处理客户信息（图4-4、图4-5）。

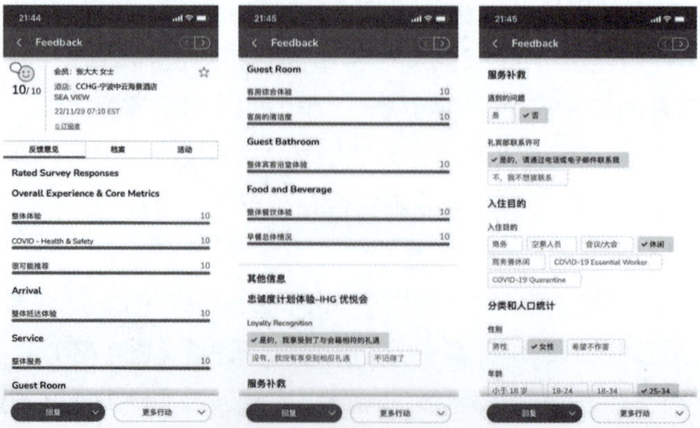

图4-4 酒店点评平台整合客户满意度信息（洲际集团Merlina系统）

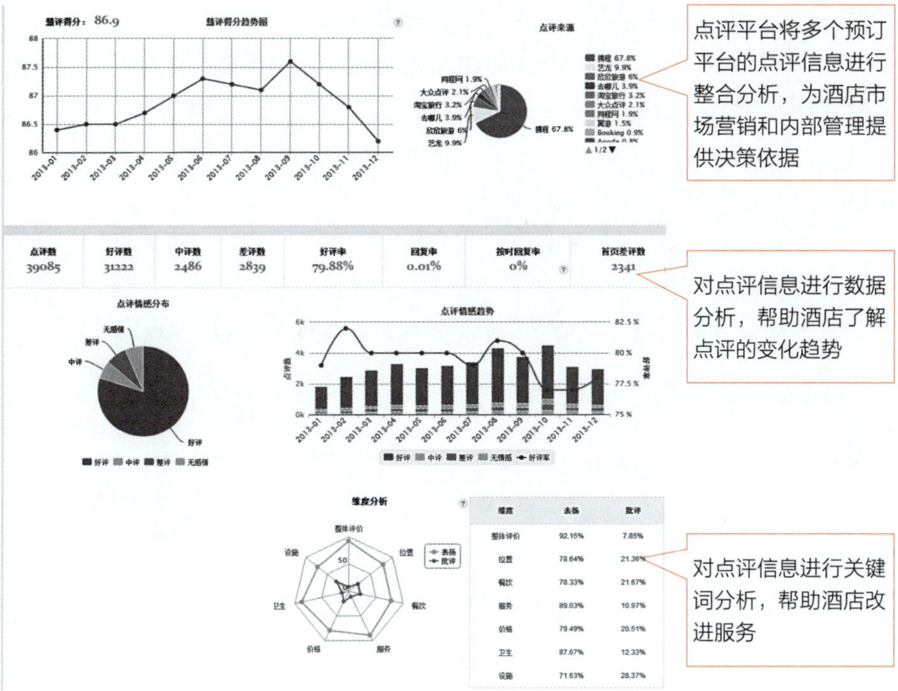

图4-5　专业酒店点评平台整合各渠道点评信息进行分析（慧萍酒店点评系统）

四、总结

酒店依托CRM系统建立了差异化服务体系，在门店服务方面，在不同的客户之间形成了多个服务流程：对重点客户投入更多的服务资源，提供个性化服务；对普通客户则实施标准化服务，努力提高客户满意度和保持率（图4-6）。酒店CRM系统是差异化服务体系的基础，为客户识别、客户评价、客户分级和服务分级提供了有效的工具，酒店需要根据品牌定位和客源情况完善服务标准和操作流程，构建起完备的差异化服务体系，在提升客户满意度

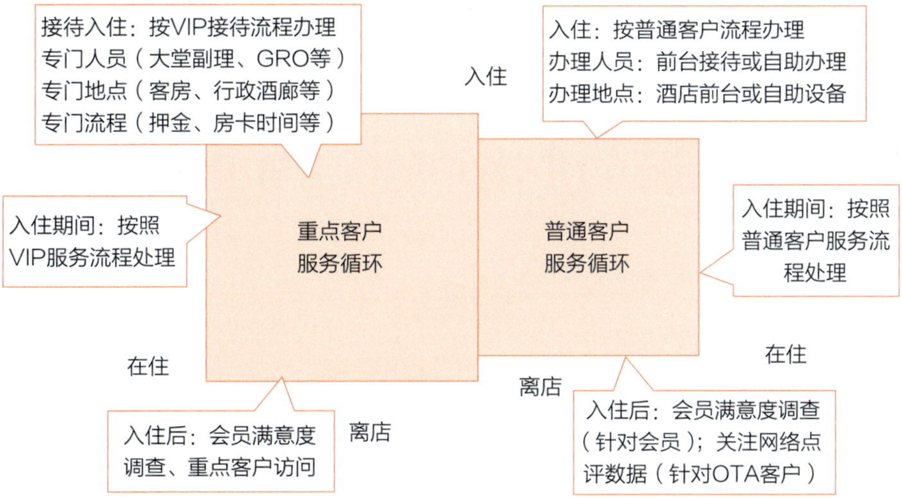

图4-6　酒店建立起重点客户-普通客户双循环服务质量体系

和控制服务成本之间找到平衡点。

在客户满意度调查方面，连锁酒店更加关注会员，尤其是高等级会员的满意度，近年来由于移动互联网、社交媒体的发展，酒店也加大了对客户点评、网络点评数据的关注力度。

实践演练

1. 选择一家你感兴趣的酒店进行调研，该酒店的VIP服务体系是怎样的？与酒店的会员体系之间有何关系？
2. 选择你熟悉的部门和岗位，了解VIP服务流程与标准服务流程有哪些不同。

随堂测练

1. 下列分级方法中，属于按照服务分级的是（　　）。
   A. 会员级别　B. 储值卡级别　C. VIP级别　D. 餐饮美食卡级别
2. 酒店设置服务分级的主要目的是（　　）。
   A. 对客户进行分级　B. 进行会员管理　C. 对服务进行分级　D. 对价格进行分级
3. 下列哪些酒店客户可以获取VIP级别（　　）。
   A. 客户是高等级会员　B. 客户是协议公司负责人
   C. 客户预订豪华套房　D. 以上方法均可
4. 李女士是一名旅游方面的意见领袖（KOL），在社交媒体上有许多“粉丝”。她并不是洲际酒店集团的会员，但在一次入住体验活动期间，酒店将她设置为VIP1级并提供顶级的服务，从客房安排、餐饮到健身房，李女士获得了良好的入住体验。李女士获取的VIP1级别属于（　　）。
   A. 会员级别　B. 储值卡级别　C. 服务级别　D. 餐饮美食卡级别
5. 酒店提供个性化服务时，主要的依据是（　　）。
   A. 信息系统中的客户数据　B. 客人自己提出的要求
   C. 员工自己的感觉　D. 酒店经理的经验

任务2 VIP客户的识别与服务

导入任务

投其所好，标准化地提供个性化服务

VIP接待单中记录了顾客的许多信息，包括VIP级别、国籍、民族、事由等，酒店GRO小曹需要参考VIP客户信息制定接待方案，努力为每一位VIP客户提供“满意+惊喜”的体验。她的工作流程如下：

VIP客户的识别与服务

1. 查询明日入住的客户，识别其中的VIP并且在PMS系统中正确地设置VIP级别。

2. 根据VIP信息，在CRM系统中查询顾客信息。

3. 制作VIP客户接待单，并将其发送给前厅部、客房部、餐饮部等相关部门，并协调各部门进行准备。

4. 根据酒店标准，确定不同级别VIP的接待标准，为客户制定接待入住的VIP服务流程。

5. 与VIP保持沟通，在客户入住期间提供优质服务。

接待入住的VIP服务流程

完成以上工作并思考下列问题：

1. 在酒店中，下列哪些客户属于VIP客户？

- 重复消费的某顾客
- 消费次数不多，但是职务很高的顾客
- 第一次来酒店的某公众人士

2. 在入住前的准备阶段，客房布置方面应该如何打动客户？

3. 在接待入住阶段，在办理接待入住过程中应该如何打动客户？

4. 在入住期间，在客房服务、餐饮服务等环节应该如何打动客户？

根据差异化服务体系，酒店将高价值客户设置为重点客户并标注为贵宾（VIP），酒店各部门需要向VIP提供优质的服务，而根据客户信息提供个性化服务是最重要的方法。酒店制定了一系列的标准和流程来开展VIP服务，服务准备、客户识别、入住、在住和离店的整个环节，客户数据都发挥着巨大的作用。

一、VIP 接待服务概述

在酒店服务分级过程中，关键在于识别重点客户并向他们提供个性化服务，在酒店运营过程中，宾客关系部门将负责整个流程的执行。CRM系统和客户数据在这一过程中的作用显著，本任务将围绕这一目标完成下列工作内容：

（1）在到达/在店客户中，识别并标记VIP客户。

（2）获取VIP客户详细的客户信息，制作VIP接待单。

（3）结合VIP客户信息，拟定个性化服务方案。

（4）按照VIP服务标准接待客户。

（5）客户在住期间，与客户进行互动沟通。

（6）欢送客户，询问客户体验。

（7）完善客户信息，为后续的客户服务做准备。

酒店差异化服务将客户分成两类，普通客户的服务由前台接待、客房等部门实施，各部门之间是“协作”关系；VIP客户的服务在GRO协调下，由酒店各部门实施，GRO与客户之间是“陪跑”关系，这种流程确保了VIP的高质量服务。

在VIP服务过程中，酒店GRO会直接完成部分服务工作，比如VIP接待单的制作与传递、客房内入住（in room check in）等；GRO更重要的是扮演协调人的角色，通过信息沟通、组织协调，显著提升对VIP客户的服务质量，其中包括VIP识别、发送VIP接待单、跟进VIP服务、更新客户信息等步骤。在VIP接待中，酒店应尽量保证GRO人员的稳定。

信息系统是酒店VIP服务的重要保障，GRO获取会员级别、了解客户信息、查询客户喜好主要使用CRM系统和PMS，各部门也在酒店运营系统和部门工作日志中记录客户信息。酒店需要确定信息记录、查询的标准。总体来说，CRM系统中的信息更像“关键词”，而PMS中的信息更像“操作指南”，部门工作日志（包括PMS中的Trace、massage等）是“操作细节”（表4-5）。

表 4-5 酒店需要制定客户信息的记录标准

	CRM 系统中的信息	PMS 系统中的信息	部门工作日志的信息
信息公开度	高，全集团可见	中，全酒店可见	低，本部门可见
主要内容	概要型内容：喜好类别、客户投诉概要等	执行型内容：喜好细节、应对方法、流程等	执行型内容：喜好细节，本部门的应对方法、流程、特别注意事项等
酒店案例	客户喜好：喜欢安静	不许打电话到客房 不要按门铃，要轻声敲门，服务时要脱鞋	使用托盘送餐，不要用推车（送餐部） 只有危及生命的事情才转接电话，转接前总机需要先问客人意见（总机） 只有挂“请清扫”才打扫，不要收洗衣（客房）

二、VIP 的识别与准备

客户中的VIP由GRO进行确认，GRO通常提前2天以上通过PMS系统查询客户信息，识别并标记VIP客户，通常VIP包括下列客户：

①会员中的VIP：根据酒店标准确定VIP级别，比如金卡对应VIP3级，白金卡对应VIP1级等，此类客户的VIP级别由GRO确定并设置。

②协议客户、团队、公共关系中的VIP：市场销售部由于品牌宣传、销售、接待和客户关怀等工作的需要，会经常给客户分配VIP待遇，比如合作机构重要人员、媒体接待、重要客户入住体验、考察暗访等。市场销售部总监通常拥有VIP审批权限，但VIP级别设置、接待、服务工作依然由GRO来完成。

③其他客户中的VIP：酒店员工可以申请某客户为VIP，通常情况下需要提交申请书，由酒店审批后该客户享受VIP待遇，审批人可能是总经理、行政委员会成员、前厅部经理、宾客关系经理等。

1. 确认并设置客户VIP级别

GRO通过PMS关注预订信息、设置VIP级别并及时更新信息（图4-7）。在通常情况下，PMS会自动复制客户的VIP信息，也就是说：如果客户上一次入住本酒店时设置了VIP

级别，则本次预订依然延续原VIP级别，GRO需要对本次预订的VIP信息进行确认。VIP级别一般存在下列情况：

VIP级别不变：客户因会员等级、职务等获取的VIP级别比较稳定，需要留意的是会员卡的评级周期，比如某酒店集团在每年2月底进行会员评级，意味着3月1日所有会员的级别可能会发生变化，GRO需要在会员升降级后首次入住时修改VIP级别。

VIP降级：客户在上一次入住时为VIP，但本次入住不是VIP，比如客户上次入住为里程碑客户（入住本集团50次、100次、200次等），享受VIP待遇，但本次预订并不享受该待遇。

VIP升级：客户平时入住不是VIP，但本次预订享受VIP待遇，比如客户里程碑入住、生日、预订套房等。

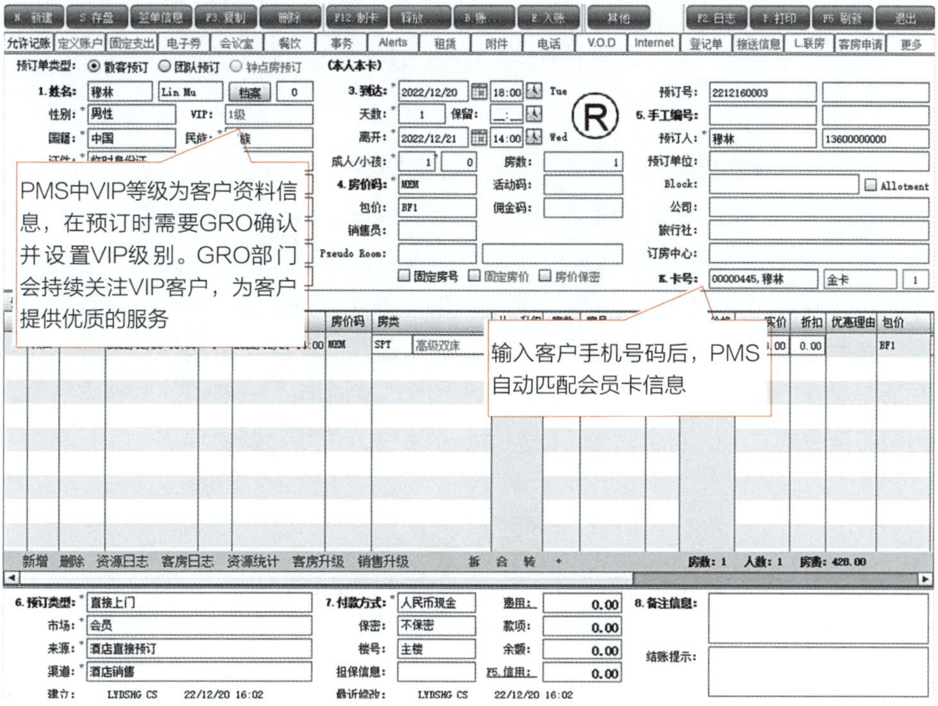

图4-7　GRO对客户信息进行确认后设置VIP级别

2. 与VIP客户持续沟通，更新预订信息

GRO为客户设置VIP级别后，需要与客户持续沟通并确认预订细节，为后续服务做好准备。由于VIP服务涉及接机服务、欢迎仪式、客房布置等方面，因此需要获取更详细的客户信息，如到达时间、交通行程、航班信息等（图4-8）。获取的客户信息越详尽，后续的服务工作就越自如。

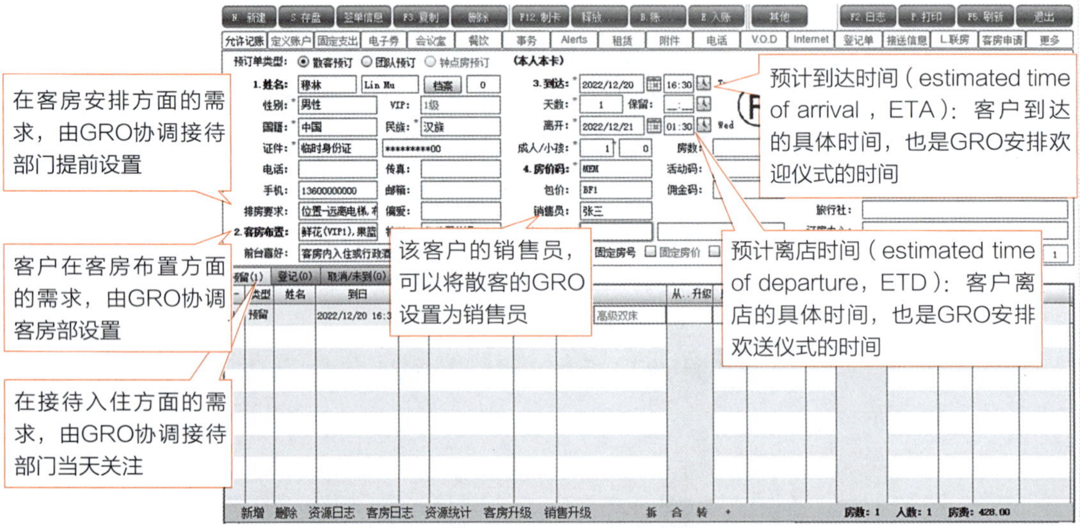

图4-8　VIP客户预订比普通客户预订更详细

过去，电话预订是常用的预订方式，预订时获取客户的信息量较少，无法确认客户的会员信息，确认客户VIP级别是酒店服务的难点。手机普及之后，酒店普遍将客户手机号码作为会员信息的标识，GRO可以根据客户手机号码确认会员信息，显著提升了客户识别的准确率。移动互联网时代，客户使用App、微信小程序等完成预订时，酒店可以获取更丰富的客户信息，有利于后续服务的开展。例如万豪集团在2015年推出新功能：万豪手机App新增聊天与服务请求功能，会员可在入住前的48小时和退房后的一天内，与酒店员工直接沟通，提出服务及设施方面的请求，也可以完成账单发送、寻找遗留物品等。

行业链接

移动互联网助力预订时对客户的识别

在预订时识别VIP一直是酒店服务的难点。在电话预订时代，在预订环节获取的客户信息很少，只有姓名、抵离日期、房型信息，由于同名客户多、拼写容易出错，很容易造成客户识别错误，为减少错误率，酒店预订时应询问客户会员信息，减少失误。

移动互联网技术有效地提升了酒店识别客户的效率。当客户使用本人手机号码预订酒店时，如App、微信公众号、微信小程序等，系统可以自动获取许多客户信息，如客户手机号码、所属省份等，CRM系统可以自动识别客户并完成数据关联。

客户识别的难点是非本人预订，比如朋友代订、跟随团队入住等（客户采用OTA预订或跟随团队入住时，尽管不能积累间夜数和积分，但可以享受VIP待遇），GRO应格外注意客户填写的会员信息，避免造成VIP识别失误而带来的服务缺陷。

行业链接

保证会员权益需要提前 48 小时预订

在许多酒店的会员制度中，会存在“提前48小时预订”的条款，比如香格里拉酒店要求“客房预订保证 – 抵达前48小时”，该条款的真实含义并不是保证客房，而是“会员权益”，通常包括：房型升级、客房状态良好、客房布置、提前入住、入住礼遇等。

提前48小时预订的要求是由酒店的VIP识别流程决定的，通常GRO提前2天查询即将入住的客户信息（如1月1日查看1月3日的预订），识别其中的VIP客户，制定接待方案并发送给相关部门。如果客户的预订没有提前48小时，很有可能错过VIP识别流程，GRO和各部门并不知道VIP的预订和入住信息，也就无法向客户提供VIP服务。

在实际工作中，在客户入住的前一天，GRO会继续查询VIP信息作为补充，但已经错过了标准流程，会导致部分服务内容的缺失，尤其是用时比较长的流程，例如：提前锁房并深度清洁、按照客户喜好准备个性化礼物等。所以，为了确保向高等级会员提供VIP礼遇，酒店要求会员提前48小时以上预订。

三、制作重点客户接待单

根据酒店VIP服务流程，GRO应持续关注VIP预订信息，在客户入住前2天查询客户信息并制作VIP接待单，分发给酒店各部门进行准备。

1. 在CRM系统中查询客户喜好

VIP客户的预订信息确认后，GRO负责获取客户信息并制作VIP接待单。客户信息来自CRM系统，在VIP接待过程中需要使用姓名与称谓、本酒店入住次数、客户禁忌与喜好、意见与投诉等信息（图4-9），GRO需要在CRM系统中查询并认真核对，做到言简意赅、宁缺毋滥。

图4-9 CRM系统中的客户信息是GRO实施VIP接待的主要依据

行业链接

客户信息中的 No 比 Yes 更重要

酒店在服务过程中会涉及客户多方面的信息，比如喜好&禁忌、表扬&投诉等，此类信息中的否定信息尤其重要，一旦忽略容易导致服务失误甚至人员伤害，客户喜好的优先级应高于酒店服务流程，需要酒店格外关注，如：

- 酒店在某VIP接待中，安排了隆重的欢迎仪式，结果客户非常重视隐私，根本不走大堂，而是走员工通道、员工电梯进入客房。
- 酒店接待某明星，在餐厅安排好了最漂亮的海景包房，用该明星的历史照片进行装饰，结果客人入住3天没去过餐厅，每餐都是客房送餐。
- 酒店提前锁房并进行了深度保洁，使用了清洁剂，结果客户入住前空气检测不合格，导致客户无法入住并更改酒店。
- 酒店非常认真地准备了鲜花，结果客户花粉过敏。
- 酒店采用当地特色菜招待客户，结果使用了花生油，而客户因为花生过敏导致休克，被送到医院进行抢救。

2. 制作VIP客户接待表

使用CRM系统获取客户信息后，GRO应制作重点客户接待表，一般分为到店VIP（VIP ARRIVAL）、在店VIP（VIP IN-HOUSE）、离店VIP（VIP DEPARTURE）、长住客（long stay）等，其中包括房号（room No.）、入住信息（Date）、预计到达时间（estimated time of arrival，ETA）、客户信息（Name）、会员级别、客户关系人、所属团队编号等信息，通常应附有客户照片，便于酒店员工识别（表4-6）。

表 4-6 酒店 VIP 客户接待表（示例，上述人物头像根据喜好由 AI 生成）

VIP（到店）VIP ARRIVAL									
编号	房号	入住信息	照片	姓名与称谓	VIP级别	客户关系人	会员信息	备注	客户喜好
1	2726 2728	15：00 8.24—8.26		王大大女士 Ms. Wang Dada	VIP2	李雷	白金	本店入住次数Property stay：6 客户意见：2021.10.10 三亚：客户投诉床垫太硬	*喜欢高楼层Likes high floor *喜欢安静房Likes quiet room *喜欢柠檬茶Likes lemon tea *喜欢游泳Likes swimming
2	2518	12：00 8.24—8.26		张文文先生	VIP3	韩梅梅	金卡	本店入住次数Property stay：0	*喜欢中国茶Likes Chinese tea *喜欢吃面条Likes noodles

续表

VIP（在店）VIP IN-HOUSE									
编号	房号	入住信息	照片	姓名与称谓	VIP级别	客户关系人	会员信息	备注	客户喜好
3	2109	8.23—8.27		赵团团先生 Mr.Zhao Tuantuan 团队组织者Group Organizer	VIP3	李雷	团队名：SHG 订房总数：46 销售员：刘丽	本店入住次数Property stay：18 客户意见：2021.6.8三亚：客房内的水不够喝而且送得不及时	*靠近电梯Near elevator *喜欢海绵枕Prefers foam pillow *浴室需要额外毛巾Bathroom：extra towels *喜欢把肥皂放在淋浴间内Likes soap in shower room *喜欢把牙刷放在淋浴间内Likes toothbrush in shower room
VIP（离店）VIP DEPARTURE									
4	2221 2222 2426 2428	8.23—8.24		Ms.Qian Lei 钱蕾女士 会议嘉宾	VIP2	韩梅梅	团队名：SHG 订房总数：46 销售员：刘丽	本店入住次数Property stay：0	*远离电梯Far elevator *喜欢麻婆豆腐Likes Mapo tofu *喜欢无烟房Likes non-smoking room *喜欢沙滩Likes beach

VIP接待表中的客户信息主要来自CRM系统，是客户信息的概括性内容，其内容主要为“是什么”。酒店在对客服务时应参考客户信息，结合酒店的实际情况设计更有针对性的服务流程，即“如何做，如何打动客户”。最后，酒店VIP接待单应严格限定使用范围，注意客户隐私的保护。

3. 发送VIP接待单

GRO更新VIP接待单后，将信息发送至酒店各部门，由各部门进行对客服务的准备工作。VIP接待单中含有大量客户信息，容易造成客户隐私泄露，移动互联网、社交媒体、手机拍照等技术的应用进一步增加了信息泄露的隐患，酒店需要采取有效的手段，确保客户的信息安全，如签订保密协议、控制工作群成员、水印发送等方式。

四、VIP 服务中的数据应用

1. GRO部门的VIP服务

GRO在制作并发送VIP接待单之后，一方面与客户保持沟通，更新预订信息，准备客户入住礼遇等；另一方面与各部门沟通协调，核实VIP客户入住的准备工作，如总经理欢迎信、礼券/礼品、提前安排客房等。

2. 各服务部门的VIP服务

酒店前厅、客房、餐饮等服务部门，应根据VIP接待单信息，按照VIP服务标准进一步完善接待方案。酒店可以利用PMS数据、员工在服务过程中观察到的信息、客户的反馈信息等，将VIP接待单中的“客户是什么”细化为“如何做”，努力提供优质的服务，形成酒店独特、难忘的客户体验。

行业链接

重要的指标——property stay

酒店应该关注酒店停留数据（property stay，即在某一门店入住的次数），客户在某一酒店的停留数据越高，表明该客户入住次数越多，酒店各部门就会有更多的服务信息，酒店应当进行信息整理，不断完善客户画像，提供有针对性的服务。

下表是某酒店客房送餐部整理的VIP客户服务流程细则（选自某酒店内部工作手册，有删减并使用化名）。

客户姓名	房号	喜好与流程
夏女士	602	客人不喜欢送餐车进房间，不管吃什么都用托盘送，不用配餐具
王先生	910	服务时需要脱鞋，客人对脚丫子的味道极其敏感，只能轻声敲门送餐，不允许按门铃 客人吃牛排只吃全熟，不要问客人要几成熟，只要问就投诉
刘女士 张先生	1818	夫妻入住，点餐只需要一份餐具。男客人不吃腌制和预加工食品，腊肉什么的都别放，男客人吃三文鱼汉堡、喝橙汁，女客人吃牛肉汉堡、喝可乐。一份餐具放女客人这边，男客人不要餐具 每次送餐时需要一份蔬菜沙拉，其中的蔬菜需要烤过，最后再放5片烤三文鱼
谢女士	1515	送餐时需要配一次性筷子 热菜和汤用餐具，主食、面包、饼都不要切，所有沙拉、主食、面包、饼都用真空袋包装后给客人送去，真空袋每6个加收20元，一定要给她两张账单

五、更新客户信息

在VIP客户接待的准备过程中，GRO应持续与客户沟通，了解客户需求、跟踪服务进程，确保优质的对客服务和倾听客户声音，如果客户对产品和服务给予肯定，应该将这些信息同步至CRM系统。GRO应特别关注客户对产品和服务的负面评价，这样做的目的一方面是为了在未来改进服务流程；另一方面会启动流失客户管理，对客户进行关怀、服务补救等，避免客户流失，关于服务补救的内容将在本项目任务3中详细介绍。

六、总结

在CRM系统的支持下，连锁酒店集团普遍建立起差异化服务体系：酒店一线员工的用心服务，酒店管理层的培训、物资支持，集团CRM系统的信息与客户画像，共同组成了连锁酒店的核心竞争力。在VIP客户服务过程中，GRO在CRM系统的支持下查询客户信息，记录客户声音，在对客服务过程中统筹协调，确保了优质服务的有效开展。

实践演练

1. 客户孙小美向酒店投诉：“我是今天入住的白金卡客户，为什么给我的服务这么差？房型升级也没有、海景房也没有，最过分的是，居然连果盘也没有，这是白金卡会员应该有的待遇吗？”经过GRO小李的了解：客户是昨天下午才预订的。

根据所学知识分析，酒店没有向孙小美提供VIP待遇的原因是什么？

2. 在实际工作中，酒店GRO是如何在众多客户中确定VIP的？
3. CRM系统在酒店VIP服务中有哪些作用？
4. 酒店GRO小曹除了参与对客服务，还有一个任务是收集VIP客户的信息，今天她收到了各部门员工收集的以下客户信息：

   ①101客房的刘先生睡眠非常差，他需要最安静的客房，但他会在睡觉时把电视声音开得很大。

   ②102客房的刘先生花粉过敏，对清洁剂很敏感。

   ③103客房的李女士退房时反馈床垫太硬，让她腰疼了一整天。

   ④104客房的马先生患有严重疾病，随身携带了很多药品。

   ⑤105客房刘先生和刘太太夫妻关系不好，昨晚吵架到半夜。

   ⑥106客房刘女士退房时投诉，说她客房里居然发现了蟑螂。

   ⑦中餐厅1号包房的VIP周老板吃饭很仔细，不吃辣、低油低盐。

   ⑧中餐厅2号包房的VIP周老板牙都掉光了，一口假牙。

   ⑨中餐厅3号包房的VIP李女士非常喜欢吃酒店的甜品，尤其是芝士蛋糕。

   ⑩中餐厅4号包房的VIP李女士在减肥，医生不让她吃甜食。

   以上信息中，哪些属于顾客喜好，可以记录在CRM系统中，哪些属于顾客隐私，不应该记录在CRM中？
5. **你是否经历过VIP识别错误而导致的服务缺陷？和大家分享你的经历吧。

随堂测练

1. 下列酒店员工中，可能成为酒店VIP接待责任人的是（　　）。

   A. 大堂副理　　B. 宾客关系专员

   C. 前台接待　　D. 以上都有可能
2. 下列成员，一般不会成为酒店VIP客户的是（　　）。

   A. 高等级会员　　B. 公众人士

   C. 重要合作机构领导　　D. 上门客
3. 下列酒店客户中获取VIP待遇时不需要审批的是（　　）。

   A. 高等级会员　　B. 公众人士　　C. 重要合作机构　　D. 合作媒体
4. 酒店为了确保对VIP的服务标准，通常会要求客户（　　）。

   A. 提前付款　　B. 提前预订　　C. 提前给酒店好评　　D. 提前和领导打招呼
5. VIP接待单是酒店加强重点客户服务的重要工具，下列客户信息不应该出现在VIP接待单中的是（　　）。

   A. 客户房号　　B. 客户姓名　　C. 客户喜好　　D. 客户隐私
6. VIP接待单是酒店加强重点客户服务的重要工具，下列客户类型不应该出现在VIP接待单中的是（　　）。

A. 即将到店客户　　B. 在店客户
C. 即将离店客户　　D. 离店客户

7. 使用VIP接待单是酒店加强重点客户服务的重要手段，GRO应当何时制作VIP接待表并发送至酒店各部门（　　）。
A. 客户预订时　B. 客户入住时　C. 入住前1～2天　D. 客户付款时

8. 在VIP客户接待过程中，详细的客户信息是个性化服务的重要保障。客户信息主要来自（　　）。
A. 集团CRM系统　　B. 酒店各部门自己的记录
C. 员工服务过程中的观察　　D. 以上都包括

任务3 客户声音与投诉处理

导入任务

客户投诉的处理与记录

根据提前了解到的客户退房时间，酒店GRO小曹早上10：00在大堂送别103客房李女士时完成了下列工作：

①103客房的李女士是酒店金卡会员，在退房时她投诉客房空调噪声极大，严重地影响了她的睡眠。

②作为GRO，你尝试使用了权限内的解决方案，比如：赠送果盘、减免20%的房费，但都被客户拒绝了，客户要求额外赠送1000分酒店会员积分。

③你向前厅部钱经理申请，钱经理同意补偿1000积分给客户，李女士同意了这一解决方案。

你使用CRM系统完成了投诉处理、积分赠送的操作。在你赠送积分后才发现，李女士截至本次入住的积分，加上补偿的这1000分就可以升级白金卡了，她真是一位“爱你越深，投诉越狠”的客户。

在酒店提供产品和服务之后，客户会形成相应的客户声音，其中的负面信息被称为投诉。酒店对投诉的处理，一方面可以监控酒店服务质量；另一方面也可以对服务中的失误进行补救。CRM系统中提供了投诉处理的相关功能，既可以用来处理内部投诉，也可以用来处理外部信息渠道的差评。

一、客户声音与服务缺陷

（一）客户声音综述

酒店通过交流了解客户对酒店产品和服务的反馈称为客户声音（customer voice），有可能是正向的赞美（例如高于4.5分或4分），也有可能是负面的声音或者投诉（例如低于4分或3分），其中正面的赞美信息公开发布，对酒店品牌、营销会产生正面影响，可以被看作品牌传播和公共关系；当客户负面的评价对外发布，对酒店产生负面影响，尤其是客户声音通过媒体或自媒体发布，就会产生舆论情况，简称舆情，移动互联网、社交媒体和自媒体的发展扩大了舆情的影响。因此，正确听取客户声音、处理客户投诉具有重要的意义。

1. 客户声音可以帮助酒店发现产品和服务中的亮点或问题

客户声音中包括正面的评价，酒店应主动发现和捕捉这些亮点，一方面从内部管理和员工激励的角度，对于用心服务、创造卓越体验的员工给予奖励，因为他们不但提高了客户的满意度和忠诚度，也为酒店品牌推广提供了良好的素材；另一方面从品牌推广和传播的角度，将这些亮点梳理、提炼和传播，形成酒店的品牌推广素材，比如用照片、视频记录亮点，形成品牌故事。

行业链接

不断创造品牌推广的经典案例：丽思卡尔顿的 WOW Story

每一个世界知名的酒店品牌，都有一系列的经典服务故事，仿佛一个个的服务传奇，既带来了客户对品牌的无尽遐想，也激励着员工不断地努力。对酒店管理者来说，如何持续制造和传播服务故事是市场营销的重点。丽思卡尔顿的WOW Story值得借鉴，WOW Story是丽思卡尔顿集团设立的内部服务案例体系，由员工上报工作中的服务故事，由集团收集、评选和传播。

1. 场景选择：在CRM系统的支持和GRO的协调下，VIP服务是最容易诞生经典服务案例的领域，大多数WOW Story都来自VIP服务过程。

2. 故事梳理：由酒店对服务素材进行整理，形成易于传播的服务故事，由集团对各酒店提交的材料进行定期评选，最终形成服务经典故事，称为WOW Story。

3. 传播渠道：集团将故事下发至门店，在员工、客人中传播，短时间内大量重复，形成品牌故事和品牌记忆。

酒店中的问题是客观存在的，但酒店管理者未必能发现，或者发现后不一定会重视，客户声音会反映出这些问题，酒店可以通过服务来解决这些问题，也可以通过营销手段或提前告知来规避这些问题。例如某酒店客人投诉宴会厅层高太矮，酒店销售部改进了宴会销售的流程，并明确告知客户宴会厅的层高，由此来避免问题的再次发生。

2. 客户投诉给酒店提供了改善客户关系的机会

客户投诉可以通过服务补救，将不满意转化为“满意”，客户投诉的妥善解决会提高客户满意度。对于投诉型的客户，投诉和客户保持率没有关系，客户只是在表达一种情绪，是表达“我很懂行”或“我很重要”的一种方式，甚至有客户为了投诉而投诉。

3. 投诉的客户是一种免费的“监督者”

投诉的客户对酒店员工是一种有效的“考察”和“敦促”，可以间接提升工作效率。许多酒店都有经历，一位习惯性投诉的VIP客户即将入住，酒店上下都很快得知了这一消息，前厅、客房、餐饮的员工都格外地留意，连刚入职的新员工和实习生都能对客户信息倒背如流，这样既保持了高水平的服务状态，又间接提高了整体的服务质量。

（二）客户声音与服务缺陷

如果把优质服务看作高质量的服务，那么也存在劣质的服务，即服务缺陷，某酒店总结为MRBIV，即错误（M，mistake）、修改（R，rework）、损耗（B，breakdown）、缺乏效率（I，inefficiency）和变异（V，variation）。

通常情况下，服务缺陷会导致客户不满，是否会引发投诉与客户类型有关：只有理性客户才会根据服务类型做出评价，沉默型客户对所有服务都不反馈，投诉型客户对所有服务都不满，都会投诉。酒店在听取客户声音时，需要对客户类型、客户声音进行仔细鉴别、分类，才能更好地发挥客户声音的价值（图4-10）。

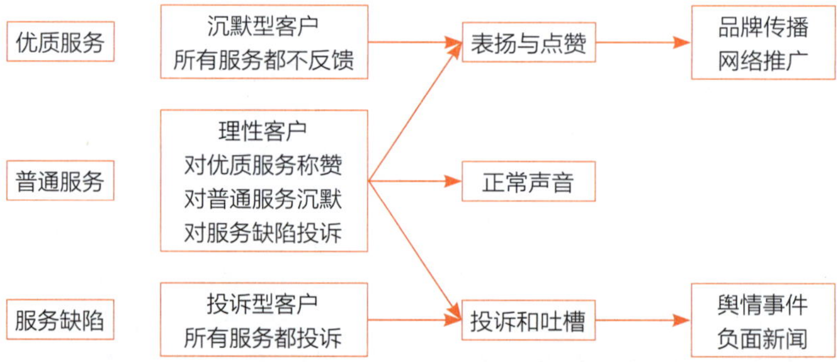

图4-10　客户声音与酒店服务关系图

（三）处理投诉的常用方法

在处理服务缺陷或客户投诉时，酒店应制定明确、可执行的服务补救流程，比如万豪集团将处理宾客投诉分为五个步骤，被总结为LEARN法，即L-listen倾听、E-empathy共情、A-apologize道歉、R-respond 行动、N-notify反馈。

1. L-listen倾听

认真倾听客户声音，并注意做好记录，不要随意打断客户的描述或乱做解释。迅速领会投诉者的真实意图，分辨常见的三种目的：一是发泄，是客户态度的真实表现，服务过程中客户遇到了不满的事情和做法；二是求尊重，展示自己的存在和尊贵地位（在特殊情况下，即使酒店方面没有过错，甚至酒店提供了优质的服务，客人为了显示自己身份地位不同，依然会投诉），即客户投诉是一种态度；三是求补偿（有些客户就是为了投诉而投诉，无论酒店有无过错都会投诉，客户目的在于寻求补偿，尽管他一再强调“不是钱的问题”，甚至有一些公司、企业将投诉酒店、获取补偿作为培训内容，旨在提高员工的谈判能力。）

2. E-empathy共情

对客人的遭遇表示同情、理解，即使客户反映的不是事实，或者酒店只是按制度办理并无过错，依然要对客人的经历表示同情和理解。这样做可以让客人感受到尊重，缓和对抗气氛、减少对抗情绪，可以化解部分投诉。这一过程中切忌解释、“甩锅”，或者指出客人的错误，容易引发投诉升级。

3. A-apologize道歉

向客人真诚道歉，要尽量维护客人尊严，在言语中将“错”留给酒店，将“对”留给客户，但也要注意这并不等于承诺所有，要避免轻易表态，将自己陷入被动局面，切忌为安抚宾客而擅自做主或做出超越权限无法实现的许诺，容易导致更大的麻烦。

4. R-respond 行动

对客户的承诺、补偿等，要尽快执行或按照承诺实施。

5. N-notify反馈

向客户反馈实施结果，有些情况下客户反映的问题解决了，告知客户结果可以提高他的满意度，但有些情况下无法解决，或解决过程中出现了新的问题，需要向客户及时反馈，让他了解酒店态度上的认真和行动上的努力。

（四）处理客户声音时的常见错误

1. 不能理解客户声音中的真实目的

处理客户声音时不但要听客户的问题，同时要分析客户的语气、表情等，比如某客户评价酒店：酒店挺好，除了价格贵点、服务差之外，确实没有缺点。客户投诉有时候只是一种手段，其目的多种多样，包括求发泄、求尊重、求补偿等，应当区别对待。

2. 处理投诉就意味着酒店一定有过错

客户投诉有时只是表达一种态度，并不意味着酒店一定有过错，酒店员工正常操作、按制度办理也有可能招致投诉。管理者需要认真分析投诉背后的原因，如果酒店有过错，应当解决投诉的“因”；如果酒店无过错，甚至明明是客户的错误，酒店可以采取“冷处理”的做法，即向客户表示会严惩责任人，但实际上对责任员工不做处罚甚至有所表扬。

3. 碰到投诉就“甩锅”

有一种常见的现象，即酒店总是通过职责、分工等推脱责任，认为这不在酒店的工作范畴内，这种做法很难平息客户投诉，尤其是对于求尊重的客人，往往会引发客户更大的不满。

二、CRM 与客户声音管理

在酒店，不同的员工都可以和客户交流并听取客户声音，当客户体验不佳，出现投诉风险，就需要GRO介入进行处理，努力化解客户投诉，避免引发舆情事件。GRO除了使用LEARN法解决客户投诉，也需要充分利用信息系统。

1. 客户入住前的信息准备

入住前，GRO需充分掌握客户信息及过往投诉记录。CRM系统中存储的客户资料（包括宗教信仰、过敏史、忌讳等）和投诉信息，是服务中需重点关注的内容——这类信息若处理不当极易引发服务缺陷，而投诉记录更直接反映了客户的敏感点与关注点，需妥善应对。

对于系统中需特别强调和关注的信息，GRO应逐一确认核实。例如，某客户在去年入住时曾反馈员工粤语水平不足导致沟通不畅，酒店在其下次入住时，特意安排了粤语流利的前台及客房服务人员，并在接待时主动以粤语问候，以此体现对客户意见的重视，最终获得了客户的认可。

2. 在住期间交流访问

客户入住期间，GRO可以利用当面交流、电话访问等形式进行客户交流访问，这样做既可以及时了解客户反馈，有针对性地进行调整，提高服务质量，还能发现服务中的缺陷，通过及时道歉、赠送礼品、价格折让等措施进行补救；也可以让客户提前“释压”，获取更好的客户点评。

3. 客户意见的录入与统计

处理客户声音和投诉时，除了针对投诉本身的处理，还需要使用CRM系统对投诉进行分类整理、数据统计，形成持续改进的机制，其中难点在于制定客户声音分类的标准（详见附录1），只有分类统计，才能对数据进行定量分析，进而围绕客户投诉最多的问题进行改进，附录1展示了某酒店集团的客户意见分类标准。酒店可以根据客户声音数据了解客户满意度数据的影响因素，生成关键驱动因素报告，引导后续服务质量的改进（图4-11）。

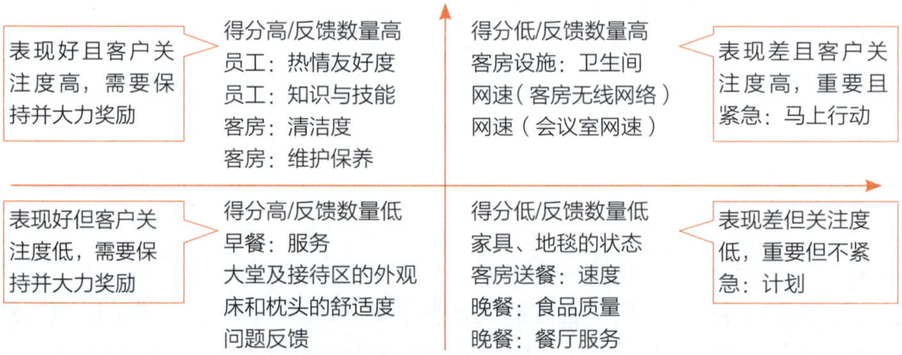

图4-11 借助客户调查数据形成关键驱动因素报告

酒店在处理客户反馈与投诉时存在一处矛盾：从集团管控及客户关系维护角度，使用CRM系统管理投诉信息更为合理，既能跟踪投诉处理进度，又能积累相关数据，助力实现客户管理目标；但部分酒店因“家丑不可外扬”“避免集团知晓失误”的心态，未将投诉信息录入集团CRM系统，而是记录于门店PMS或工作日志中。

为推动酒店将投诉数据录入CRM系统，酒店集团采取了一系列措施：设立第三方客户调查、开通集团投诉邮箱等，接收客户直接投诉，并建立“倒查”机制——若客户向集团投诉，而CRM系统中无相关记录，则表明酒店投诉处理机制存在问题，要么未察觉客户不满，要么隐瞒了客户投诉。

三、CRM 系统与舆评管理

听取客户声音、了解客户意见是客户关系管理的重要内容，CRM系统中集成了舆评管理功能，既可以用来管理会员的投诉与建议，也可以整合分销渠道和点评网站的评价信息。操作方法为：在CRM系统主界面点击【营销中心】→【舆评管理】→【投诉与建议】，可以进入投诉与建议对话框（图4-12）。

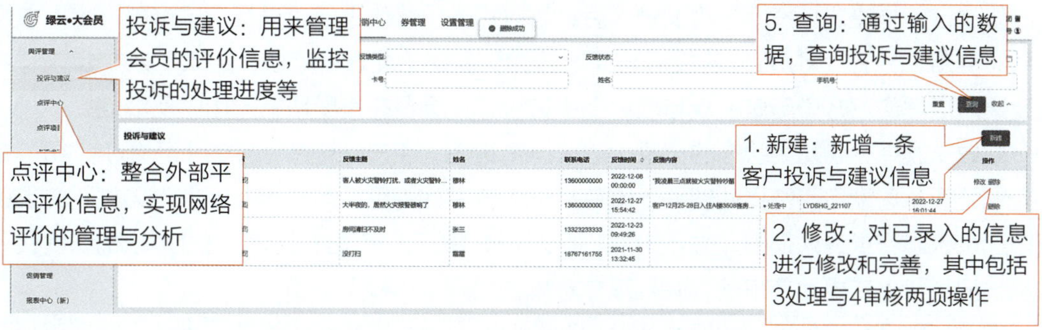

图4-12　舆评管理是管理投诉和建议的相关功能

新建投诉与建议：点击【新建】按钮，进入【会员反馈】对话框，依次输入会员信息、反馈类型、反馈项目等信息（图4-13），点击【保存】按钮完成操作，录入的数据出现在投诉与建议中，初始提交的反馈记录为【初始提交】状态（图4-14）。

图4-13　使用CRM系统记录客户声音可以更好地进行状态跟踪和数据统计

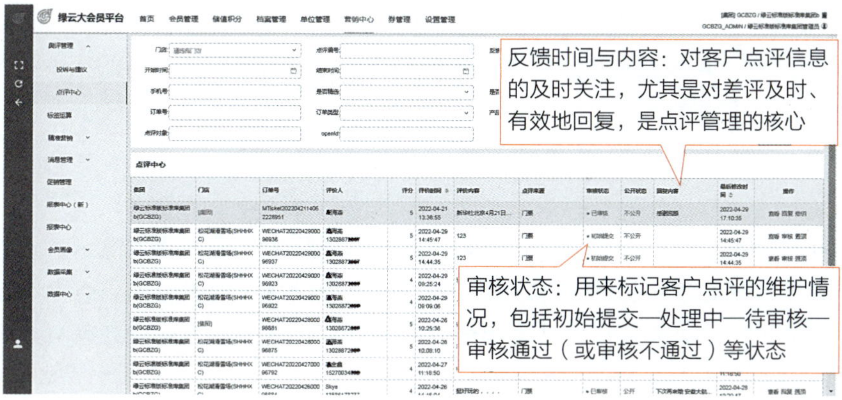

图4-14　点评中心实现了多个平台点评信息的集中管理和状态监控

修改投诉与建议：投诉与建议录入后，可以点击【修改】按钮进行信息修改，也用做投诉状态更新，绿云CRM系统的投诉与建议分为“新建—处理—审核—结束”四个步骤。会员反馈对话框最下方【历史投诉与建议】中列出了该会员在集团所有门店的反馈信息。

处理：选择一条初始状态的记录，进入详情页面，点击处理意见栏的【新增】按钮可打开新增处理意见窗口，选择处理人，填写处理内容并保存后，可显示在处理意见栏，并且该反馈记录状态变更为处理中，并且出现【提交审核】按钮；点击【提交审核】按钮确认提交，该反馈记录状态变更为待审核，并且审核意见栏出现【审核】按钮。

审核：选择一条处理中的记录，进入详情页面，点击审核意见栏的【审核】按钮可打开审核窗口，若选择审核通过，则该反馈记录状态变更为处理完成状态，生成审核记录，并且不可再进行处理与审核；若审核不通过则变更为未受理状态，生成审核记录，可再次审核。

查询：在投诉与建议对话框，输入门店信息、反馈类型、姓名等信息，点击【查询】按钮可以进行信息查询。每家门店只能看到本门店录入的数据，集团总部可以查询所有门店的数据。

点评中心：可以将外部点评平台的信息进行集中管理，既包括具备点评功能的酒店直销平台，比如官方网站、微信小程序等，也可以集成外部分销平台的点评信息，比如携程、艺龙、去哪儿等。在点评中心可以实时查看不同平台的点评情况，及时回复点评、快速处理差评，有助于提高点评管理能力。此类功能需要外部接口支持，此处仅做介绍。

四、总结

客户声音是客户对酒店的信息反馈，尽管这种反馈本身是中性的——可以是投诉，也可以是赞美或者中性的描述，但在大多数情况下，负面声音——投诉和建议处于主流，客户只有对服务不满时，才会选择通过投诉来发泄情绪和解决问题。社交媒体和网络点评让情况有所改观，客户会将自己的意见——包括批评和赞美通过网络进行表达，这会影响酒店未来的业务。

酒店应将客户声音分类处理，包括高等级会员、普通会员、分销平台客户等。投诉是客户声音中的特殊类型，表达了客户对服务缺陷的不满，酒店应当建立听取客户声音、了解客户意见、处理客户投诉的一系列流程，对客户声音实施有效管理。CRM系统是酒店管理客户声音的重要工具，可以实现酒店对自有会员客户、外部渠道客户声音的集中管理，是酒店客户管理发展的重要领域。

实践演练

1. 同学们每3～4人一组分组讨论，通过交流或网络查询某次客户投诉案例，讨论：这些案例是否都可以归类到附录1中的客户声音分类？对客户声音进行分类有什么作用？
2. 根据自己的工作经验或通过网络查询酒店投诉案例，还原一个酒店过错引发客户投诉的场景。是否存在真诚向客人道歉却把客人激怒的可能？
3. 根据自己的工作经验或通过网络查询酒店投诉案例，还原一个酒店完全无过错但客户依然投诉的场景。尝试使用LEARN法，向客人真诚道歉、让客人舒心的同时，又不违心地承认酒店有过错。

4. **某连锁酒店建立了集团CRM系统并记录各门店投诉信息，但各门店收到客户投诉后并不录入系统，导致CRM系统中缺乏投诉数据。酒店集团应当如何解决这一问题？

随堂测练

1. 今天是你在酒店前台实习的第一天，你的技能还不足以为客人办理入住、收银等业务，你胸前挂着“实习生”的名牌也说明了你此时的身份。一位办理入住的客人却径直走向你：“你好，我要办理入住。”你最合理的答复是（　　）。
   A. 我是实习生，这个我不会
   B. 我是实习生，办理入住不是我的岗位职责
   C. 我是实习生，我马上找人为您办理
   D. 你没看见我名牌上的“实习生”吗？
2. 下列关于客户声音的说法中，错误的是（　　）。
   A. 客户声音可以帮助酒店发现产品和服务中的亮点或问题
   B. 客户投诉给酒店提供了改善客户关系的机会
   C. 投诉的客户是一种免费的“监督者”
   D. 有投诉的酒店服务一定差
3. 客户投诉的常见原因，不正确的有（　　）。
   A. 发泄情绪
   B. 显示身份或地位
   C. 寻求补偿
   D. 帮酒店改进管理
4. 绿云酒店集团的一位会员在入住期间，因餐饮部的工作失误导致严重投诉，该投诉非常具有代表性。为了让全集团酒店都可以看到该投诉信息，酒店GRO应当将该投诉信息录入（　　）。
   A. 集团CRM系统
   B. 酒店PMS
   C. 客户管理部工作日志
   D. 餐饮部工作日志
5. 通过CRM系统中的投诉与建议、点评中心功能，酒店集团可以获取多种类型的客户声音信息。下列客户声音最容易被忽略的是（　　）。
   A. 在酒店官网预订的会员客户
   B. 向GRO投诉的酒店客户
   C. 在携程发表点评的分销客户
   D. 直接来到前台入住的上门客

项目五

数据分析、精准营销与案例

学习与素养目标

1. 熟悉客户分析与精准营销的原则与相互关系，能够理解该领域发展的趋势及其对酒店市场营销的影响。
2. 了解 CRM 系统中客户数据分析和精准营销的相关功能，能够理解常见的酒店精准营销活动，并实施精准营销策略。
3. 结合行业案例，能够对酒店客户关系管理在连锁酒店和精致餐饮中的应用有整体的理解和认识。
4. 理解数字时代给营销领域带来的新技术和新课题，充分认识中国在新媒体和大数据时代的技术创新，并能够在日常工作中主动融合数字化。

导入案例

度假酒店淡季的精准营销

度假酒店淡季的精准营销

绿云G酒店位于北方某二线滨海城市，是一家大型度假酒店，国庆节期间，连续5天的满房+20多场婚宴让酒店收入大幅提高。但接下来，酒店的生意会快速从旺季进入淡季，收益管理经理已经告知：接下来一直到年底都是淡季，提升出租率是酒店的主要工作。

市场销售部正在策划近期的营销活动，销售协调员小刘看到新的促销优惠海报，简直不敢相信自己的眼睛："我们今天不是还在卖1998元的价格吗？这海报价格699元还送100元代金券，确定没搞错？"

"这是国庆节后、春节前的淡季促销价格，我们需要执行低价格策略。"公关传媒部黄经理回答小刘。

"这几天高价入住的客户看到这个会不会心里不舒服呢？"小刘提醒黄经理。

"精准营销，国庆入住的客户不会看到这个海报的，符合以下条件的会员才会收到系统发出的促销信息：普卡会员、上次消费时间超过120天、消费平均价格低于700元的本省客户。"

"现在的系统这么精准啊？"小刘觉得很惊讶，"居然连客户范围都可以定位。"

"有一些周边客户，价格敏感度高，大面额的代金券对他们很有吸引力，可以拉动淡季需求，同时他们的时间敏感度低，只要他们喜欢，随时都会来消费。我们这次要'精准'定位他们，提供他们喜欢的产品，也借此增加酒店的淡季客源。"

阅读以上案例并回答问题：

1. 绿云G酒店为何在国庆期间就开始低价促销？
2. 绿云G酒店低价促销的对象是哪些客户？
3. 如何理解CRM系统在精准营销中的作用？

项目概述

精准营销是在客户数据积累和数据分析基础上的营销方式，是市场营销和数字科技融合的新成果。本项目中的营销对象主要是存量客户，CRM系统中存储的会员数据和交易数据为数据分析提供了素材，主要的分析工具有数据报表、数据标签等。CRM系统的信息推送、优惠券管理等功能为精准营销提供了新的工具，移动互联网、社交媒体为营销提供了新平台。

任务1 数据分析与精准营销

导入任务

数据分析与精准营销

运用酒店CRM系统，精准定位客户并完成下列任务：

1. 向所有高等级会员，包括白金卡、金卡，发送新年问候。
2. 查询下个月过生日的客户，或者有重要亲属过生日的客户，向他们发出定向促销信息和海报。
3. 查询沉睡客户，向他们问候并尝试唤醒他们。
4. 查询流失客户，向他们问候并努力挽回他们。
5. 查询所有普卡级别且入住次数少于3次的客户，向他们发送大额促销信息。

随着网络与信息技术的飞速发展，互联网为用户提供越来越多的信息和服务，也让人类不得不面对信息超载，即用户获取的信息量过大，需要对海量信息进行筛选，而筛选工具的发展也是信息产业发展的重要标志，从早期的垃圾邮件屏蔽、搜索引擎，到近年来的社交媒体、大数据推荐等。

信息过载也影响了酒店的营销行为，从企业角度看，大范围的广告成本极高，已经超过了酒店的利润甚至收入，在企业实践中无法实施；从客户角度看，不考虑客户需求而盲目推送广告不但毫无效果，甚至会被客户屏蔽，如拉黑、取消关注（取关）等。企业需要使用客户易于接受的方式，在产品上要选择客户有需求的商品，如客户曾经搜索、浏览、关注或购买的商品和关键词；在内容上使用软广告、优惠券、打折券等形式推广。这些市场营销的新方法对数据和数据分析的要求显著提高，数据的多少和运用水平成为企业营销水平的标志。

行业链接

互联网广告是免费的吗？

许多人认为在网上发布信息是免费的，因为在互联网上发布广告并不需要传统广告的印刷费、版面费等固定成本，就误认为在互联网上做广告也免费，这其实是一种重大的误解。如果酒店在官方网站打广告、播视频、搞促销，确实不会产生费用，但访问量也很低，如果酒店在其他平台做广告，就会产生不等的费用。

在互联网发展早期，与电视、杂志、报纸、广告单页等相比，网络广告确实成本低廉，但广告产业的定价依据是影响力而不是成本。随着互联网广告成为主流，其价格早已经水涨船高，2016年，百度广告费收入645亿元，2022年字节跳动（今日头条、抖音的母公司）广告收入超过2000亿元。

在酒店业，一个普通的酒店旅游类KOL做简单的大V探店、美食体验类内容，每次收费1万～5万元，如果是全国知名博主，价格需要十几万甚至几十万，而明星代言、持续合作价格更高。对大多数酒店，大面积的广告推广已经难以承担，精心选择对象进行精准营销成为酒店的选择。

客户关系管理领域的精准营销，主要是面向存量客户的销售行为，提高客户满意度和客户重复购买率，同时可以通过客户分享和推荐获取新的客户。另一种互联网营销是将产品信息推送给新客户，让客户产生购买欲望或者购买行为，被称为新媒体推广，是传媒学和广告学的领域，有兴趣的读者可以参考酒店市场营销领域的相关教材。

一、客户数据分析概论

对于来到酒店的客户，服务是赢得客户满意的关键，依托CRM系统、向客户提供差异化的服务是提升客户满意度的有效方法。比服务难度更大的是市场营销，当客户尚未预订酒店，甚至尚未确定住在哪一家酒店时，酒店通过品牌推广和市场营销活动来触达客户，“选择哪些客户，如何与客户高效互动，吸引他们的注意并激励他们预订和重复消费”成为酒店营销的根本目的。酒店需要对客户数据进行分析，制定更有效的营销和服务手段，提升酒店运营效率。酒店常用的数据分析工具有以下几种。

1. 数据报表

过去，酒店数据分析主要通过直接查询和报表进行分析，比如客户分析报表、会员卡新增报表、会员分析报表等，报表是酒店管理层进行数据分析的基本工具。报表中的数据量大、覆盖面广，但使用报表来分析数据也存在几个问题：一是功能弱，报表只能包括少量数据来源，当需要分析多个来源的数据时，报表就难以应付；二是对使用者要求较高，普通员工难以看懂，同时酒店出于保密等需要，经常将报表生成或者打印出来后才交给员工使用，纸质报表是静态的分析工具，难以进行分析；三是报表中包括了所有的数据，在数据保密、隐私保护方面难度很大（图5-1）。

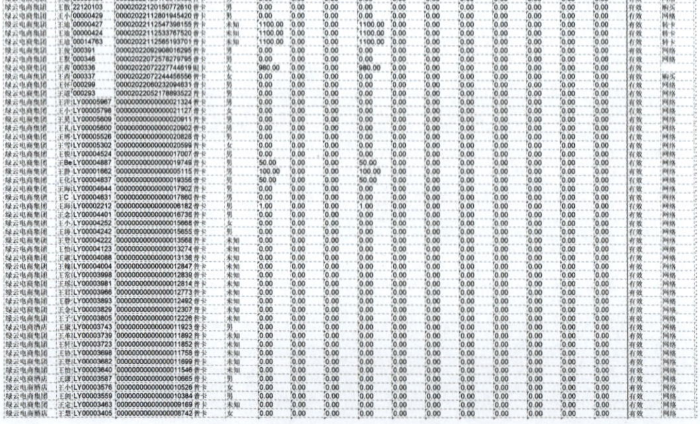

图5-1 使用报表作为分析工具信息量大、处理难度高

2. 标签管理与数据分析

标签（Tag）是对某次查询结果的数据加注数据标签，将数据的查询和使用进行分离，形成有明确含义的、概括性的描述，是一种新的数据管理和数据分析方法，更符合大数据时代的最新要求，标签比报表更简单、易用，例如：酒店按照消费金额对所有客户排序，对收入贡献前20%的客户加注标签“高价值客户”。使用标签有以下好处：

（1）解决数据安全和数据使用的矛盾。使用报表分析客户价值需要查看每一名会员的消费数据，运算量巨大、涉密等级高，只有少数高级管理人员才拥有权限，普通员工无法看到收入，也无法进行针对性的服务；通过标签运算后，员工看不到消费明细这一敏感信息，但可以看到客户为“高价值客户”，从而针对性地提供服务。

（2）标签属于“一次查询，多次使用”，有效地降低了CRM系统的运算量，提升了系统效率。

（3）标签可以与酒店工作制度和工作流程进行绑定，比如市场销售部对“高价值沉睡客户、高价值流失客户”进行跟进，及时进行客户唤醒和挽回工作。

行业案例

复杂标签运算与 RFM 模型

标签管理的本质是将数据分析、数据应用进行分离，酒店集团的CRM系统中积累了大量的数据，酒店可以使用计算机进行复杂的数据分析，比如某高端餐饮企业使用三个数据维度对客户进行综合评价：最近消费时间、消费频率、单次消费金额。首先，餐厅根据消费频率划分客户：最近消费时间<60天为活跃、60天至120天为沉睡、120天以上为流失。在单次消费金额、消费频率这两个指标中，两个指标都很高的客户为一级客户、一个指标很高的客户为二级客户，其余客户为三级客户。

餐厅对所有客户每天更新一次评级，并加注标签，在销售和服务过程中实施差异化服务，在日常预订、服务时，优质包房、稀缺食材优先保证高级别客户的需求，实现高价值客户的口碑效应。在提升客户保持率方面，当客户进入沉睡状态时，餐饮销售员及时跟进，实施客户关怀和跟进销售，比如：系统推送定向优惠“尊敬的某某先生您好，我是××餐厅的小李，门店为贵宾客户发送了一张价值188元的代金券，您1个月内来店可直接使用，无门槛。”

这种基于最近一次消费时间（Recency）、消费频率（Frequency）和消费金额（Monetary）的分析方法，被称为RFM模型。

（4）标签可以与CRM系统相结合，实现手机短信息、电子邮件、微信等信息发送功能，这样酒店就可以方便地开展客户关怀、精准营销等工作，借助页面浏览、票券验证等功能，对关怀、营销效果实施评估，成为酒店营销的有效工具（图5-2）。

图5-2 标签管理是酒店数据分析的常用方法

行业链接

数据分析：定向优惠只发三次

某餐厅为了带动销售，在淡季进行特价促销，在集团官方平台推出9.9元剁椒鱼头活动，目的是吸引客户到店并带动整体消费，但这个促销被当成了“薅羊毛”的手段，周边居民纷至沓来，把餐厅当成食堂，两人点一份鱼头成了标配，酒店不但亏损严重，还影响了酒店的用餐环境。

后来餐厅修改了优惠策略，通过精准营销向符合条件的客户定向发送优惠，年龄20～50岁、使用本优惠券次数小于三次的客户才会收到促销信息，通过这一手段，显著提升了销售转化率，带动了客户增长。

客户数据分析是这一营销策略的制定依据，该酒店发现：25～35岁的客户转化率最高，之后逐渐递减，50岁以上的客户转化率很低；在享受优惠方面，第一次体验的客户转化为会员的概率为50%，第二次为30%，第三次为9%，超过三次的客户转化率极低。

总之，使用标签管理方法，将复杂的数据分析交给计算机去处理，酒店业务人员不需要进行劳心费神的数据分析，却可以使用数据分析的成果，标签功能是数据分析的重要工具。

二、数据分析与精准营销

（一）在数据分析的基础上确定营销对象

酒店通过CRM系统对客户数据进行分析计算，精准确定营销对象。酒店可以根据活动目的，通过客户基本属性、客户行为、标签等精准筛选目标客群。酒店可以预先设置常用发送对象，实现分类营销，如根据会员价值营销（高等级会员、新会员、沉睡会员等）、纪念日营销（客户的生日、结婚纪念日等），也可以根据客户数据设置其他营销对象。

行业链接

智能营销与精准营销

智能营销是指运用更多的信息技术、数据分析来开展营销活动，让CRM系统提出建议，销售人员执行操作，比如××餐饮企业通过数据分析后进行精准营销。

1. 对老客户

管家餐前报到：您好，李先生，我是××酒店的小郭，今天门店安排我担任您这一餐的服务管家，为了向您提供更好的服务，有几个问题需要跟您了解一下……

2. 餐中服务

李先生，您好，了解到您今天请的是来自长沙的贵宾，我特地交代厨房做了一道辣椒炒肉，请贵宾品尝一下，做的正不正宗您多提意见。

3. 餐后互动

您好，李先生，我是××酒店的小郭，门店安排我担任您的专属服务管家，以后您的用餐将由我来为您提供服务。

4. 沉睡客户激活

××先生您好，我是××酒店的小郭，门店为贵宾客户发送了一张价值188元的代金券，您1个月内来店可直接使用，无门槛。

数字技术的应用提高了销售的效率，酒店的客户分类由数据模型自动完成，CRM系统自动推送任务至员工手机，员工只需要转发信息即可。

（二）实施精准投放

选定客户群体后，可以开展精准互动、实施营销活动，如可以通过手机短信、电子邮件、微信等方式向客户发送文字、图片、链接、视频等内容，也可以向客户发放电子券（包括折扣券、代金券、满减券等）、套票、礼包等。发放完成后可以使用“消息明细”功能查询发送清单。

酒店发送的信息应注重针对性和有用性，避免发送无意义的邮件，邮件中使用客户称谓和节日问候，向客户发送优惠券、体验票等方式能够提高对客户的吸引力，实现提高客户关怀和市场营销的效果（图5-3）。CRM系统拥有完善的信息发送功能，可以设置发送时间、频率、周期等，提高了工作效率。

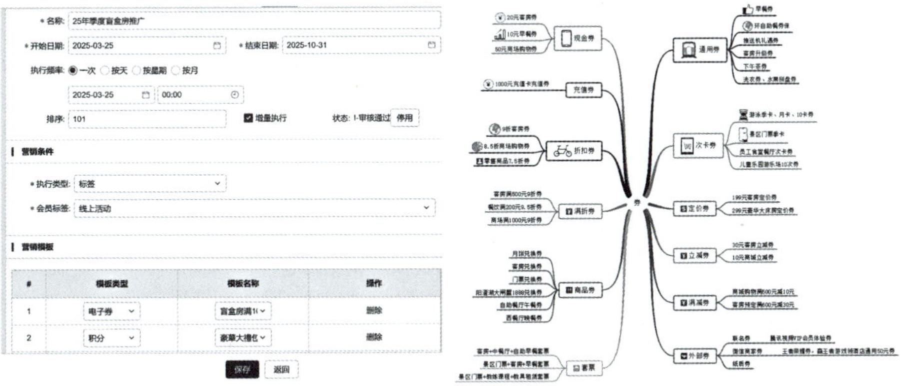

图5-3 CRM系统可以向特定的客户发送信息和电子券

（三）效果评估

酒店可以使用CRM系统进行营销效果评估，对于发出的电子券、体验票、促销信息等，可以通过票券核销功能评估使用率和推广效果。系统自动实现全渠道数据收集，统计优惠券发放、领取、核销等数据，计算促销活动总收入，实施营销效果分析、营销投入产出比分析等，帮助酒店不断优化营销手段。

三、CRM 系统操作方法

连锁酒店集团运用CRM系统建立完备的销售体系，其中大多数设置由酒店集团完成，不需要酒店销售人员操作，这里仅做介绍。

1. 标签运算

标签运算是根据运算规则查询满足条件的会员，给会员添加指定标签的过程，包含查询/新建/修改/查看结果/删除标签等功能。点击【营销中心】-【标签运算】按钮可进入该功能（图5-4），其本质解决了“向哪些客户”的问题。

图5-4　标签运算功能的本质是对客户进行复杂运算并分类

2. 精准营销-营销模板

营销模板可配置各类型消息模板，其中短信、邮件、微信方式用于发送营销消息，积分方式会给会员发放指定数量的积分，电子券方式则会给会员赠送指定的电子券，其本质是酒店营销方案的数字化，解决了“向什么样的客户，实施何种营销活动”的问题。点击【营销中心】—【精准营销】—【营销模板】按钮可进入该页面（图5-5）。

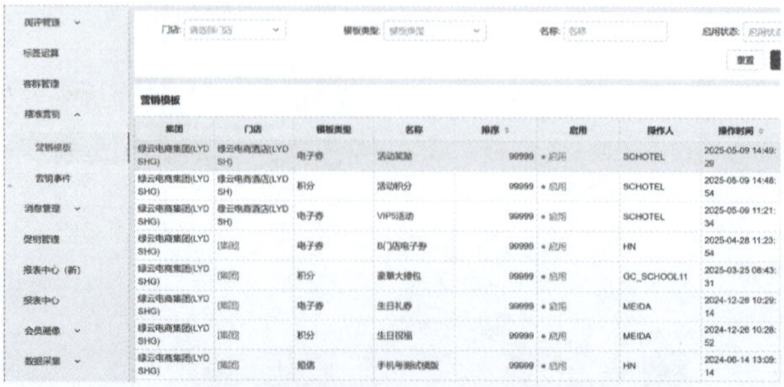

图5-5　营销模板的本质是营销方案

3. 精准营销–营销事件

即营销方案的执行，配合营销模板，可以提前设置营销活动的时间、频率等，系统自动与客户实施互动，是酒店销售人员的常用功能。点击【营销中心】—【精准营销】—【营销事件】可进入该功能（图5-6）。

在营销事件界面点击【新建】按钮，进入新建营销事件对话框（图5-7），依次录入营销事件所需信息，确认后点击【保存】按钮完成操作。

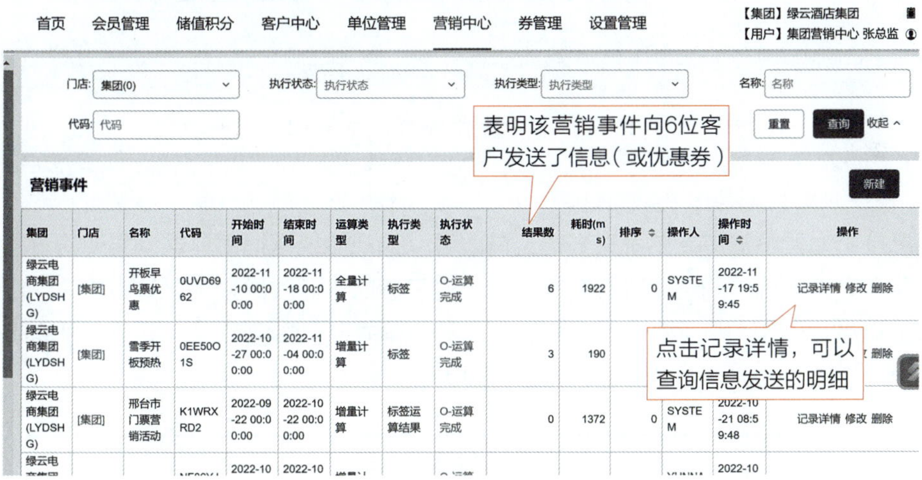

图5-6　营销事件用于酒店执行营销方案

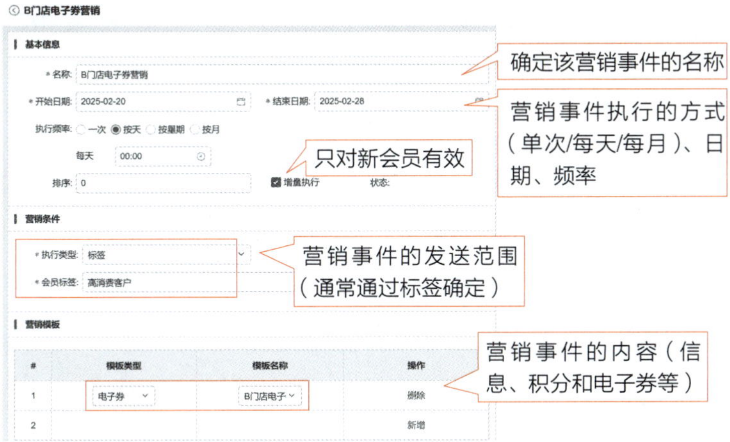

图5-7　营销事件用于酒店执行营销方案

4. 消息记录

消息记录中保存了CRM系统与客户互动的所有数据，包括短信、邮件发送数据（图5-8），点击页面上方标签可以在短信或者邮件页面切换；可根据手机号、门店、发送结果等条件进行查询；消息记录列表记录了短信或者邮件的发送详情，鼠标悬停在发送内容列可以完整地显示发送内容。

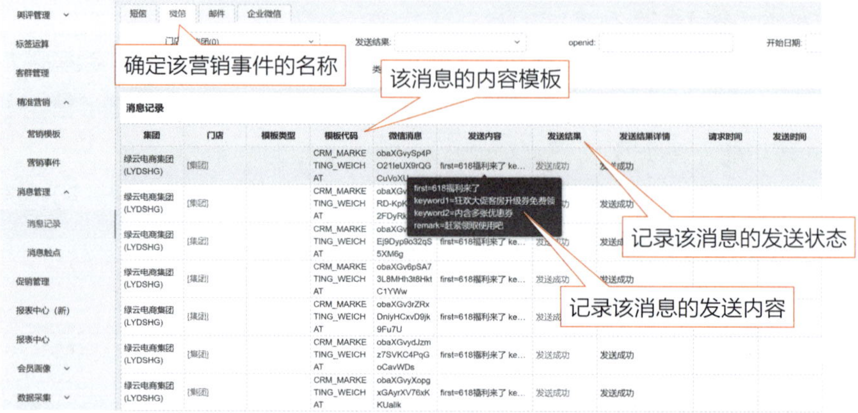

图5-8 消息记录用来查询酒店与客户互动的短信和邮件数据

5. 客户互动查询与报表

信息技术为营销推广提供了良好的工具，可以实现传统营销工具难以实现的过程跟踪和数据记录，对营销推广的结果进行精准评价，便于酒店不断改进和优化营销方法。比如电子券核销汇总表（图5-9），展示了客户领取的电子券总量、总金额等；电子券过期明细报表（图5-10）记录了过期、失效的电子券、持有人等。

绿云电商集团

电子券核销汇总报表

2022/12/30 09:59:18

酒店：　　　　　　　　　　　　　　　　　　　　　　　　演示账号

开始日期：2022-11-29　　结束日期：2022-12-29　　绿云酒店集团营销中心

代码	类型	描述	面值	使用数量	抵扣券价值小计
DKQ10Y	立减	10元抵扣券	10	2	20
HBY2	通用券	红包雨2	2	4	0
LZ5297	立折	免房券	0	1	0
SWQCS2	通用券	服务券测试2222	20	1	0
WD33333	通用券	客房升级券	10	7	0
总计：	5条		抵扣券总价：	20	
			电子券使用总数：	15	

图5-9 对电子券的核销是评估营销效果的有效手段

电子券过期明细报表

结束日期：　2025-07-06

券代码	券名称	券类型	礼包代码	礼包名称	礼包号	优惠类型	面值	获取方式	实际购买金额	过期时间	是否转历史
Q2	7折折扣券	优惠券				立折	0.7	赠送	0	2025/06/12	否
KFQ3868	昙如客房券测试	通用券				客房券	0	赠送	0	2025/06/07	否
KFQ3868	昙如客房券测试	通用券				客房券	0	赠送	0	2025/06/07	否
KFQ3868	昙如客房券测试	通用券				客房券	0	赠送	0	2025/06/07	否
KFQ3868	昙如客房券测试	通用券				客房券	0	赠送	0	2025/06/07	否
KFQ3868	昙如客房券测试	通用券				客房券	0	赠送	0	2025/06/07	否
KFQ3868	昙如客房券测试	通用券				客房券	0	赠送	0	2025/06/07	否
KFQ3868	昙如客房券测试	通用券				客房券	0	赠送	0	2025/06/07	否
KFQ3868	昙如客房券测试	通用券				客房券	0	赠送	0	2025/06/07	否
KFQ3868	昙如客房券测试	通用券				客房券	0	赠送	0	2025/06/07	否
KFQ3868	昙如客房券测试	通用券				客房券	0	赠送	0	2025/06/07	否
KFQ3868	昙如客房券测试	通用券				客房券	0	赠送	0	2025/06/07	否
KFQ3868	昙如客房券测试	通用券				客房券	0	赠送	0	2025/06/07	否

图5-10 电子优惠券过期后自动回收，不会形成销售费用

6. 会员画像

CRM系统中预制了最常见的查询功能，用来进行常见的会员信息统计与展示，比如会员卡、会员信息、地域画像、行为画像四个维度（图5-11）。

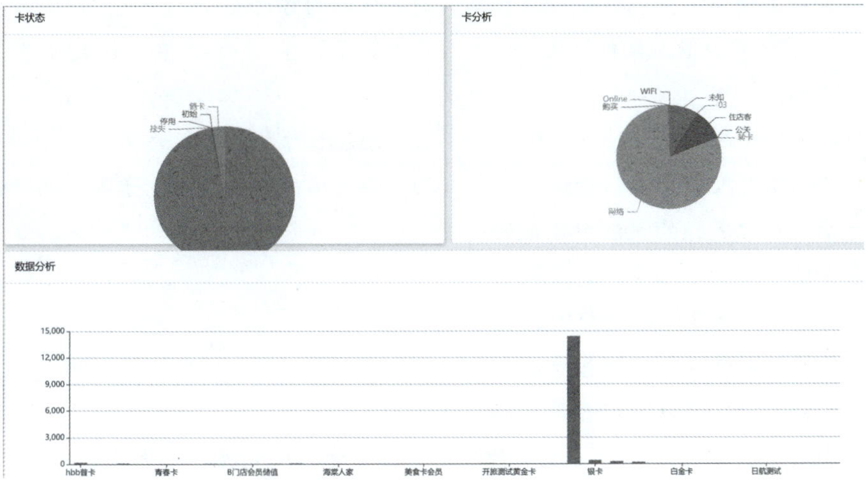

图5-11　会员画像功能展示了集团会员的宏观分布数据

四、总结

CRM系统将分散在连锁酒店集团内部的数据进行整合，为数据分析和精准营销提供了良好的工具。酒店可以通过手机短信、微信、电子邮件等多种方式与客户互动，比如客户问候、开展促销活动、赠送电子票券等，达到客户关怀的目的，提高客户满意度和忠诚度。客户可以自己使用票券，也可以分享给朋友使用，给酒店带来新的客户。

通过CRM系统的应用，酒店实现了营销活动的分工合作，复杂的数据分析、数据标签由酒店集团或酒店管理层完成，销售人员只需根据分析结果实施销售行为，降低了酒店市场营销人员的工作量，让销售人员可以集中精力进行客户互动、协调服务工作。

实践演练

1. 在附录2中给出的客户报表中，进行下列操作：
   - 查询年龄为20～30岁的客户。
   - 查询今年为本命年，出生日期与你同月的客户。
   - 查询本月过生日的白金卡客户。
2. 在CRM系统中进行下列操作：
   - 查询过去一年消费金额最高的50位客户。
   - 查询近期开展的营销事件，其中发送时间最近的营销事件是（　　），发送的信息数量为（　　）。
   - 查询近期开展的营销事件，其中发送人数最多的营销事件是（　　），发送的信息数量为（　　）。

随堂测练

1. 下列方法中，不属于酒店数据分析方法的是（　　）。
   A. 直接查询　　B. 数据报表　　C. 数据标签　　D. 放大镜寻找
2. 酒店数据分析方法中，可以解决权限控制、隐私保护的方法是（　　）。
   A. 直接查询　　B. 数据报表　　C. 数据标签　　D. 放大镜寻找
3. 精准营销是指(　　)。
   A. 在数据分析基础上进行的营销行为　　B. 每天准时发送信息的营销
   C. 由明确的销售人员开展的营销　　D. 向准确的地址发送电子邮件的营销
4. 下列关于酒店精准营销的说法中错误的是（　　）。
   A. 精准营销可以精准地控制发送范围
   B. 精准营销可以精准地评价营销效果
   C. 精准营销可以精准地评估营销成本
   D. 精准营销可以精准地实现营销目标
5. 酒店通过数据分析确定了几位“过去频繁消费，但近期未光顾”的客户，将其确定为沉睡客户。面向沉睡客户下列精准营销方法中最有效的是（　　）。
   A. 问候客户，并告知酒店地址、简介
   B. 问候客户，并告知酒店菜品特色
   C. 问候客户，并告知酒店服务优势
   D. 问候客户，并告知酒店近期活动，给予定向优惠

任务 2　会员运营案例分析——开元酒店集团

导入任务

与会员的生命周期互动

选择一家你感兴趣的连锁酒店（推荐开元、君澜、锦江、首旅、华住等酒店集团），尝试使用下载App、注册微信小程序等方式，在线申请注册酒店会员：

- 申请新会员成功后，你是否收到了酒店集团的信件？
- 对于新会员，是否可以申请新客户积分、优惠等礼遇？
- 以新会员身份尝试客房预订，与酒店在分销平台的销售价格进行对比，会员的预订价格为（　　），分销平台的预订价格为（　　）。

完成以上工作流程并思考下列问题：

1. 你选择的酒店集团是（　　），该集团的会员价格是否有竞争力？
2. 在增值服务方面，该酒店集团的会员是否有吸引力？

开元酒店集团是总部位于浙江杭州的酒店集团，酒店在会员管理方面取得了良好的效果，一方面是由于酒店积极推荐集团忠诚度计划，向客户提供了有吸引力的价格优惠、服务增值措施；另一方面是酒店通过组织保证、员工激励和技术手段等措施，确保了会员制度的执行效果，形成了具有借鉴意义的行业典型案例。

一、开元酒店集团简介

开元酒店集团是总部位于浙江杭州的酒店集团，成立于1988年，拥有方外、观堂、芳草地度假酒店、开元名都、开元名庭、曼居酒店等酒店品牌，管理酒店780多家，客房超过13万间，分布在北京、上海、浙江、江苏、安徽等30个省份，140余个城市。2021年开元酒店并入德胧集团，本案例所涉及数据、制度截至2021年12月29日。

二、开元酒店会员体系概述

开元酒店非常重视会员体系建设，2007年开始建设酒店集团“商祺会”，2019年会员数量超过1000万人，是国内首家突破千万会员的高端酒店集团，会员消费超过10亿元。2021年会员规模近1600万人，在暑假期间42家高端酒店通过“夏日挑战”计划，全力布局会员优先计划，通过会员专享折扣、会员住店礼遇来保障会员权益，鼓励会员通过官方渠道完成预订支付，由此可获得丰厚会员积分回馈。在“夏日挑战”活动期间，忠诚会员贡献了超过60%客房间夜量。

三、开元酒店会员管理主要方法

开元集团会员体系的运营，为酒店提供了客户池，主要源于酒店围绕会员的组织、数字平台、会员价格、权益建设了完整的体系，主要有以下的一系列方法。

1. 统一的组织架构和技术平台

开元酒店集团成立了独立的全资子公司“浙江金扇子网络科技有限公司”负责集团会员体系运营，处理会员运营时的关系协调、账务处理和技术开发工作，解决了集团开展会员运营的问题。开元酒店集团的首席信息官（chief information officer，CIO）与金扇子公司CEO由同一人担任。

在技术上，开元酒店集团依托绿云科技的CRM系统，集成多个预订和会员管理平台，包括手机App、微信公众号、微信小程序等，实现了集团层面的会员管理、业务管理集成（图5-12）。

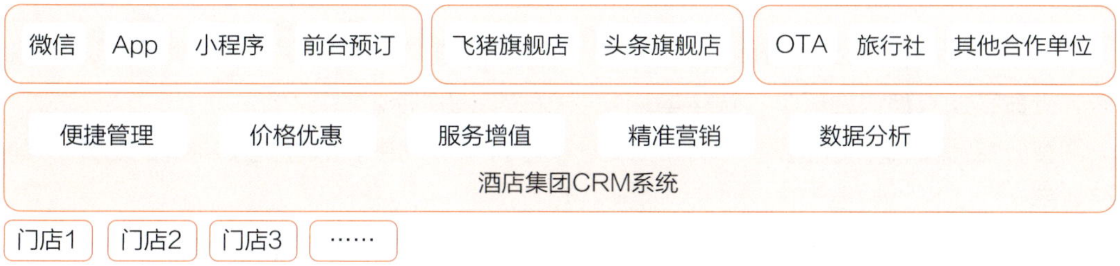

图5-12 构建集团CRM系统，对会员、订单实施统一管理并积累数据

2. 建立并完善会员体系

开元建立了集团层面的忠诚度计划，实现了集团层面的价格优惠和服务增值，而且在传统集团会员基础上，通过对收入的合理划分，实现了餐饮优惠、集团储值、品牌互通等功能。

表 5-1　开元商祺会会员体系（数据来源：开元集团官方网站）

级别	有效期	获得资格	保级条件
普卡	1年	免费注册	免费延期（实际上为无限期会员卡）
银卡	1年	直达：一次性充值2000元（返充值金的6%） 升级：1年内客房和餐饮消费满2000元，或酒店住宿达3房晚，或通过官方线上渠道预订并入住达到2房晚	到期余额满1000元 1年内客房和餐饮消费满1000元，或酒店住宿达2房晚，或通过官方线上渠道预订并入住达到1房晚
金卡	1年	直达：一次性充值10000元（返充值金的8%） 直达：388元购买，含祺乐礼包 升级：1年内客房和餐饮消费满10000元，或酒店住宿达20房晚，或通过官方线上渠道预订并入住达到15房晚	到期余额满5000元 续年费388元，含祺乐礼包 1年内客房和餐饮消费满5000元，或酒店住宿达10房晚，或通过官方线上渠道预订并入住达到8房晚
白金卡	1年	直达：一次性充值50000元（返充值金的10%） 直达：5000元购买，含祺尚礼包 升级：1年内客房和餐饮消费满30000元，或酒店住宿达50房晚，或通过官方线上渠道预订并入住达到40房晚	到期余额满20000元 续年费5000元，含祺尚礼包 1年内客房和餐饮消费满20000元，或酒店住宿达40房晚或通过官方线上渠道预订并入住达到30房晚

注：祺乐礼包是指由客房、餐饮多个部门代金券、打折券组成的礼包。

会员分级上，会员分为普卡（后更名为星卡）、银卡、金卡、白金卡，其中普卡为申请可得，实质上无有效期（发行时有效期一年，但免费延期）。可以看出，开元酒店集团会员体系与国际酒店集团类似，但结合实际经营情况进行了调整：

①实现了集团级的储值卡，并围绕储值形成了优惠、服务和价格体系，在优惠体系上，将单体酒店忠诚度计划融于商祺会，没有单独发行门店层面的美食卡，提高了会员管理的效率。

②除了传统间夜/消费的升级方式外，还实现了储值、直接购买、储值余额的升级/保级方法，符合集团规模快速扩张，快速增加高等级会员的目标。

③在升级/保级规则设置时，对线上渠道预订有特殊优惠，鼓励线上渠道的应用，提升预订效率。

在制定会员级别、积分策略和保级规则基础上，也制定了完善的会员增值服务体系，包括房型升级、行政酒廊、免费早餐、提前入住/延迟退房等权益（图5-13）。

	会员礼遇	普卡	银卡	金卡	白金卡
预订保证	提前担保预订，享空房保证			提前72h	提前48h
	会员专享通道办理入住和退房手续，享快捷、优质服务[1]	●	●	●	●
	住宿率允许的前提下，提前登记入住				早至8点
登记入住	住宿率允许的前提下，客房升级			一挡	一至二挡
	专属白金房卡[2]				●
	住店期间，迎宾鲜果	首日	首日	每天	每天
	住店期间，迎宾糕点			首日	每天
	住店期间，在大堂吧或指定会员专享区凭房卡和会员卡享指定饮品两杯	●	●	●	●
住店特权	住店期间，行政酒廊下午茶或大堂吧下午茶[3]				●
	入住期间享每天洗衬衣或T恤一件[4]			●	●
	入住期间享每天熨烫服装一套			●	●
	享额外早餐一份（可携同伴，同伴不限住店宾客）				●
	住宿率允许的前提下，会员入住可延迟退房	至13:00	至14:00	至15:00	至16:00
快捷退房	退房时免查房服务	●	●	●	●
	宽带上网	●	●	●	●
特别权益	会员入住，生日当天享生日礼	●	●	●	●
	会员电子期刊	●	●	●	●

•[1]专享通道、[2]专属白金房卡、[3]行政酒廊下午茶、[4]洗衣服务，视酒店设施情况，未设有相关设施的酒店恕无法提供上述服务。专享通道无设施时，仍提供会员优先登记入住服务。

图5-13　开元商祺会增值服务体系（数据来源：开元商祺会会员手册）

3. 更广泛的新会员发展体系

- 广泛覆盖的线上注册会员

打造了App、微信小程序、微信公众号等多个会员管理平台，只需要关注即可成为普卡会员。当用户连接酒店无线网络后，也可以在线注册会员卡。

- 充分覆盖的线下发展会员

客人在酒店各营业部门，包括前台、餐厅、大堂吧、健身房、康乐等部门消费时，都开设了便捷的发展会员方法，比如在前台办理入住时、餐厅消费时等。

- 丰富的外部合作伙伴

与外部合作机构建立了会员的合作机制，包括银行（中国银行、广发银行、工商银行等）、旅游分销商（携程、艺龙、去哪儿、飞猪等），其他电子商务平台（京东、支付宝等），航空公司（国航、东方航空、南方航空、海南航空等）。

4. 丰富的活动激发会员消费和重复购买

传统会员体系的会员升级、积分积累、积分兑换等，对于高频消费的客户比较友好，比如一年住酒店20次（可以成为金卡），40次（可以成为白金卡）；对于酒店的低频消费客户，如一年住酒店2~5间夜的亲子客户、家庭客户、度假客户等，既无法成为高等级客户享受服务增值，也无法积累足够的积分兑换客房，会员体系就成为“鸡肋”，如果酒店需要笼络这些客户，就需要进行有针对性的精准营销。例如：

- 新会员专享优惠

向新会员赠送优惠券礼包，促进会员的消费，从普通的用户升级为客户，每种优惠券的适用范围不同，激发客户在不同消费场景的消费机会，比如中档酒店、全服务酒店、餐饮等（图5-14）。

图5-14　新会员大礼包 促进会员消费

- 会员日活动

每月8日设置为会员日，对所有会员提供特色优惠活动，比如餐饮8元特价菜、用餐8折优惠、餐饮消费8倍积分等，或者3月8日仙女节活动，积分兑换优惠活动。这种定期活动可以提高会员卡对普通会员的价值，保持会员活跃，避免会员“脱粉”。

- 祺行梦想家

包括一系列的会员体验，通常在淡季实施，会员通过体验开元集团的多个品牌、门店来加速会员升级过程，并获得额外积分（图5-15）。这种活动会带动客户的新消费场景，比如2019年推出的祺行梦想家—开元客的活动，10月8日—次年1月8日活动期间（这是酒店企业一年中的传统淡季），开元商祺会会员报名即可获28点积分奖励。有效入住累计达4家酒店，即可获得1年期金卡会籍；累计达8家酒店，即可获得1年期白金卡会籍。完成8家酒店挑战的前100名可获得专属定制好礼。

图5-15 祺行梦想家激励客户体验开元的多品牌和门店，促进会员重复消费

四、开元酒店会员管理的特色方法

1. 制定会员发展的员工奖励制度

为激励员工积极参与会员发展工作，开元制定了两项会员发展奖励制度。

（1）新增会员奖励：成功发展一名普卡会员可获得30积分；若会员通过购买388元的祺乐礼包成为金卡会员，对应奖励为116.4元；若客户购买5000元的白金卡会员，奖励为500元。

（2）会员消费奖励：员工所发展的会员产生消费后，该员工可按“每消费5元获取1点积分”的比例获得奖励。

员工获取的积分可用于置换客房、餐券，或在积分商城消费，积分与金额的兑换比例约为1积分=0.05元，经粗略测算，员工可获得所发展会员1%的消费奖励。

2. 将会员政策与日常运营紧密结合

开元酒店将会员政策、制度与酒店服务流程进行结合，提高会员管理效率，比如除了常见的客户填写会员申请表注册会员，还创新了发展会员与入住服务相结合，客户在前台入住时需要填写手机号码，开元会将所有非会员客户转化为会员（为了避免误会，在入住登记单上的手机号码输入栏旁标明“注：填写手机号，即视为同意免费加入开元商祺会”），通过这种方法将入住的非会员全部转化为会员，提高会员转化效率。

3. 运用技术手段进行会员发展

全服务酒店中餐饮、会议、展会客户流量大，但停留时间短，员工数量少，是传统酒店会员发展领域的薄弱环节。开元将无线网络接入平台和集团会员系统打通来实现会员自动发展，客户只要通过手机接入无线网络，输入姓名、性别信息就自动完成会员发展，提升了会员发展的效率（图5-16）。

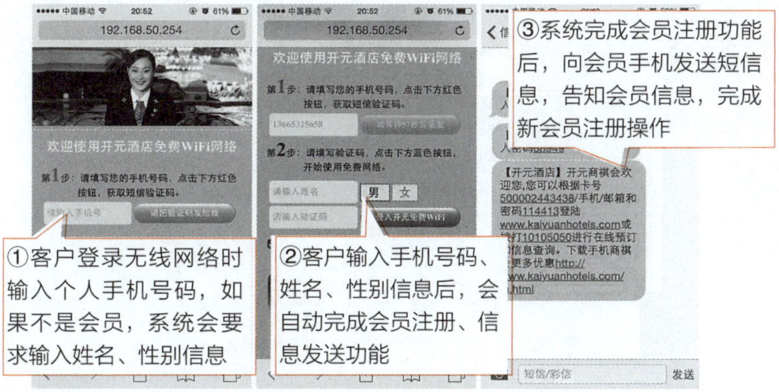

图5-16 基于无线网络接入技术的会员发展系统

五、效果评价

开元酒店集团近年来一直实施扩张战略，集团门店数量持续增加，这就要求集团会员管理和营销体系保持快速增长，打造规模庞大、使用便捷、吸引力强的高星级全服务酒店会员体系，对集团扩张战略提供有效支撑。在具体策略中，开元酒店集团有效运用信息技术平台，通过集团会员体系、电子商务体系、网络推广的有效融合，实现了集团会员、集团储值、网络商城的一体化平台，是集团营销和客户管理的良好工具，该集团在客户管理方面的创新和实践值得借鉴。

实践演练

1. 开元酒店集团的会员体系获得成功的主要方法有哪些？
2. 在开元酒店集团的会员管理体系中，运用了哪些客户关系管理的理念？

随堂测练

1. 对比大多数酒店集团，开元酒店集团会员体系实现了哪些特有功能？（　　）
   A. 集团层面的储值卡　　B. 设立了入门级的普卡
   C. 为会员提供价格优惠　　D. 为会员提供服务增值
2. 开元会员卡升级/保级的方法主要有（　　）。
   A. 消费　　B. 储值　　C. 直接购买　　D. 以上均可
3. 为了提高会员规模扩张速度，开元酒店集团应用了下列哪些方法？（　　）
   A. 建设一体化的会员管理系统　　B. 完备的发展会员与员工奖励
   C. 运用硬件设备提高会员发展速度　　D. 以上均可
4. 开元采取的会员策略中，可以吸引低频消费客群的策略是（　　）。
   A. 会员日活动　　B. 充值获取会员
   C. 消费50次升白金卡　　D. 付费5000元直升白金卡
5. 开元采取的会员策略中，可以快速获取大批会员的策略是（　　）。
   A. 联名卡会员　　B. 充值获取会员
   C. 消费50次升白金卡　　D. 付费5000元直升白金卡

任务3 数字技术驱动餐饮企业客户化转型——以精致餐饮企业为例

导入任务

谁是餐厅的真正客户

绿云公司年底答谢客户乙公司，公司总经理王全全先生、办公室主任李凯凯女士邀请乙公司总经理刘女士用餐。

李凯凯在公司负责日常接待和客户管理，对乙公司非常熟悉，在餐厅选择过程中，她推荐了乙公司周边的三家餐厅A、B和C，王全全最终确定了其中的A餐厅，绿云公司办公室钱点点预订了A餐厅106包房，用餐结束后，由李凯凯女士付款。

阅读以上案例并思考：

1. 上述案例中，谁是本次用餐的预订人和联系人？
2. 上述餐饮过程中，在点餐和服务时，应当优先考虑哪位客人的需求？
3. 上述案例中，谁是A餐厅的客户，应当纳入客户关系管理系统中？

本任务介绍餐饮企业的客户化转型。餐厅通过CRM系统的应用，实现了客户管理水平的提升，优化了市场营销、对客服务的流程，提升了客户满意度和忠诚度。在众多餐饮品类中，精致餐饮由于产品定位、客户群体更高端，实施客户关系管理的作用更显著，本任务以精致餐饮企业为例，阐述CRM系统在餐饮企业中的应用。

一、精致餐饮概述

（一）精致餐饮的概念与特点

精致餐饮是餐饮产业的重要类型，近年来得到了快速的发展，从数据角度看，精致餐饮的定义是：人均消费是当地正餐门店的3倍以上，且在口味、环境、服务平均评分上至少一项在8分（满分10分）以上的正餐门店所组成的餐饮市场。在精致餐饮企业，菜品口味、餐厅服务、用餐环境及设施是客户较关注的三个领域，大型城市是精致餐饮产业发展的主要区域。精致餐饮客户具有以下特点。

1. 产品和环境要求高

高端客户餐饮产品以及餐厅整体环境要求高，在餐饮产品方面，选料严谨，精细考究，强调对食材本味的追求，有些餐厅则自建供应链、生态园，将绿色有机作为特色，有些餐厅上溯到原料供应链体系端，对中高端食材进行控制。在餐厅环境方面，餐厅装修陈设、设施设备、周边交通等要求较高，通常以包房消费为主，注重私密性，精致餐厅需要注重品牌、氛围和环境的营造，部分餐厅开展会员制进行半封闭经营。

需要特别强调的是，精致餐饮毛利润率较高，而且“精工细制”既符合餐饮人的情怀，也顺应“食不厌精”的客户需求，但一个难点需要突破：精致餐饮具备高品质、高价格的特点，稳定的客户群体是餐厅生存和发展的基础。与快餐厅不同，精致餐饮需要“高客户留存率”，需要建立专业的客户关系和营销管理体系。

2. 社交目的性强

客户用餐具有明显的社交属性和目的性，比如商务宴请、朋友聚会、家庭聚会等，其中情侣/夫妻约会占比64%排名第一（图5-17）。“吃什么不重要，在什么时间、和谁吃更重要”是精致餐饮的特点，“以餐饮为媒介，协助客户实现他的目标”是精致餐厅的任务。此类餐饮对环境、私密性、服务要求高，星级酒店餐厅、米其林餐厅、黑珍珠餐厅是其中的典型代表。

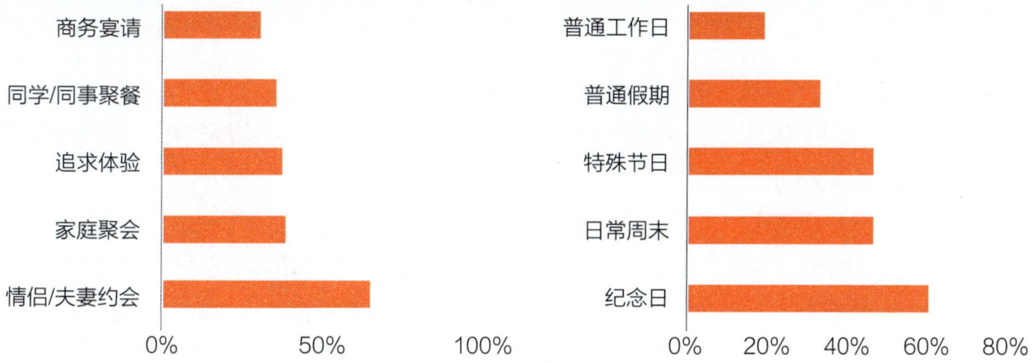

图5-17 精致餐饮客户具有显著的社交目的性（数据来源《2019中国精致餐饮行业报告》）

行业链接

精致餐饮的典型代表：米其林与黑珍珠

1900年米其林轮胎的创办人出版了一本供旅客选择餐厅的指南——《米其林指南》，1931年开始，交叉的汤匙和叉子标志被设计出来标识餐厅的等级，随后发展为对餐厅档次的标识。米其林以城市为单位发布，是对餐厅品质的认可，比如北京拥有1星级29家，2星级3家。米其林最高星级为三星，数量极其稀少，比如北京2家、上海2家、广州2家。

黑珍珠是美团发布的美食指南，于2018年首次发布，目标是打造“中国人自己的美食榜”，采用钻石作为级别，共分为三级，截至2025年，黑珍珠覆盖34个城市的370家餐厅。

尽管来源、覆盖区域有所不同，但米其林餐厅和黑珍珠餐厅都代表了高水平的餐饮体验，其中的大多数餐厅也成为精致餐饮的代表。

3. 服务定制需求高

精致餐饮的客户对服务要求高，这种服务不仅体现在操作标准和工作流程，更需要结合客户用餐需求、宴请对象、消费历史等数据进行深度定制化，客户数据对服务质量具有决定性的作用。根据调研数据，精致餐饮的客户中30%的重点客户年消费12次以上（图5-18），收入占比超过80%，通过客户关系管理，向重点客户群体提供高水平的产品和服务是精致餐饮企业成功的要素之一。

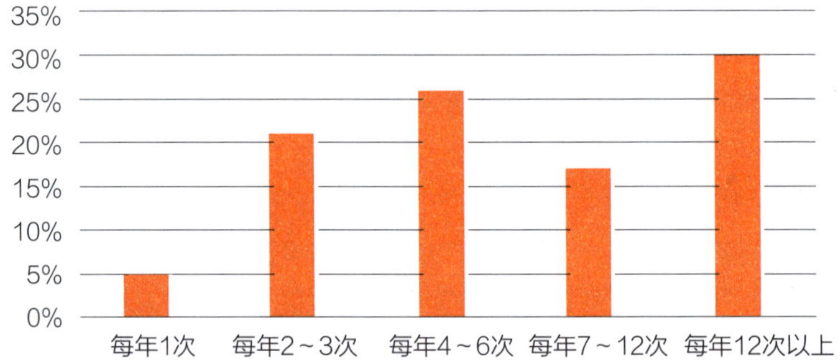

图5-18 精致餐饮企业的经营核心是抓住高频消费的重点客户群体

（二）精致餐饮的服务

精致餐饮在服务流程上与传统餐饮接近，但由于客户的特点，在服务细节上存在显著差异，主要表现在以下几个方面。

1. 服务对象的复杂性

按照营销学的概念，客户是指购买或使用企业的产品与服务的个人或组织；消费者是产品和服务的最终使用者，也称为“用户”。餐饮消费具有显著的“一人购买、多人消费”的特征，在精致餐饮企业，客户和消费者的界定更加复杂，客户是对消费具有决定性作用的人，在导入案例中，绿云公司办公室主任李女士多次在A餐厅用餐宴请客户，是餐厅的“客户”；但在本次用餐时，总经理王先生对餐厅选择具有决定权，是本次用餐的“客户”。在用餐过程中，乙公司总经理刘女士作为被宴请的对象，是本次用餐的“主宾”和“用户”，尽管她并不付费，但对于餐厅选择、菜单确定、服务标准、客户满意度具有影响力，甚至具有决定性的作用。

2. 客户需求的复杂性

由于客户用餐的目的、对象、预算并不稳定，餐厅客户需求变化复杂，比如某餐厅客户A公司开展商务宴请，第一天宴请普通客户甲，三位客户来自广东，用餐人数合计6位，预算500元/位；第二天宴请重点客户乙，两位客户来自北京，用餐人数5位，预算1000元/位；第三天客户内部员工开展团建，用餐人数15人，预算350元/位，尽管是同一个客户，但由于三次用餐目的、客户不同，客户的预算、菜单等需求也有很大的差异。

3. 服务过程的复杂性

精致餐饮客户主要选择配餐制，即根据客户用餐需求、人数和预算，在餐前为客户定制菜单，由于精致餐饮的社交属性，用餐过程中包括多种复杂文化的融合，包括民族宗教、用餐文化、酒水文化、社交礼仪等，餐饮服务工作难以实现标准化，需要餐厅员工在服务过程中灵活应对，在这一过程中，客户基本信息、喜好信息、消费信息等数据至关重要。

上述特征决定了精致餐饮服务的复杂性，翔实的客户数据对提供优质服务具有重要的支撑作用，而餐厅服务人员的细致观察、用心服务同样重要。在过去，这一领域缺乏有效的信息工具，部分餐厅使用预订系统辅助餐位分配和订餐信息记录，但这些国外系统基于西餐社交文化和西餐用餐礼仪，与中式餐饮的文化与社交礼仪的融合度不够深入，无法实现销售和服务的有效结合，难以实现餐饮企业流程的变革；在今天，客户关系管理理念在精致餐饮企业广泛应用，信息技术助力餐厅打造“以客户为中心”的管理体系，通过搭建“销售—服务”一体化管理体系，不断提高客户满意度和忠诚度，数字技术成为精致餐饮高速发展的重要驱动力。

与此同时也需要理解，餐饮对客服务是一个高度复杂、非标准化的过程，客户的需求、习惯和喜好无法全部数字化，餐厅需要建立“数据指导+实时观察+灵活应对+持续更新”的服务体系，既要运用CRM系统，构建信息平台和客户数据体系，也需要餐厅员工“察言观色”，关注客户细节，实现优质的服务。

二、精致餐饮的客户和客户管理

与酒店企业相同，专业的餐饮企业也建立了客户分级和服务分级体系，其中客户分级主要依据客户终身价值理论，客户通过消费数据、储值金额获取不同的等级（在餐饮企业，储值型会员的应用非常广泛）；服务分级在餐饮业一般称为VIP、VVIP和VVVIP，客户可以通过客户等级获取，也可以通过身份、职务等方式获取，服务分级用于餐厅标识不同等级的客户，从而实现餐厅的差异化服务。

（一）精致餐饮客户分类

1. 核心客户

多次重复订餐并消费的客户，如周边组织、机构、公司等，重复消费比例高，通常可以保持每年在餐厅消费12次以上，占酒店客户总数的5%～30%，是餐厅重要的客户，此类客户属于“有消费能力也有消费意愿，吃饭很有可能是日常工作需要”。

2. 重点客户

认可餐厅的产品和服务，重复消费，会将重要的用餐安排在餐厅，比如纪念日、生日、答谢宴等，但由于没有稳定的商务、政务宴请需求，消费频率比较低，年消费在4～12次，此类客户属于“有消费能力但消费意愿不强，碰上重要日子就来消费”。

3. 普通客户和小客户

餐厅的正常客户，比如尝鲜客户、体验客户，也包括通过分销渠道、互联网平台获取的客户，此类客户消费频率低。在推广和营销方面，精致餐饮应谨慎开展网络营销。在今天，通过手机App获取客户和订单是许多餐厅的选择，但这种方法并不适合精致餐饮企业，这种方法很可能会既不叫好、又不叫座。

行业链接

精致餐厅上线团购，亏钱亏口碑的错误选择

G餐厅是位于某二线城市的一家精致餐饮企业，主要面向商务宴请市场，主打淮扬菜和粤菜，人均消费500元。餐厅客户以晚餐消费为主，午餐上座率约为30%。餐厅为

了带动消费，在某互联网平台推出团购并给予有力度的折扣，如688元双人餐、998元三人餐等。

没有想到的是，价格优惠并没有带来客户的认可，开展团购2个月后，餐厅网络差评如潮，平均分只有4.1，客户普遍反馈太贵、性价比不高、菜量太少、吃不饱、菜品太清淡等。

餐厅在月底核算发现团购并不划算，一方面团购降低了餐厅的利润率；另一方面，团购客户产生了"挤出"效应，占据餐位导致重要客户无法订餐，降低了餐厅的收入。与此同时，团购吸引的客户与餐厅的匹配度不足，还影响了餐厅的品牌和口碑，餐厅赶紧停止了团购合作，仅保留了点评类的平台。

4. 餐饮随客

随客是餐厅重要的服务对象，大多数情况下他们不付费，也不会出现在CRM系统中，甚至连电话号码也没有留下，但他们却频繁消费，经常成为被宴请的对象，比如政府机构领导、企事业单位负责人、专家等，他们对餐厅、菜品和服务需求有着决定性的影响，他们的满意度也是衡量餐厅服务成败的关键。

餐厅需要高度关注随客群体，认识到他们对餐厅营销和业绩的作用，在服务中识别被宴请者，并使用餐饮CRM系统对客户数据进行管理，努力提升服务水平；最后，应与被宴请者建立良好的客户关系，努力将"消费者"转化为"预订者"和"推荐者"。

行业链接

将"消费者"转化为"预订者"或"推荐者"

刘教授是H高校教授，也是企业管理领域的知名专家，经常有企业向刘教授请教经营和管理问题。M餐厅是位于H高校附近的一家高档餐厅，也是企业宴请刘教授的常用地点，过去，刘教授在选餐厅时没有倾向，都是企业预订餐厅。

M餐厅的小唐是最早关注到刘教授的餐厅服务人员，在日常工作过程中，她发现基本上每周都有人宴请刘教授，而且将教授奉若上宾，小唐关注到刘教授的几个重要偏好：①午餐时习惯饮用绿茶，晚餐时一般喝普洱，而且喜欢喝很热的茶水；②喜欢有嚼劲的食物但容易塞牙，用餐过程中需要额外的牙签，她在服务过程中格外留意这些细节。

小唐的服务打动了刘教授，当企业询问刘教授用餐喜好时，他会建议在M餐厅用餐并推荐小唐提供预订服务，这些企业也逐渐成为小唐的稳定客户。

（二）精致餐饮服务分类

为了实现餐厅产品和服务的差异化，餐饮企业也制定了服务分级的标准，对餐饮或宴会的服务标准和服务流程进行分级，也称为VIP体系，一般餐厅服务分级层次不多，可以采用

VVVIP、VVIP、VIP等进行标识，如果餐饮企业服务分级超过3级，可以使用数字或字母的标识方法，如V1、V2、V3、V4等。餐厅服务分级时也依据客户分级并参考客户推荐价值，常用服务资源和服务流程来体现差异化服务（表5-2）。

表5-2　餐厅服务等级划分时的常用思路与案例

匹配类别	匹配小类型	主要思路	典型案例（部分）①
等级获取	VIP等级获取	VIP等级的获取方式	根据CRM系统中的VIP等级对应VIP服务等级 VIP1级由总经理（店长）审批确认，VIP2级由销售经理、餐厅经理审批确认
服务资源	服务场地	按级别匹配相应等级场地、包房等	VIP2级以上可以预订A等包房，2级以下只能使用B等包房
	服务人员	按级别匹配相应等级和数量的服务人员	VIP2级以上由经理服务，每包房不少于3人，餐前由经理介绍服务员
	服务设备	按级别匹配相应等级和数量的服务设施、设备、备品、用品等	VIP2级以上使用专属银质餐具、骨瓷餐具等，餐具状态为完美级
服务流程	餐前——预订	按级别匹配专属销售员，包房预留时间与级别	VIP2级以上，包房优先预留制
	餐前——迎宾	客户到达时的迎接标准	VIP1级到店，需要总经理或在岗的最高级别管理者亲自迎接，欢迎仪式人数不少于4人 VIP2级到店，需要专属销售员大堂迎接
	餐前——准备	餐桌的准备、摆台等	布草全部为完美级，布草需要餐前单独熨烫 使用VIP级别中心装饰物，使用VIP级别菜单
	餐间——服务细节	客户用餐期间的服务细节	在菜、酒、茶等方面均可以体现出差异 VIP2级用餐期间毛巾更换3次、骨碟不少于3次，上主食前更换茶叶和茶具
	餐间——销售参与	客户服务期间流程	VIP1级用餐期间，专属销售员全程服务 VIP2级用餐期间，专属销售员服务关键环节
	餐后——送别	客户餐后服务流程	VIP2级客户，必须询问客人的意见

三、精致餐饮的客户管理与创新

在过去，餐厅主要通过工作记录保存客户数据，这种方法效率低，难以满足餐饮企业快速发展的需要；今天，餐饮客户关系管理系统是这一领域的最新发展成果，运用现代信息技术来管理餐饮客户数据，不但记录了客户基础数据，还可以进行客户价值评估、餐饮会员管理等，推动精致餐饮企业管理水平的显著提升。

（一）管理变革——实施“销售—服务”一体化改革

销售是精致餐饮企业的核心岗位，在过去，餐厅设立独立的餐饮销售负责客户关怀和预订工作，但不参与服务过程，这种设置一方面导致服务员获取的客户信息不足，服务质量难

① 餐饮文化博大精深、服务流程细节众多，本表格只是举例说明一些常见思路，并非体系化的建议。

以保证；另一方面，服务员在服务过程中获取的客户信息也难以记录下来，客户信息对餐厅优化未来销售和客户关系的作用不大。

行业链接

餐饮服务中的流程类服务和关怀类服务

在精致餐饮服务过程中，为了更好地体现餐饮文化和客户关怀，餐饮企业将服务分为流程类服务和关怀类服务。

流程类服务通常对技能要求较高，如上菜、分菜、酒水等，由餐饮服务员完成。

关怀类服务如客户交流、介绍菜品、客户调查等，是提升客户关系的有效方法，由销售员完成此类服务更合理，如下列案例：

“王老先生，王总上个月就说要给您祝寿，今天这条东海鳇鱼是特地给您留的，全市今天只有三条，您这条是最大的。我们也祝您生日快乐、身体健康！”

“刘总，这是上周刚下来的明前龙井，请您品鉴。”

“张总好，刘总说您从杭州来，特地安排了这道经典鲁菜‘九转大肠’，这个菜原本比较油腻，我们改良了做法，清淡了不少，另外也特地安排了几道杭帮清淡菜，荤素结合更适合您。”

“马总好，这道‘清炒豆苗’是我们的特色，由我们国宴大师××总厨亲自烹制，另外，炒制时用的是三十年的茅台陈酿，请您品鉴。”

精致餐饮企业正在开展“销售—服务”的组织改革（图5-19），总体思路是增加销售员的职责，部分参与到对客服务过程中，旨在优化客户体验，建立更好的客户关系。

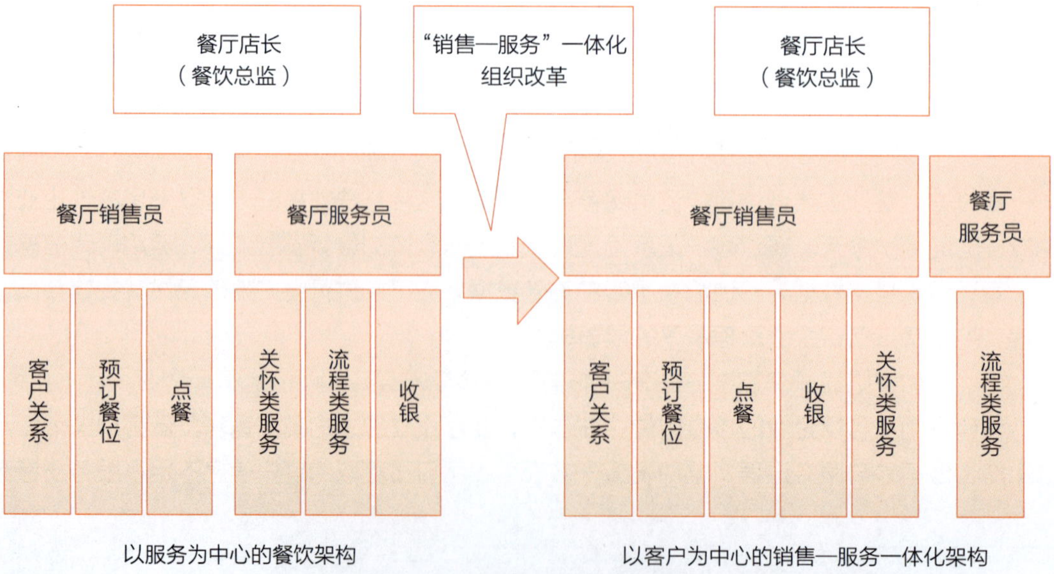

图5-19 “销售—服务”一体化改革有助于发挥客户数据在服务中的作用

（二）技术变革——建立呼叫中心，应用CRM系统

客户信息的丰富程度对精致餐饮企业的服务有着决定性的影响，在过去，手工记录是常用的方法，经验丰富的服务人员会形成详细的服务笔记（图5-20）。在今天，餐饮企业使用CRM系统和智能订餐台，实现对电话号码和客户预订的识别，餐饮服务的数字化程度显著提升，提高了客户数据的管理和使用效率（图5-21）。

顾客来电（电）客情表

用餐时间：2022年5月 4日　　餐别：早餐/午餐/晚餐　　人数：4

预订来源	客户贺先生推荐			预订类型	电话/来店/（　）		
姓名	石先生	联系方式	139××××××××	消费项目	茶	九十年代老白茶	
包间	8号	会员卡	否		餐	600元餐标	
车牌号	鲁A××××	宴请类型	商务	单位	×公司	职务	副总
客户特征	高个子、短发、穿着休闲，开一本田雅阁（9代），车况极其整洁						
发票抬头	××市××××有限公司			纳税人识别号	92460000×××××××		
发票要求	发票需要标注用餐人数、人均餐标，如有酒水需要特别标注			付款特殊要求	提醒客户需要用公务卡结算		
接待详情	喜好禁忌	山东人，喜欢吃辽参，口味重。上的所有热菜都吃光了，凉菜有剩余，鱼和海鲜有剩余，酒量大，白酒一斤以上 后来又额外加了一份面条做主食，总体食量较大					
	客户意见	没有太多的忌口，觉得菜品精致程度不足					
	其他喜好	好像客户自己有菜园，对蔬菜的农药残留、化肥使用很了解					

图5-20　餐饮服务人员在服务过程中积累的客户数据是CRM系统的雏形

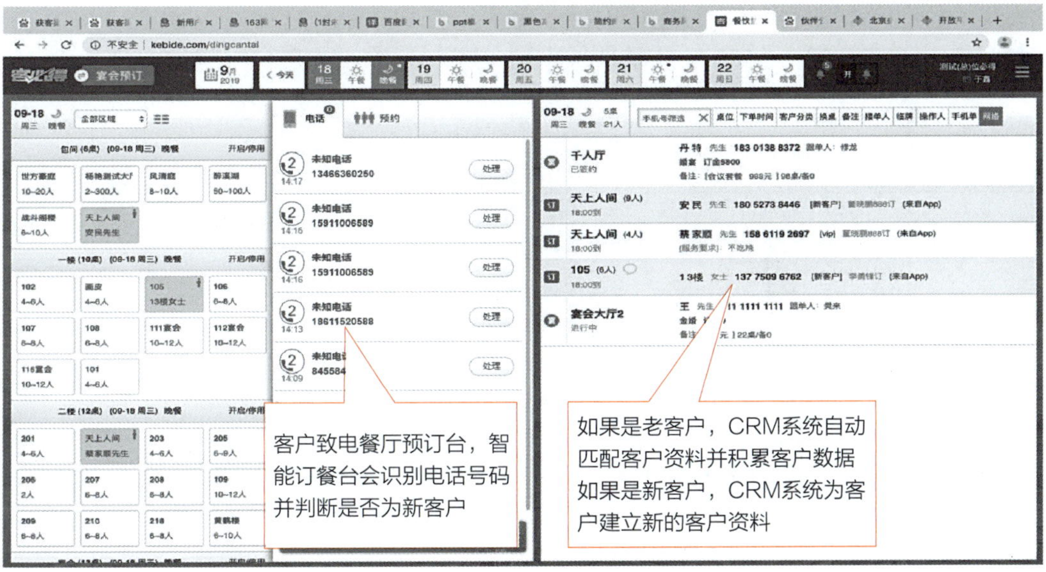

图5-21　CRM系统的引入提升了餐厅的数据化程度

行业链接

预订方式与餐厅运营质量

在高端餐饮企业，预订用餐的比例是运营质量和客户质量的重要标志，预订比例的提高，既有助于合理分配餐位，也有助于提供更有针对性的服务。预订比例与餐厅营业时间、包房/散台比例、餐位周转率有关，在精致餐厅通常预订比例为60%～95%。在客户需求旺盛的餐厅和时段，餐厅可以选择“拒绝上门客”的方式，比如年夜饭、宴会等用餐高峰，餐厅只接受预订客户。

客户实施餐饮预订有两种方式：订餐台预订和餐饮销售预订。订餐台预订是新客户预订的主要方式，体现了餐厅的“获客”能力，餐厅将获取的新客户分配给餐饮销售员，实施后续客户跟进服务，餐饮销售员是精致餐饮企业建立良好客户关系的关键。

餐饮企业应提高餐饮销售预订比例，这样有助于建立良好的客户关系。

（三）流程变革——老客户预订与客户维护

老客户订餐的常规做法是通过餐饮销售员预订，餐饮销售员通过CRM系统获取客户详细信息（图5-22），包括客户级别、用餐标准、客户喜好、历史消费等，这些信息有助于提

客户跟进回访记录表

会员号码　0800×××　　　　用餐时间　　2022年5月20日

客户姓名	马先生	联系电话	139××××××××	微信号	Sh139××××××××		
通讯地址	×××市××××街555号×××××			年龄	40+	性别	男
认识途径	客户张先生介绍		客户特征	个子不高（170cm左右），中等身材，戴黑框眼镜			
意向产品	松茸、生菜、菜心、娃娃菜			意向级别			
首次接待描述：广东人，70年代人，生日为2月初九（农历），在××××公司工作×××岗位 清淡饮食，注重绿色蔬菜，多用清蒸、白灼等烹饪方式（注重餐汤口感，比较懂菜），注重细节。对海鲜和鱼的新鲜度要求高，清蒸时要使用蒸鱼豉油 座椅要求舒适，不喝红茶							
客户沟通记录							
日期	跟进回访记录						
5.4	个人喜好：喜欢竹子，听琵琶曲、陶笛，喜欢用陶器喝茶						
	用餐：回族，不吃冷菜，不吃酸水果						
	偶尔喝咖啡，抽雪茄						
	关联人群：太太：喜欢红茶，冻顶乌龙，爱吃手擀面						
	父亲：喝太平猴魁						
	与客户张××关系很好，是合伙人关系						
是否有客户介绍		有	客户姓名	张××		性别	男
客户电话	185××××××××			成交客户关系	朋友，合伙人		
成交原因分析							

图5-22　传统餐厅采用纸质单据记录客户信息效率低、数据难以充分利用

供更加优质的服务。CRM系统还可以根据客户消费历史、纪念日等发现销售机会，如：某客户去年在餐厅为自己或家人过生日、结婚纪念日等，今年销售员通过CRM系统发现销售机会，祝福客户并主动提醒客户，激发订餐需求（图5-23、图5-24）。

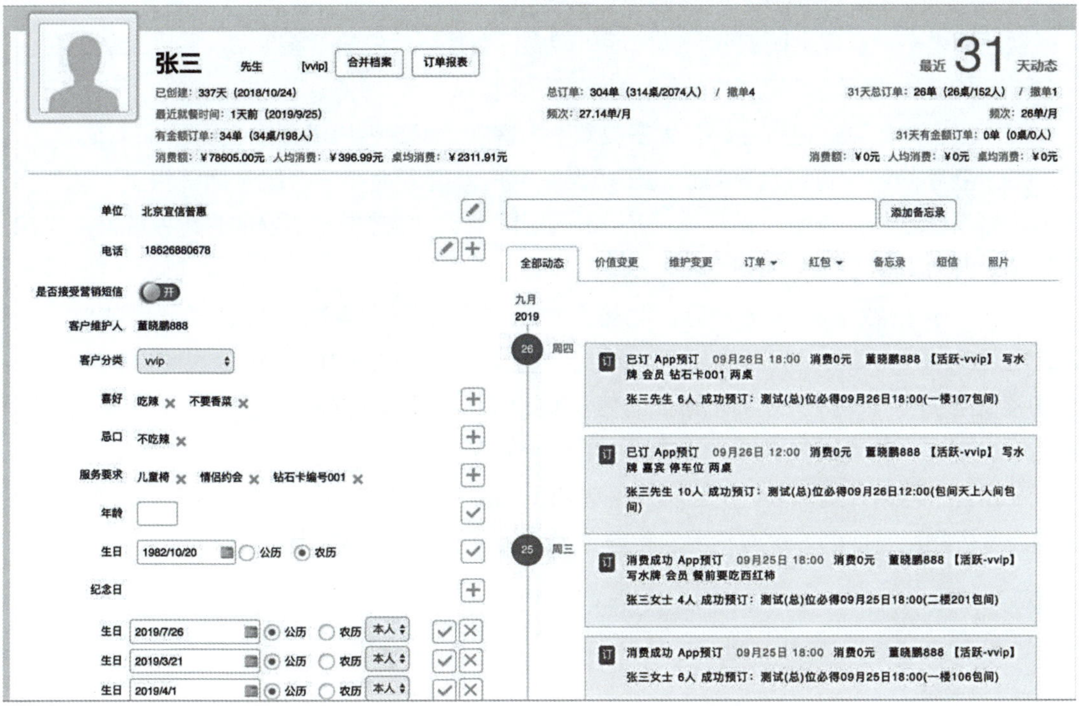

图5-23 CRM系统中记录的客户数据是餐饮企业优质服务的保障

纪念日	关系	本年对应日期	距离天数	客户信息	联系电话	客户类别	维护人	操作
生日	本人	2019年8月31日	已过27天	测试先生	12454585858	沉睡	栗星	查看客户档案
百天	本人	2019年9月2日	已过25天	是啊先生	15211111111	活跃	栗星	查看客户档案
生日	老师	2019年9月12日	已过15天	艾虎先生	12588886666	活跃	韩建顺	查看客户档案
生日		2019年9月19日	已过8天	艾虎先生	12588886666	活跃	韩建顺	查看客户档案
满月	儿子	2019年9月19日	已过8天	殷美洪先生	18500088458	流失	殷美洪	查看客户档案
生日	妻子	2019年9月21日	已过6天	艾虎先生	12588886666	活跃	韩建顺	查看客户档案
生日	本人	2019年9月25日	已过2天	栗星先生	15313882816	活跃-vvip	栗星	查看客户档案
百天	本人	2019年9月25日	已过2天	栗星先生	15313882816	活跃-vvip	栗星	查看客户档案
生日	老公	2019年9月25日	已过2天	贾先生	18513498120	流失	李力	查看客户档案
生日	女儿	2019年9月25日	已过2天	李盼女士	13833296171	活跃-低频高消费客人	李力	查看客户档案

图5-24 纪念日是餐厅激发客户需求的销售机会

如果老客户订餐没有通过销售员，而是联系了订餐台直接预订，意味着发生了特殊的情况，也许是客户联系销售员没有成功，也许是客户对销售员的服务不满意，CRM系统会记录这一数据，餐厅应重点关注该客户。当客户连续2次通过订餐台预订时，CRM系统判定该客户与销售员“不匹配”，重新为客户分配销售员。

（四）流程变革——新客户预订与随客开发

餐厅通过多种推广手段获取新客户后，客户订餐是餐厅的重要接触点，引入智能订餐台和CRM系统后，餐厅将新客户的预订分为以下类型。

（1）新客户无预订直接上门。大多数属于小客户，不是客户管理的主要目标群体。

（2）新客户致电订餐台预订。属于标准新客户，餐厅为客户分配专属销售员，销售员与客户联系确认预订信息（被称为“新客户报道”），了解客户用餐目的、用餐标准、菜单信息等，努力建立良好的客户关系。

（3）新客户致电销售员预订。此类客户通常为朋友推荐或者是随客开发的结果，客户已经对餐厅菜品、服务和环境有一定的了解，与餐厅的匹配程度很高，是餐厅重要的潜在客户。该客户很有可能与销售员见过面，在沟通过程中销售员不需要做自我介绍。

在和客户沟通并确认预订的过程中，销售员应当充分了解客户需求，确认用餐细节，尤其留意客户的用餐目的，这对于销售和服务流程具有显著的影响（图5-25）。

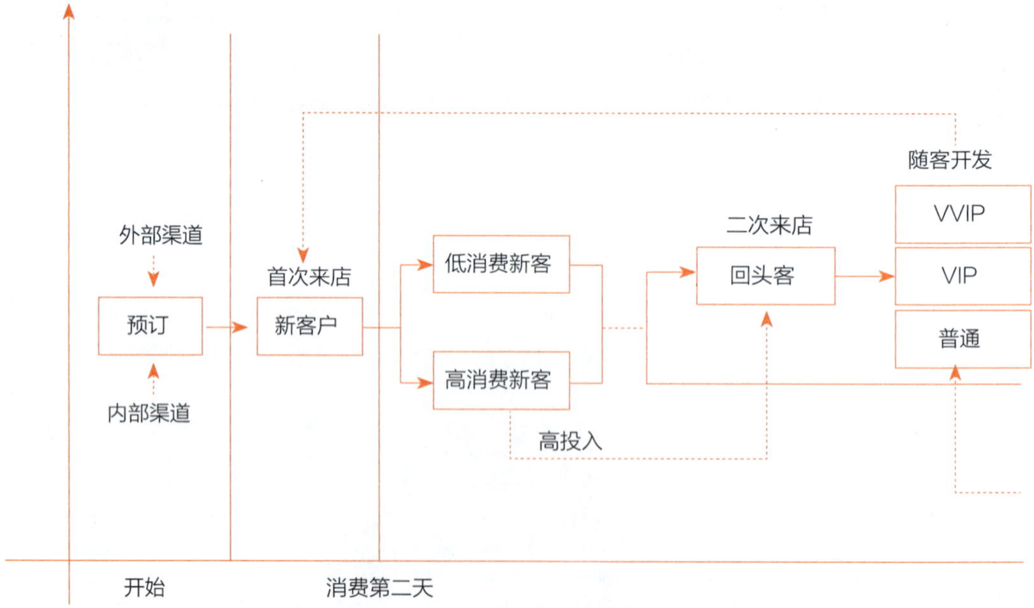

图5-25　通过CRM系统，可以对新客户进行分类处理

行业链接

随客开发与客户分类

在餐饮企业，随客是指随其他客户来用餐的客人，也是餐厅的重要潜在客户，尤其是商务宴请中，随客开发是餐厅销售的重要组成部分，餐厅需要将随客的新客户和普通新客户进行区分。如下案例：

普通新客户：××先生您好，我是×店小何，门店安排我担任您这一餐的服务管家，为了更好地服务这一餐，有几个问题需要跟您沟通一下，咱们今天是商务宴请还是家庭聚餐呢？

随客新客户：××总，有几个小问题需要沟通一下，也好把这餐给您安排妥当。咱们今天是商务宴请还是家庭聚餐呢？

思考：为什么面对后一位客户，小何没有进行自我介绍呢？

（五）广泛运用智能终端，提升沟通效率

CRM系统引入智能手机端，销售员可以在手机终端完成订餐、点菜、查询客户信息、添加服务备注等操作，进一步提升信息传递的效率，提高餐厅服务质量（图5-26、图5-27），也可以通过手机查询餐位预订、个人业绩和工作任务等，强化餐厅的执行力（图5-28）。

图5-26 客户订餐时，餐厅可以使用手机快速完成餐位预订、客户信息查询

图5-27　手机端点菜和菜单制作、服务信息备注等功能

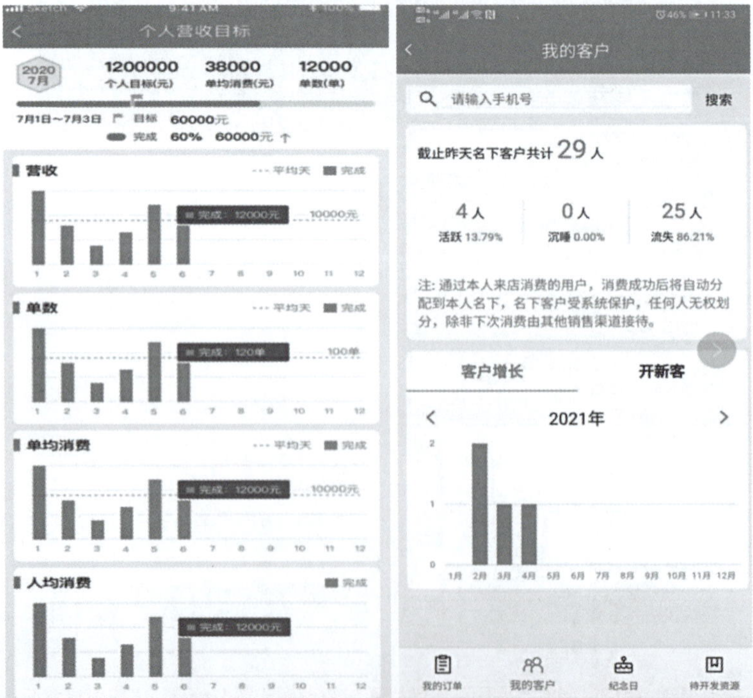

图5-28　通过手机端查询餐厅业绩、个人业绩、工作目标等

四、餐饮企业的客户化转型

餐饮企业通过一系列的创新，依托CRM系统开展客户化转型。餐饮CRM系统通过客户消费数据评估客户级别，助力餐厅建立差异化服务体系（图5-29）。在客户评级中，通常使用RFM原则，即Recency（最近一次消费）、Frequency（消费频率）、Monetary（消费金额），将客户分为重点客户、一般客户、沉睡客户和流失客户，餐厅根据客户类型实施分类客户管理策略（表5-3）。

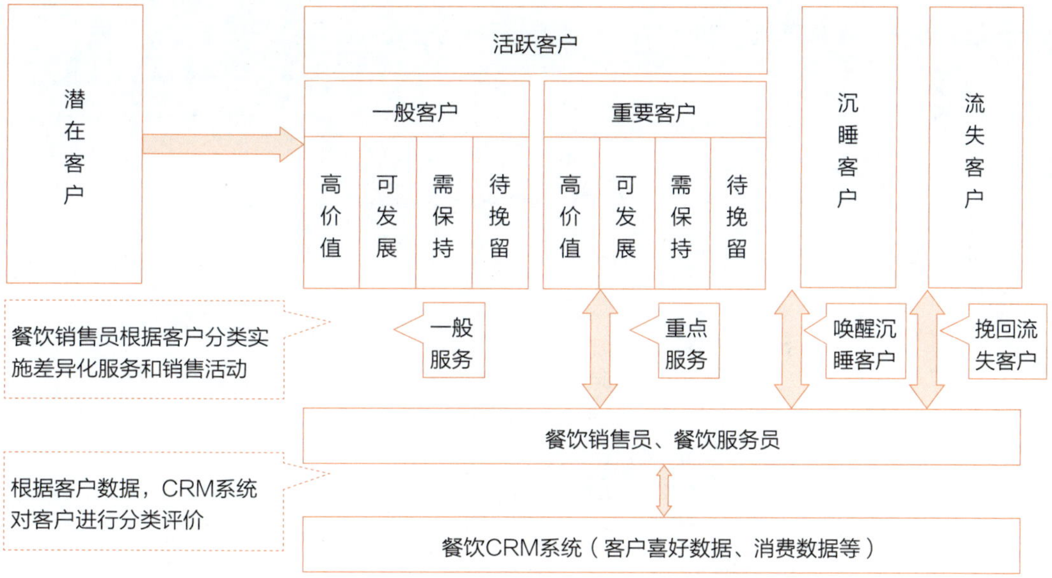

图5-29 餐饮企业以CRM系统为基础，开展客户化转型

表 5-3 餐饮企业的客户分类和差异化服务体系（客必得餐饮 CRM 系统）

会员等级		客户分类条件			人数	就餐间隔时间/天	消费频次（次/每月）	人均消费/元
		高于最近就餐时间均值	高于消费频次均值	高于人均消费均值				
重要客户	高价值	√	√	√	15	15.6	2.4	674.82
	可发展	√		√	104	13.71	1	700.2
	需保持		√	√	18	44.39	2.17	588.24
	待挽留			√	118	46.68	1	714.3
小计					255			
一般客户	高价值	√	√		15	13.8	2.67	418.02
	可发展	√			156	14.79	1	353.4
	需保持		√		18	47.72	2.39	377.7
	待挽留				192	46.42	1	372.18
小计					381			

（1）活跃客户的关注重点是客户体验和服务流程，销售员应及时跟进提供差异化服务。CRM系统会根据客户数据添加VVIP和VIP标签，餐厅对VVIP客户和VIP客户提供更好的个性化服务，如更好的包房安排、更细致的服务等，提高客户满意度和忠诚度。

（2）针对沉睡客户或流失客户，餐厅的活动重点是通过销售活动来激发客户，被称为唤醒沉睡客户和挽回流失客户，比如通过新菜邀请客户："李总，我们最近正在更换菜单，门店有几道新菜有点拿不准，特邀您来帮我们品鉴一下，看看是否能上新。"在唤醒高价值沉睡客户时，餐厅可以通过赠送礼物、菜品、代金券等方式来唤醒客户。如："李总，门店来了一批来自××（原产地）的××（物品），您看给您寄到家里还是哪里比较合适?"

行业链接

有多少客户需要重点关注

根据二八原则，20%的客户将贡献80%的收入，在餐饮行业这一原则依然适用，以某二线城市为例：

1. 该餐厅为某城市高端餐厅，开业4年，餐厅有6名销售员。
2. 在餐厅消费的客户总数为9922人，活跃客户（60天内有消费）636人，占比6.4%；沉睡客户1406人，占比14.2%；流失客户7880人，占比79.4%。
3. 在636位活跃客户中，最近就餐时间均值：31.84天，订单频率均值：1.14单，人均消费：488.52元，6.4%的客户贡献餐厅50%的收入。

总之，在本餐厅的客户中，6.4%的活跃客户需要餐厅销售员、服务员重点关注和服务，每名餐厅销售员服务活跃客户约为100名。

五、典型案例与总结

随着中国经济的发展和人们生活水平的提升，消费者越来越重视用餐过程的体验和仪式感，为精致餐饮产业的发展提供了广泛的基础，精致餐饮成为增长较快的领域之一。2022年，国内精致餐饮行业总规模为559亿元，门店数量达4429家，较2021年增长7.8%、1.5%。

精致餐饮注重客户信息的记录和应用，早期使用餐位预订系统实现了传统订餐流程的信息化；今天，运用专业餐饮CRM系统，对传统餐饮流程进行了大的变革。目前餐饮企业建立CRM系统主要通过两种方式：一种是餐饮企业自有的客户管理系统，如新荣记的荣管家CRM系统；另一种是引入专业的CRM软件来实现餐厅的客户化转型，如万达酒店集团、北京京兆尹、唐宫、山东舜和、蓝海酒店等企业，国产餐饮CRM系统如客必得、哗啦啦等。

餐饮预订管理系统的开发和应用，起源于国外，主要关注餐位和预订，属于业务管理系统的范畴。中国企业吸收和借鉴相关理念进行了创新，一方面结合中国餐饮文化和客户习惯，另一方面应用移动互联网技术和数字技术，对传统餐饮服务和营销流程进行了改造，助力精致餐饮企业进入“以客户为中心”的发展阶段，显著地提升了餐饮企业的经营效率和客户体验。可以预见，中国餐饮企业，尤其是精致餐饮企业将加速客户化和数字化转型，带动餐饮企业跨越式发展。

实践演练

1. 互动游戏：假设你要邀请最熟悉的同学用餐，拿出一张白纸并分割为2份，你和他在纸上各自写下对方喜欢的菜品（4个），你们双方的重合比例如何？
2. 互动游戏：随机抽取三位同学甲、乙、丙，假设甲要邀请乙用餐，丙作为餐厅服务人员负责为客户点餐。拿出一张白纸并分割为2份，甲和乙在一张纸上各自写下喜欢的菜品（每人4道、合计8道），丙根据自己对客户的了解为客户配餐10道，将菜品写在另一张纸上。双方的重合比例如何？
3. 交换甲、乙、丙角色再次尝试游戏，重合比例是否有所变化？
4. 丙在点餐前，可以与甲、乙进行沟通，了解用餐喜好、禁忌等信息后，再进行点餐，这种沟通是否可以提升点餐重合率？

随堂测练

1. 下列类型餐厅中，对CRM系统需求最显著的是（　　）。

   A. 面向在校学生的某路边小吃店　　B. 某连锁快餐企业

   C. 面向高端商务宴请的某精致餐厅　　D. 某品质自助餐厅

2. 随着社会经济的发展，精致餐饮逐渐发展起来。精致餐饮的客户特点是（　　）。

   A. 社交目的性强　　B. 环境要求高

   C. 服务定制需求高　　D. 以上均正确

3. 以下用餐场景中，在精致餐厅用餐概率最低的是（　　）。

   A. 商务宴请　　B. 家庭聚餐

   C. 订婚仪式　　D. 日常工作餐

4. 某精致餐饮企业推进“销售–服务”一体化改革后，餐厅职能变化最大的岗位是（　　）。

   A. 餐饮销售员　　B. 餐饮服务员

   C. 餐饮传菜员　　D. 后厨厨师

5. 餐饮企业进行客户评价时通常采用RFM算法，关于RFM的说法错误的是（　　）。

   A. Recency（最近一次消费）　　B. Frequency（消费频率）

   C. Monetary（消费金额）　　D. Money（财产多少）

项目六

客户满意度评价与质量管理

学习与素养目标

1. 熟悉酒店客户满意度调查的流程、方法，能够理解酒店客户满意度、关键驱动等酒店常见报告和作用。
2. 了解酒店质量管理体系和持续改进的概念，熟悉质量管理体系与客户体验、满意度之间的联系。
3. 充分理解服务产业质量体系，认识服务质量在建设“中国服务”过程中的关键作用。

导入案例

绿云酒店集团的品质排名与满意度调查

绿云酒店集团的品质排名与满意度调查

绿云酒店集团正在进行年底的集团服务质量总结大会，会议由集团服务质量副总裁宋总主持，其中上海、三亚两家门店的客户满意度数据如下：

1. 绿云酒店（上海）得分83，在集团100家门店中排名50，处于中游，但酒店得到了集团的表扬；而绿云（三亚）得分84，排名45，却被宋总严厉地批评。

2. 上海店是集团最早的门店，开业已经20多年，客房狭小、装修老旧，而酒店业主一直不同意进行硬件改造，满意度评分中硬件得分一直垫底，但员工的态度、技能和服务却保持了高水准，得分很高，会员满意度非常突出。考虑到实际情况，上海店的年初质量计划为80，酒店得分83，顺利地完成了年初的计划。

3. 三亚店是集团开业3年的旗舰店，设施完备、硬件状态优秀，硬件设施设备得分一直处于领先状态。但酒店在员工服务状态、清洁、餐饮等方面得分较低，酒店年初的质量计划为87，酒店得分84虽然高于上海店，但没有完成集团下达的年度计划。

阅读以上案例并回答问题：

1. 绿云酒店集团上海店和三亚店的客户满意度有何差异？为什么会出现这种差异？

2. 绿云酒店集团的客户满意度数据是如何得到的？

3. 酒店集团是如何运用客户满意度调查，构建服务质量管理体系的？

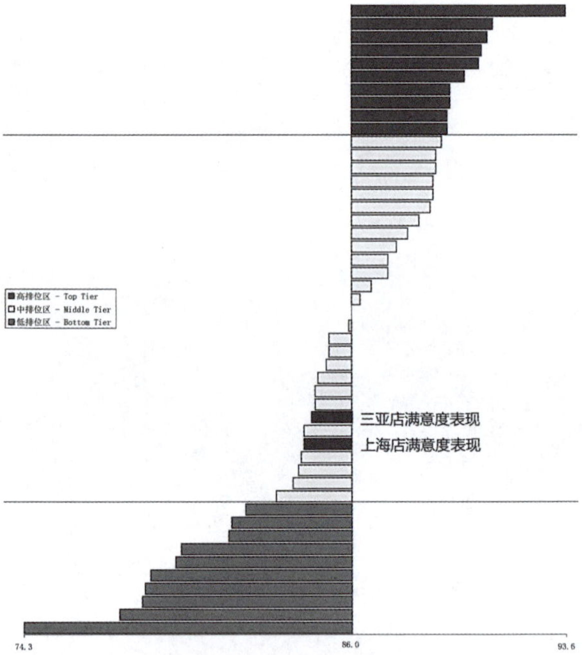

图6-1 绿云酒店集团客户满意度年度排名

项目概述

提高客户满意度和忠诚度是客户关系管理的最终目标，酒店通过客户调查来实施服务质量评估，是酒店改进服务、加强管理的重要依据。在过去，会员是客户调查的主体，随着互联网的发展和分销平台的崛起，来自预订平台的点评也成为重要的组成部分。在连锁酒店集团，集团总部通过客户调查、总部检查、神秘客人等多种方式进行质量评价，建立起完善的酒店质量管理体系。

任务1 客户满意度调查与酒店质量管理体系

导入任务

酒店服务质量的检测仪——客户满意度调查

酒店集团的质量控制体系

今天是6月的第一个星期四，绿云酒店（上海）客户关系部收到了集团服务质量部的月度客户满意度报告（表6-1、图6-2），尝试解读这些数据并分析酒店的服务情况。

表6-1 酒店客户满意度调查数据（部分）

客户满意度关键指标	负责人	6月份数据	年度累计	集团指标
客户总体满意度	房务总监	81.2	77.5	80
入住体验	房务总监	73.2	75.3	77.3
总体员工服务	房务总监/餐饮总监	89.6	85.6	86.5
硬件维护与保养	工程总监	77.2	68.8	74
餐厅食品满意度	行政总厨	82.2	74.2	77
客房清洁	房务总监	95	83.6	82.7
互联网速度与性能	信息经理	72.1	65.2	70
高等级会员满意度	房务总监/餐饮总监	77.4	74.0	74.2

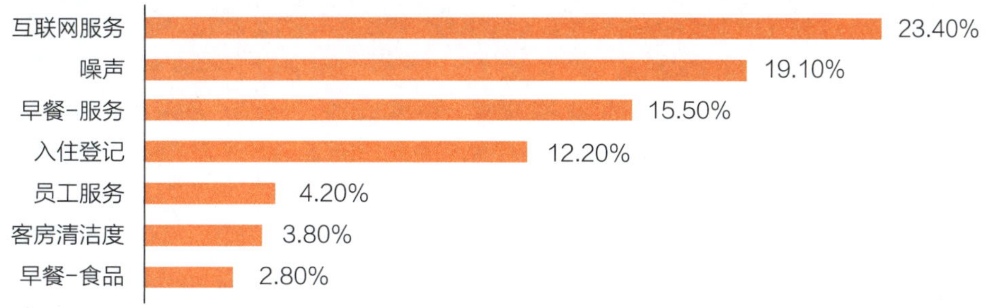

图6-2 客户声音问题反馈情况

根据以上报告和数据，分析酒店运营中的问题：

1. 绿云酒店（上海）各服务部门中，哪一个部门的客户满意度数据最好，哪一个部门的客户满意度数据最差？

2. 绿云酒店（上海）各项目服务中，客户意见最大的是哪三项服务？

酒店作为典型的服务型企业，客户对产品和服务的体验是酒店质量的关键指标，客户满意度调查是评价企业服务质量的常用手段。连锁酒店企业普遍建立起“总部-门店”两级管理体系，由集团总部对客户进行满意度调查，对门店的服务质量进行评价和监督，并保证服务质量处于良好的区间。

一、客户满意度调查

1. 酒店服务质量与客户满意度调查

在过去，酒店管理服务质量主要通过内部检查，既包括酒店内部的质量检查员，也包括来自集团、外部机构的考评员，但这种方法存在很大的局限性：质量检查员并非客户，他们的关注点也许与客户大相径庭，比如质量检查员认为某酒店房间偏小，但该酒店客户主要来自香港，客户却觉得面积足够。今天，更多的酒店通过客户调查来了解满意度情况。

客户满意度调查：通过客户调查来了解客户的满意程度，也被称为客户满意度指数（guest satisfaction index，GSI）或酒店宾客满意度调查系统（guest satisfaction tracking system，GSTS）。它是指客户接受产品后的实际感受与其期望值相比较的匹配程度，是一种对客户满意状况的量化测评指标，调查中还包括了客户忠诚度指标。客户忠诚度是满意度的结果，体现了客户在未来继续购买的可能性，以及他推荐酒店的可能性。

行业链接

客户调查不能以忠诚度命名

在酒店客户调查中，除了满意度（satisfaction）的调查项目，通常都包括了忠诚度（loyalty）的调查内容，主要体现为客户重复购买（复购率）和推荐他人购买（推荐率）。但是，大多数酒店不会将其命名为忠诚度调查。

忠诚度包含了复杂的情感因素，以忠诚度命名会导致客户的不快和反感，所以，大多数酒店采取模糊策略，命名为满意度调查，或者客户情感投入调查等，洲际集团命名为心语（Heart Beat）。

在酒店内部运营和管理时，忠诚度管理能够很好地体现调查的内涵，所以酒店会使用忠诚度的提法，如万豪、洲际酒店集团的客户调查被命名为LPS（loyalty program system）。

2. 客户满意度调查的发展和现状

客户满意度调查在我国酒店起步很早，1993年发布的《旅游涉外饭店星级标准的划分》（GB/14308—1993）中规定：发放和回收宾客意见调查表是宾客评价饭店服务质量的主要措施，是一项经常性的重要工作。饭店应建立一套发放、回收和统计制度，并长期坚持。2002年修订时增加了五星级饭店宾客感知服务质量评价系统。但这一时期客户满意度调查大多数处于走过场，对酒店服务和经营的指导意义不强，有些酒店聘请第三方公司或行业内专家对酒店进行客户满意度研究，但最终结果往往停留在报告上，没有将调查结果运用在服务提升和经营策略的调整方面。

近年来随着酒店经营理念的完善，客户满意度调查日益得到重视，尤其是连锁酒店围绕客户调查建立了质量管理体系，成为酒店运营的重要组成部分。出于专业性、客观性的要求，许多连锁酒店的客户满意度调查委托专业调查机构进行，如丽思卡尔顿集团的盖洛普（Gallup）CE11调查、洲际酒店集团tns心语调查等。在传统调查模式中，专业机构对调查问卷进行分发、收集和统计后，酒店只能看到最终结果（图6-1、图6-2，表6-1），随着调查平台功能的完善，现在已经可以实现穿透式分析，即直接看到客户的调查原始数据（图6-3）。

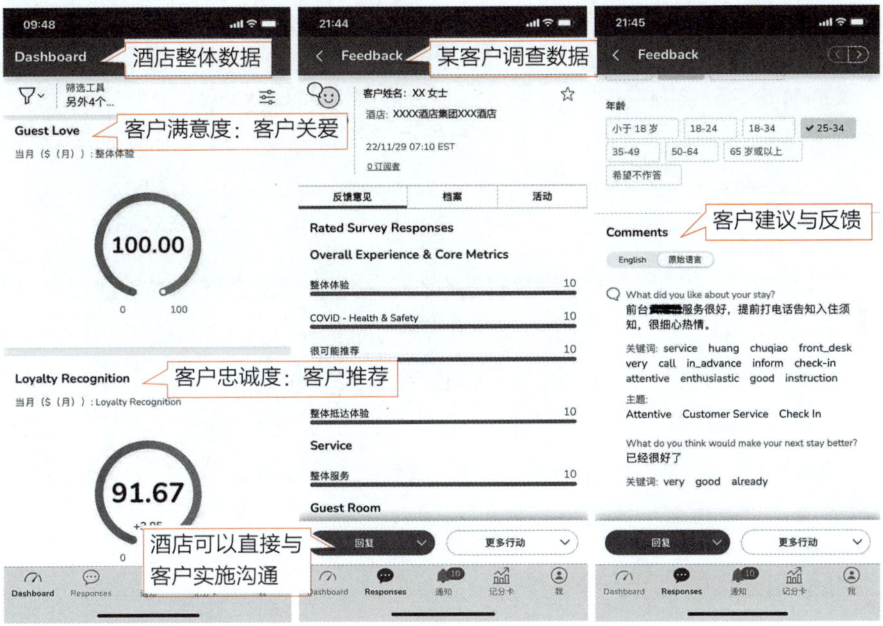

图6-3　某酒店集团客户意见管理系统

3. 酒店客户满意度调查与酒店质量管理体系

不同酒店对服务质量有自己的理解，质量取决于客户对产品和服务的评价，因此，酒店服务质量是客户感知到的产品和服务的优秀程度。质量无法形成统一的定义，酒店的服务通常是很抽象的，但酒店管理需要将质量定义为可度量的、可重复的、可比对的参数。酒店服务质量和客户满意度就成为同一问题的两个方面，从客户角度看是客户满意度的维度，而从酒店管理角度看属于服务质量的维度。

行业链接

酒店服务质量经理　　××酒店门店

服务质量经理负责酒店门店质量控制，他的岗位职责：

- 确保质量能符合××酒店集团的标准和要求
- 与集团运营质量部沟通和协调，确保所有质量信息得到记录、总结和传达
- 协助各部门实现质量目标
- 与运营部门合作，通过质量计划实现收入目标
- 参与项目团队制定和实施质量战略和计划

行业链接

酒店集团服务质量总监（数据来源：某酒店集团）

服务质量总监负责集团酒店质量管理、控制和改进，他的岗位职责：

1. 负责集团旗下酒店综合质量检查，对于质检中发现的问题进行现场培训、指导。
2. 跟进门店质检问题的整改，并反馈整改结果（包括整改率）。
3. 汇总每周、每月所检查门店的质检数据，反馈检查中出现的共性问题及突出问题，能够总结、分享质检方式方法。

首先，需要在酒店集团层面构建质量管理体系，连锁酒店通常设立质量副总裁或总监，在总部设立质量管理部门统筹各门店的满意度调查、服务质量报告和服务质量改进。在门店层面也需要设立质量管理岗位，通常为酒店质量经理或宾客关系经理。首先，他们负责客户满意度调查，向客户发放和收集调查问卷；其次，他们与集团总部对接并获取调查结果，并将数据分解到各部门；最后，他们与管理层和一线员工进行沟通和协调，提供客户满意度调查及其数据的咨询，确保客户满意度目标的实现。

二、酒店集团质量管理体系

围绕客户满意度调查，酒店集团建立起质量管理体系（图6-4）：

酒店收集客户电子邮件地址并录入CRM系统，在客户入住并退房后，随机抽取客户并将调查问卷以电子邮件形式发出，客户通过邮件链接填写调查问卷，酒店集团质量管理部门统计出最后的结果，并以周（或月）为单位将统计数据发给各酒店质量经理或宾客关系经理。

酒店质量经理对收到的数据进行统计和整理，分解为酒店各部门的行动和目标，如某丽思卡尔顿酒店在每周四下午的领导力会议上，酒店质量经理会分享本周的酒店质量问题及其变化趋势；每周二下午召开驻店经理或者总经理主持的质量会议，由各部门的经理参加，针对本季度质量问题交换意见并形成改进方案。

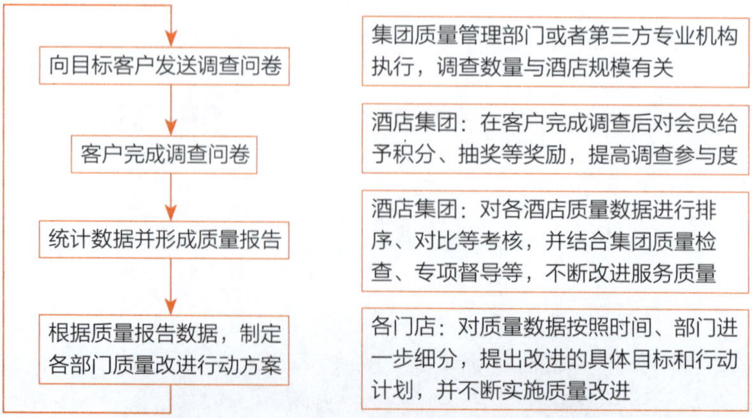

图6-4 酒店集团质量管理体系和流程

三、酒店集团质量管理流程

（一）向目标客户发送调查问卷

酒店在客户结账退房后，在CRM系统中随机抽取客户，通过电子邮件向客户发送满意度调查问卷（图6-5），邮件应该向客户说明调查的目的，体现调查对客户的价值，有助于加深客户对酒店品牌的认可，提高调查回复率。

发件人：客户调查（customerengagement@CCHG.com）
发送时间2022年6月18日12：00
收件人*************@QQ.com

尊敬的XX先生（女士）：
您好
我们谨代表绿云酒店集团邀请您参加一次简短的网络调查，就您最近入住绿云酒店（三亚）的情况提供一些反馈信息。
我们非常感谢您参与本次调查，因为这有助于绿云酒店集团更好地履行对客户的服务承诺。
请使用以下提供的网站链接和唯一的调查访问代码开始接受调查。您可以直接点击以下网址，也可以将它粘贴到任何网络浏览器的地址栏中，从而进入调查网页。
调查网站地址是：https://******.com/guest.cn
每个调查访问代码都有一个有效期，不久就会失效，因此请您尽快完成调查。我们将使用您的唯一调查访问代码来跟踪受调查者的回答情况，并保证只有受到邀请的人才能访问调查。CCHG将严格保密您的联系信息和个人回答，绝不外泄。
最后，再次感谢您为本次重要调查所提供的帮助。
如果您对本次调查有任何疑问，请通过以下方式与我们联系。+86-********。

图6-5　酒店集团客户满意度调查问卷（资料来源：某酒店集团满意度调查，有删改）

关于调查次数，酒店通常根据规模实行抽样调查的策略，一般为每月几十次至上百次，这一频率可以确保“每一天都有客户会被调查”，如某连锁酒店规则为小型酒店（200间客房以下）50次每月，中型酒店（200～500间客房）80次每月，大型酒店（500间以上）120次每月。在调查样本选择中，一般实行随机抽取的方法，高等级会员会优先抽取。大多数客户调查是通过电子邮件完成的，酒店需要确保大部分客户资料中的电子邮件信息的完善，以防止对调查带来不良的影响。

行业链接

客户调查中的数据造假——对客户样本的人为控制

某连锁酒店的门店，由于经营和管理不善，实际的服务质量很差，但客户满意度调查的得分却并不低，形成了明显的管理漏洞。经调查：酒店违规实行客户筛选策略，扰乱调查数据，拉高调查数据。具体做法是，该酒店将客户分成两类：

如果客户是会员，而且CRM系统中存储了客户的电子邮件地址，酒店会提供标准服务，完整执行集团标准，如客房升级、果盘、鲜花、服务流程、赠送礼物等——这些会员是集团满意度调查的对象，酒店的得分也处于良好的状态；如果客户不是会员，或者是会员但没有存储电子邮件地址，酒店一律提供“打折”服务，由于集团满意度调查通过电子邮件进行，这些客户不会成为满意度调查的对象。

本案例可以看出客户满意度调查的局限性，连锁酒店需要建立更完善的满意度评价体系：一是在CRM系统中尽可能完善客户电子邮件地址信息；二是在邮件调查外，增加电话访谈、微信调研等新调研方法，扩大调研的覆盖率；三是将客户调查与集团质量检查、网评分析、神秘客户暗访等方法进行结合，了解更完整的服务质量情况。

（二）客户完成调查

客户收到满意度调查问卷后，根据自己的体验完成调研，各酒店的满意度调研有所差异，但有以下共同点：

（1）酒店客户接触点和关键时刻是客户满意度设计的出发点，是满意度调查的主要部分。从关键时刻角度看会覆盖预订、入住、进入客房、餐饮等环节，从接触点角度看主要包括员工知识、员工态度与礼仪、硬件设施、服务、清洁度、个性化关怀等（表6-2）。客户满意度调查设计时也需要重点突出，一般将调查题目控制在20个以内，最多不超过40个，占用客户过多时间会降低客户反馈的比例。

表6-2　某酒店集团客户满意度调查题目（部分）

编号	问题	分数
1	到达：迎接客人的热情友好度	5分□　4分□　3分□　2分□　1分□
2	到达：办理入住手续的快捷度和效率	5分□　4分□　3分□　2分□　1分□
3	到达：入住登记的整体体验	5分□　4分□　3分□　2分□　1分□
4	房间：客房的维护保养状况	5分□　4分□　3分□　2分□　1分□
5	房间：客房的清洁卫生状况	5分□　4分□　3分□　2分□　1分□
6	房间：床和枕头的舒适度	5分□　4分□　3分□　2分□　1分□
7	房间：互联网连接速度	5分□　4分□　3分□　2分□　1分□
8	房间：在客房内工作的舒适程度	5分□　4分□　3分□　2分□　1分□
9	房间：对客房的第一印象	5分□　4分□　3分□　2分□　1分□
10	房间：家具、地毯等状况	5分□　4分□　3分□　2分□　1分□
11	房间：淋浴/沐浴经历	5分□　4分□　3分□　2分□　1分□
12	员工：员工履行您要求的及时性	5分□　4分□　3分□　2分□　1分□
13	员工：真诚关心的态度	5分□　4分□　3分□　2分□　1分□
14	员工：员工的知识	5分□　4分□　3分□　2分□　1分□
15	酒店：酒店公共区域的清洁程度	5分□　4分□　3分□　2分□　1分□
16	酒店：大堂及接待区的外观	5分□　4分□　3分□　2分□　1分□
17	酒店：在酒店内的安全感	5分□　4分□　3分□　2分□　1分□
18	餐厅/酒吧：早餐——食品质量	5分□　4分□　3分□　2分□　1分□
19	餐厅/酒吧：早餐——服务	5分□　4分□　3分□　2分□　1分□
20	餐厅/酒吧：晚餐——食品质量	5分□　4分□　3分□　2分□　1分□
21	餐厅/酒吧：晚餐——服务	5分□　4分□　3分□　2分□　1分□

续表

编号	问题	分数
22	餐厅/酒吧：客房送餐服务——食品质量	5分□ 4分□ 3分□ 2分□ 1分□
23	餐厅/酒吧：客房送餐服务——服务速度	5分□ 4分□ 3分□ 2分□ 1分□
24	餐厅/酒吧：其他餐饮体验	5分□ 4分□ 3分□ 2分□ 1分□
25	价值：物有所值	5分□ 4分□ 3分□ 2分□ 1分□
26	感觉：睡眠质量	5分□ 4分□ 3分□ 2分□ 1分□
27	感觉：让我感觉自己像是一位贵宾	5分□ 4分□ 3分□ 2分□ 1分□
28	感觉：预先对我入住期间最重要的一切做好了准备	5分□ 4分□ 3分□ 2分□ 1分□
29	感觉：满足了我的全部期望	5分□ 4分□ 3分□ 2分□ 1分□
30	感觉：员工关心宾客的入住质量	5分□ 4分□ 3分□ 2分□ 1分□
31	感觉：感觉友好、务实……从入住直至结账	5分□ 4分□ 3分□ 2分□ 1分□
32	感觉：自己受到尊重	5分□ 4分□ 3分□ 2分□ 1分□
33	感觉：让我在工作及休息时间得到放松	5分□ 4分□ 3分□ 2分□ 1分□
34	感觉：灵活地满足自己的各种需求	5分□ 4分□ 3分□ 2分□ 1分□
35	感觉：会自豪地告诉他人自己曾经入住该品牌酒店	5分□ 4分□ 3分□ 2分□ 1分□
36	感觉：使之成为一个杰出的品牌	5分□ 4分□ 3分□ 2分□ 1分□
37	您对本次入住的总体感受如何	5分□ 4分□ 3分□ 2分□ 1分□
38	您是否会再次入住我们酒店	5分□ 4分□ 3分□ 2分□ 1分□
39	您是否会向朋友推荐我们酒店	5分□ 4分□ 3分□ 2分□ 1分□
40	您是否会入住本品牌的其他酒店	5分□ 4分□ 3分□ 2分□ 1分□
41	您是否会入住本集团其他品牌酒店	5分□ 4分□ 3分□ 2分□ 1分□

（2）作为客户满意的最终结果，调查会覆盖关于客户忠诚度的内容，一般3个核心问题（连锁酒店4个，多品牌连锁酒店5个，表6-2中问题37-41）。

（3）客户调查应当站在客户视角，使用客户可以看懂的语言调研客户接触点，避免使用酒店专业术语、调查非接触点，比如某酒店客户调查：您觉得酒店供应链管理水平如何？您觉得酒店员工培训程度如何？您觉得本酒店管理水平如何？

（4）客户调查应当尽量减少客户输入信息，比如客户性别、年龄、地区、客户会员级别等，应当充分运用PMS、CRM系统中的数据。

（5）豪华度假型酒店，有着丰富的设施和设备，但客人入住后大多不会使用全部的酒店设施设备，但问卷调查必须覆盖所有住店客人共同经历或使用过的过程、设施、产品作为关键指标，如：入住和退房过程、客房和公共区域设施、餐饮服务等。对于各部门，可以采取专项调查，如会议、宴会等。

（6）调查时需要考虑调查的回收率和有效性，比如某酒店每月发放调研问卷500份，回收率为50%，而其中完成了所有调查题目的有效问卷大约80份，占比16%。为了提高回收率，一方面在调查说明中向客户说明用途，是为了向客户提供更好的服务，让客户感到参与调查是被尊重的体现；另一方面通过适当的礼物可以有效地提高回收率，常见的礼物包括酒店积分、下次入住的代金券等。

（三）统计数据并形成质量报告

客户提交调查问卷后，酒店集团将客户调查数据汇总、统计形成质量报告，在这个过程中主要完成以下数据处理。

1. 从客户视角转化为管理视角

集团质量管理部门需要将客户满意度调查转化为酒店部门和责任分工，比如客户调查中入住环节得分较低，调查需要进一步细分为员工知识（反映部门培训）、员工礼仪（反映通识培训）、设施设备（反映工程问题）、清洁问题（反映公共区域清洁）等方面，而餐饮问题一般分为菜品（反映厨房问题）、服务（反映餐厅管理）等方面。

2. 将客户的定性调查转化为定量数据

客户调查必须转化为数据才能用于酒店内部管理，可以进行横向（集团内部数据对比）对比和纵向（同一酒店历史数据对比）对比来发现问题（图6-6）。考虑到不同地区的文化差异，如亚洲客人对服务要求高，一般不会打满分，而美国人很容易给满分，酒店集团按照

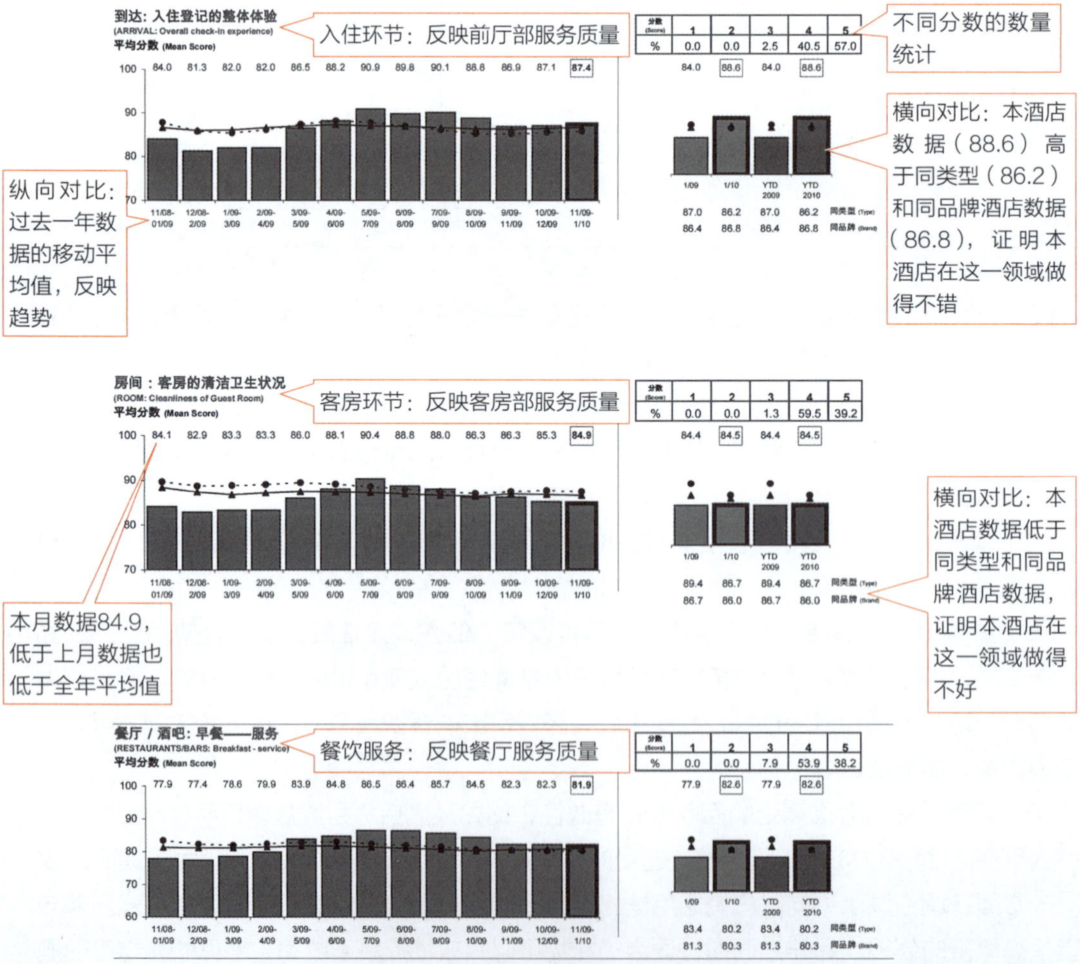

图6-6 根据客户调查数据形成酒店质量报告（节选）

区域进行排序，不会进行全球数据排名。此外，酒店品牌定位与分数评定有关，如奢华品牌酒店将5分视作满意，而1～4分均视作不满意，会归类为服务问题需要酒店改进；而普通酒店将4～5分视作满意，1～3分视作不满意。

3. 单独统计客户问题形成关键因素报告

问题是指客户对酒店存在不满的情况，即酒店存在隐患、需要改进的领域（图6-7），如果客户向酒店表达了自己的不满，就会产生客户投诉。客户投诉的比例与客户不满意程度、客户文化差异等因素相关，比如客户对早餐略有不满时（评分为3分），一般不会产生投诉，如果客户非常不满（评分为1分），则大概率会产生投诉。酒店应当趁客户在店期间进行适当的引导，鼓励客户反馈对酒店的不满，这样不但会释放客户的不满，而且有助于提高满意度调查分数。另外，客户在店期间更容易实施服务补救，恰当的服务补救是提高客户满意度的有效手段。

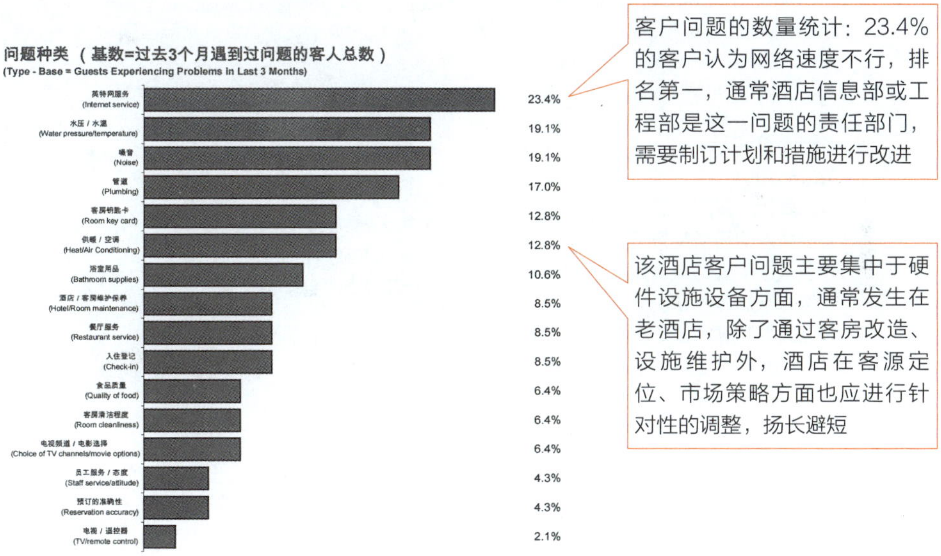

图6-7　客户调查中的问题数据统计

（四）提出质量改进建议

为了帮助酒店建立持续改进的管理体系，酒店集团质量报告除了满意度指标外，通常还包括改进建议，会参考两方面的数据：一个方面是客户满意度的“程度”数据，即客户对某一服务环节给5分还是1分；另一个方面是“广度”数据，它反映了某一问题的比例。比如酒店有6.4%的客户认为“早餐不够好”，给予早餐3分的评分，有23.4%的客户认为“互联网速度太差”，那么酒店改进网络速度的影响程度更高，客户满意度的提升更显著。最终会综合所有数据形成关键驱动要素报告，引导酒店发现问题、解决问题（图6-8、图6-9）。

通过关键驱动要素报告，酒店可以直观地判断问题的重要程度和紧急程度，结合酒店日常经营进行针对性的改进。

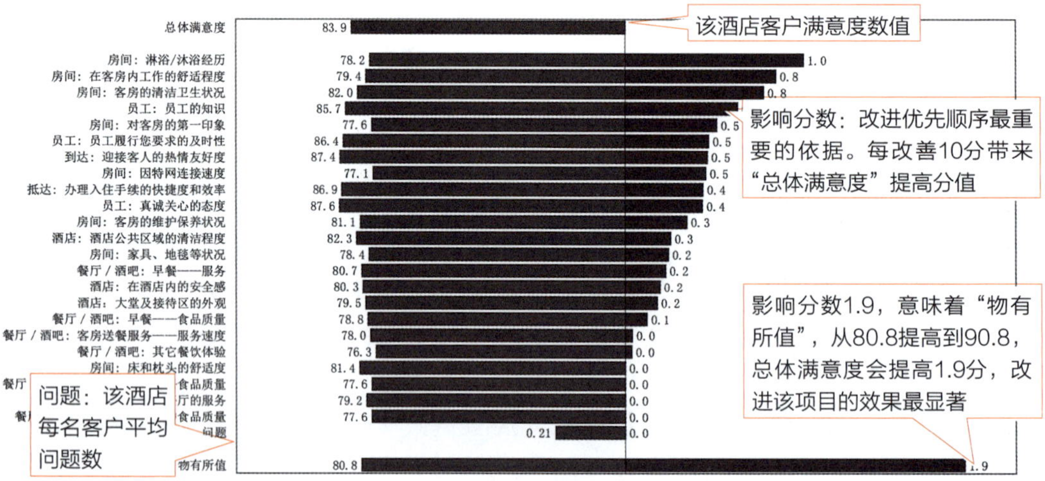

图6-8　酒店关键驱动要素报告——表现/影响分数

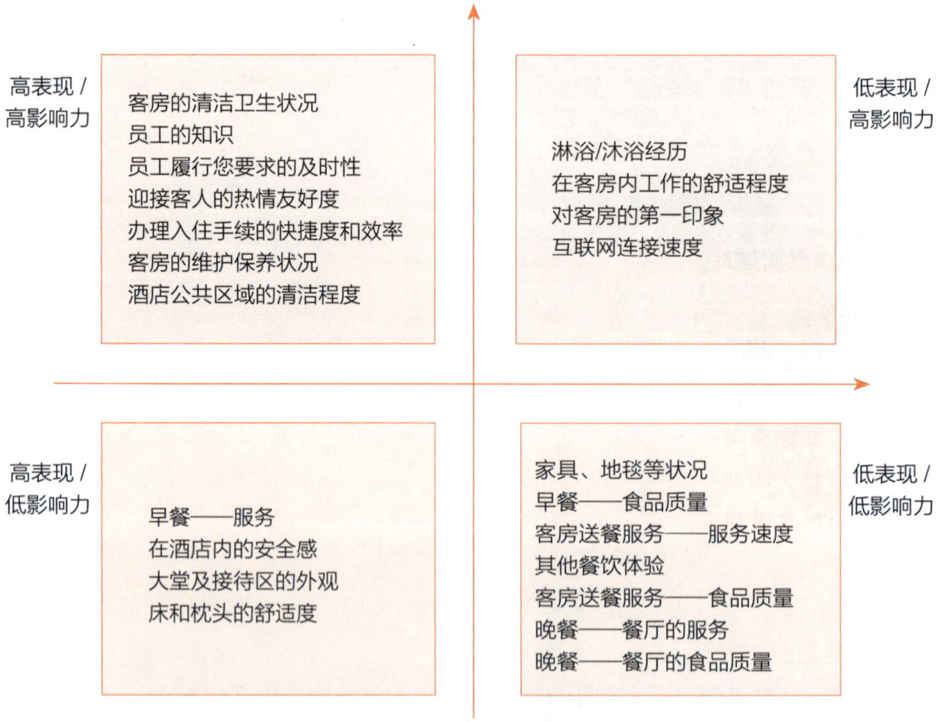

图6-9　酒店关键驱动要素报告——影响因素概要

四、从客户满意度调查到全面质量管理

现代酒店集团普遍通过客户满意度调查，构建了集团级质量管理体系，实现了计划（Plan）、执行（Do）、检查（Check）和处理（Act）的循环（PDCA循环），是全面质量管理（total quality management，TQM）的思想基础，该方法由美国质量管理专家沃

特·阿曼德·休哈特（Walter A. Shewhart）首先提出，由美国质量管理专家戴明采纳、宣传，获得普及，又称戴明环。

全面质量管理体系在制造业应用较早，在酒店产业，由于产品和服务的无形性，产品质量的度量一直是酒店经营的难点，尤其对于连锁酒店，由于客户、酒店位置、服务流程等因素的差异，对酒店服务质量的定量评价一直难以实现。随着信息技术的应用，酒店通过客户满意度调查来建立质量控制体系，客户关系管理和酒店质量管理融合发展，产生了许多新的理念和方法，酒店全面质量管理开始成熟。

酒店全面质量管理通过体系和流程的改进和创新，目的是从根本上发现问题并不断改进，从而最终提高客户的总体满意度和忠诚度。酒店质量管理的关键是“用数字说话”，客户满意度调查所形成的数据是酒店全面质量管理的关键。

通过建立PDCA循环，酒店不是在简单地重复运转，而是建立了持续改进、持续提高的循环，进入下一次循环后，循环的内容及目标就发生了调整。循环的次数越多，解决的问题就越多，酒店工作质量及服务水平就越高，酒店需要不断制定出新的目标及计划。正是因为这一点，企业界将PDCA循环视为一种对生产流程进行持续改善的基本方法。

五、总结

本任务阐述了酒店集团依托客户满意度调查，构建持续改进的质量管理体系，不断改进产品和服务质量，提高客户满意度和忠诚度。当酒店收到集团发送的质量报告和关键驱动要素报告后，需要质量管理经理针对报告中的数据和问题进行持续的管理和改进，引导酒店不断提升质量，形成质量改进的PDCA循环，具体做法将在本项目任务2中阐述。

实践演练

1. 阐述客户满意度调查与酒店质量管理之间的关系。
2. 阐述服务质量对于酒店实现有效的客户关系管理的重要性。
3. 酒店企业是如何度量服务质量的？

随堂测练

1. 现代酒店评估客户满意度的主要方法是（　　）。

   A. 看数据，开展客户满意度调查　　B. 看收入，收入高意味着客人满意

   C. 看投诉，没投诉意味着客户满意　　D. 看成本，成本高客人自然满意

2. 现代酒店客户满意度调查时的主要工具是（　　）。

   A. 电话访谈　　B. 在线调查（电子邮件、微信或酒店App）

   C. 面对面访谈　　D. 管理人员察言观色综合评估

3. 下列调查内容，不适合出现在客户满意度调查中的是（　　）。

   A. 到达：入住登记的整体体验　　B. 早餐：食品质量

   C. 房间：客房的清洁卫生状况　　D. 管理：酒店制度的完备情况

4. 酒店集团质量管理部门根据客户调查生成门店质量报告，下列内容不包含在质量报告中的是（　　）。

A. 酒店客户满意度详细数据　　B. 客户反馈的主要问题和投诉

C. 关键因素驱动报告　　D. 投诉客户的联系方式（联络他们来删除差评）

5. 下列对酒店全面质量管理（TQM）的描述错误的是（　　）。

A. 全面质量管理主要通过客户调查实现

B. 数据驱动是全面质量管理的基本方法

C. 全面质量管理需要所有员工都去检查质量

D. 通过构建PDCA循环实现持续改进

6. 某酒店的服务质量驱动因素如下图，酒店最需要提高和改善的客户体验领域是（　　）。

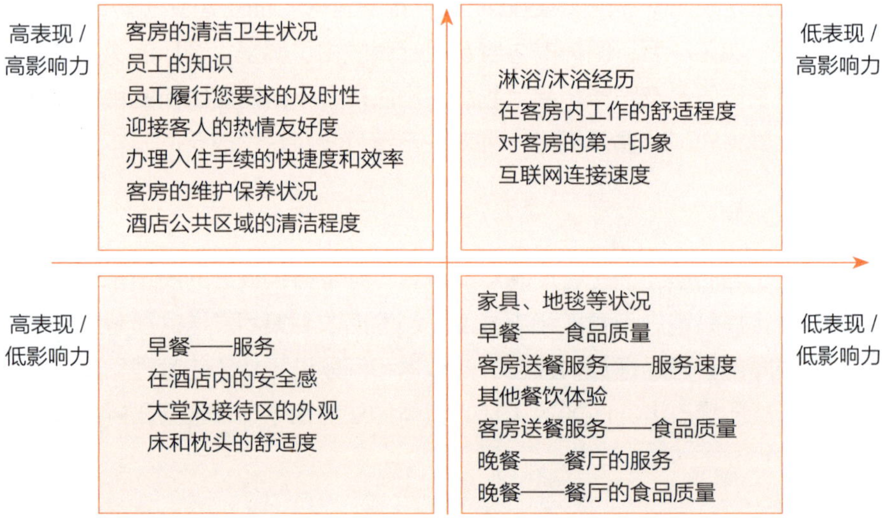

A. 提升客房内淋浴/沐浴经历　　B. 提升客房清洁卫生标准

C. 提升早餐服务质量　　D. 提升早餐食品质量

7. 某酒店的服务质量数据如下图，酒店各部门中，实现了年度满意度目标的服务领域是（　　）。

客户满意度关键指标	负责人	6月份数据	年度累计	集团指标
客户总体满意度	房务总监	81.2	77.5	80
入住体验	房务总监	73.2	75.3	77.3
总体员工服务	房务总监/餐饮总监	89.6	85.6	86.5
硬件维护与保养	工程总监	77.2	68.8	74
餐厅食品满意度	行政总厨	82.2	74.2	77
客房清洁	房务总监	95	83.6	82.7
互联网速度与性能	信息经理	72.1	65.2	70
高等级会员满意度	房务总监/餐饮总监	77.4	74.0	74.2

A. 入住体验　　B. 硬件维护与保养　　C. 餐厅食品满意度　　D. 客房清洁

任务2 酒店服务质量改进过程

酒店门店的质量控制体系

导入任务

智能决策——用数据驱动质量改进

酒店质量部孙经理收到集团服务质量部的月度客户满意度报告和质量报告后，她用一天的时间将数据进一步的分解，主要完成以下工作。

1. 将集团的质量报告进行细分

分解到酒店的各个部门和营业点，主要涉及满意度指数、责任人、本月分数、月度目标、年度分数、年度目标等（表6-3），这些数据将公开发布给酒店所有员工，同时通过内部会议文件、员工通道、员工餐厅进行发布。另外，她也会将敏感数据、投诉信息等单独发送给管理层。

表6-3 某酒店门店客户满意度月度报表

部门	关键指数		部门负责人	本月分数	本月调查量	本月目标	年度分数	年度目标
房务部	礼宾满意度		礼宾经理	83.3	6	80	86.8	74
	前台满意度		前台经理	75↓	8	83.3	89.7	86
	行政酒廊满意度		行政酒廊经理	92.9	14	78.7	84.3↓	84.7
	大堂吧满意度		康乐经理	81.6	38	77.5	79.9	78.5
	泳池满意度		康乐经理	67.6	37	65.6	63.9↓	66.6
	健身房满意度		康乐经理	69.2↓	13	83.4	79↓	87.4
餐饮部	早餐	服务	早餐厅经理	87.5	48	80.2	79.8↓	82.8
		食品	早餐厅厨师长	78.8	52	75	74.2↓	77
	自助餐	服务	自助餐厅经理	87.5	11	80.9	77↓	82.9
		食品	自助餐厨师长	80	11	78.5	75.7↓	80.5
	中餐	服务	中餐厅经理	77.8↓	9	83.3	82.5↓	85.3
		食品	中餐总厨	75↓	9	79.4	78.4↓	81.4
	西餐	服务	西餐厅经理	100	6	78	82.1	80
		食品	西餐总厨	100	6	77	75.6↓	79
	土耳其餐厅	服务	土耳其餐厅经理	83.3	13	78.4	76.2↓	80.4
		食品	土耳其总厨	72.7↓	13	74.7	71.2↓	76.7
	泳池水吧	服务	水吧经理	100	3	82.1	71.1↓	84.1
		食品	水吧厨师长	100	3	72.4	74.4	74.4

续表

部门	关键指数		部门负责人	本月分数	本月调查量	本月目标	年度分数	年度目标
餐饮部	沙滩水吧	服务	水吧经理	100	3	80.1	87.1	81.1
		食品	水吧厨师长	66.7↓	3	74.8	78.8	76.8
	送餐	服务	送餐经理	75↓	4	76.7	79.7	78.7
		食品	西餐厅经理	50↓	4	70.7	66.2↓	72.7
	宴会&会议满意度		宴会总监	50↓	1	87	92.9↓	95

2. 与各部门沟通，制定改进方案

尽管孙经理天天用满意度数据和指标敦促大家，但各部门并不反感她，都把她当作自己人，她是各部门完成客户满意度任务的大帮手——只有完成满意度指标，各部门的年终奖金才有保障。在工作中，她会根据自己的经验对各部门进行指导；更重要的是，她会定期协调召开集团质量分析会议——当几十个同行聚在一起讨论专业问题时，没有什么比这更高效的管理手段了。

3. 敦促落实并持续改进

完成以上工作流程并思考下列问题：

1. 酒店各部门为什么关注并重视客户满意度指标？
2. 酒店是如何提高客户满意度指标的？
3. 如何理解质量经理在酒店质量改进体系中的作用？

服务质量并非越高越好，酒店需要在成本-质量之间保持平衡，也就是确保收入、利润、客户满意度、员工满意度四个指标的均衡。酒店内部通过建立PDCA循环实现质量的持续改进体系，确保实现服务质量的目标。通常酒店服务质量与淡旺季相关，旺季抓业绩，淡季重服务成为大多数酒店的共同特征。

一、酒店质量改进体系

酒店集团借助PDCA循环构建起完善的质量管理体系，形成了持续改进、不断提升的良性闭环；而旗下各门店则需聚焦服务质量的动态评估与优化升级，形成数据驱动质量管理体系（图6-10），这一体系以客户调查数据为核心驱动力，将其直接作为满意度的量化表示，明确要求门店基于数据制订提升计划，并通过系统性执行确保目标落地，最终实现客户满意度的稳步达成与持续攀升。

从企业管理，尤其是连锁企业管理的角度，质量必须定义为可度量、可执行的指标，其中的指标与客户满意度数据相关联。满足客户期望在实现客户满意方面至关重要，客户的反馈、建议、投诉也需要不断被收集，这不仅有助于保持客户联系，也可以用来了解客户需求和期望的变化。客户声音是酒店制定质量方针的指导原则，用于确保提供最适合的品质。

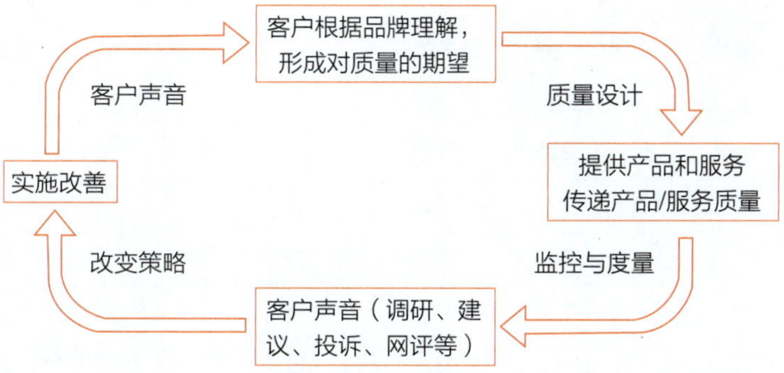

图6-10 酒店建立客户驱动型质量管理体系

二、酒店质量改进流程

1. 酒店收到质量报告——发现问题

酒店质量管理经理负责与集团质量管理部门对接，定期收取质量报告、关键要素报告、客户问题报告等，并接受集团质量报告的业务指导，参与集团质量会议等。

2. 对数据进行分析和分解——分析问题

一方面，质量管理经理根据酒店的质量计划对数据进行分解，实现任务和指标分解（表6-4），并将主要数据公开发送给酒店各部门和所有员工。

表 6-4 酒店客户满意度调查与服务执行跟踪

部门	关键指数		部门负责人	本月分数	本月调查量	本月目标	年度分数	年度目标
房务部	礼宾满意度		礼宾经理	83.3	6	80	86.8	74
	前台满意度		前台经理	75↓	8	83.3	89.7	86
	行政酒廊满意度		行政酒廊经理	92.9	14	78.7	84.3↓	84.7
	大堂吧满意度		康乐经理	81.6	38	77.5	79.9	78.5
	泳池满意度		康乐经理	67.6	37	65.6	63.9↓	66.6
	健身房满意度		康乐经理	69.2↓	13	83.4	79↓	87.4
餐饮部	早餐	服务	早餐厅经理	87.5	48	80.2	79.8↓	82.8
		食品	早餐厅厨师长	78.8	52	75	74.2↓	[illegible]
	自助餐	服务	自助餐厅经理	87.5	11	80.9	77↓	
		食品	自助餐厨师长	80	11	78.5	75.7↓	

各部门制定的年度满意度目标，最终形成酒店的客户满意度总目标

当年度分数超过年度目标时，表明实现情况比较好

当本月数据低于年度目标标向下箭头，引起注意

续表

当本月分数低于本月目标，标向下箭头

部门	关键指数		部门负责人	本月分数	本月调查量	本月目标	年度分数	年度目标
餐饮部	中餐	服务	中餐厅经理	77.8↓	9	83.3	82.5↓	85.3
		食品	中餐总厨	75↓	9	79.4	78.4↓	81.4
	西餐	服务	西餐厅经理	100	6	78	82.1	80
		食品	西餐总厨	100	6	77	75.6↓	79
	土耳其餐厅	服务	土耳其餐厅经理	83.3	13	78.4	76.2↓	80.4
		食品	土耳其总厨	72.7↓	13	74.7	71.2↓	76.7
	泳池水吧	服务	水吧经理	100	3	82.1	71.1↓	84.1
		食品	水吧厨师长	100	3	72.4	74.4	74.4
	沙滩水吧	服务	水吧经理	100	3	80.1	87.1	81.1
		食品	水吧厨师长	66.7↓	3	74.8	78.8	76.8
	送餐	服务	送餐经理	75↓	4	76.7	79.7	78.7
		食品	西餐厅经理	50↓	4	70.7	66.2↓	72.7
	宴会&会议满意度		宴会总监	50↓	1	87	92.9↓	95

酒店应重点关注：①分数绝对值低，比如低于70分的领域；②分数相对较低，完成年度计划有困难的；③分数处于非正常下降区间的。

另一方面，酒店质量管理经理将收到的重点问题单独发送给各部门经理，其中主要是投诉，反映出各部门的服务情况（图6-11），此类信息事关酒店的“家丑”，不适合大范围发送。各部门需要关注客户声音，及时发现服务缺陷，尽量让客户在住期间通过酒店渠道解决问题，如图6-11中5位客户投诉有4项没有被记录，80%的服务缺陷并未被发现，意味着酒店没有及时发现客户的不满，酒店服务补救能力存在缺陷。

各位同事：

首先，本酒店月累计客户满意度得分比上周的提高了3.4%！请不要忘记鼓励你的同事们，按照标准流程服务客人，大家一起取得更好的成绩！

- 忠诚得分（Loyalty Score）MTD：45.3%
- 问题的解决（Problem Resolution）：35.7%
- 问题在第一人手中解决（First Person Problem Resolution）：25.0%（Goal：22.7%）
- 月累计失误36.8%
- 上周报警事件（Last Week Alert Verbatim）：5

年度总失误17，上周失误：5

编号	离店	房号	是否记录①	严重度	事件	满意度
1	6.21	812	否	中等	隔壁客房太吵	不满
2	6.25	531	否	严重	早餐用餐时，有客人蹲在椅子上，还有客人带孩子在餐厅阳台上小便1次，服务人员看到但没人管	不满

续表

编号	离店	房号	是否记录[①]	严重度	事件	满意度
3	6.22	265	否	中等严重	客房内插座断电 行政楼层上下电梯需要刷门卡，但如果走楼梯可以很轻易地到达任意一层，缺乏必要的安保措施	不满
4	6.11	655	否	中等严重	前台接听电话迟缓，办理入住手续较慢 泳池总是有酒店员工穿着工装走来走去、搬东西，让人感觉很不舒服	不满
5	6.10	638	是	严重	我和妻子住了5个晚上，我第二个晚上吐了超过5次，我的妻子也吐了几次。我们所有的人都有腹泻但程度不同，怀疑食物中毒。酒店的工作人员帮助我们找到一些家庭医生建议使用的药	不满

注：①“是”意味着该客人向酒店反馈该信息并被记录在CRM系统和工作日志中，“否”意味着客人没有向酒店反馈该信息，或者酒店收到投诉信息而没有记录在CRM系统中，而且酒店没有处理好客户的投诉，客户在满意度调查时提出投诉，或者直接通过集团投诉邮箱或电话向集团投诉。

图6-11 酒店月度客户投诉分析邮件

行业链接

化解服务缺陷——从走动管理到人工智能

从表面看，酒店客户投诉似乎是“无症状”的体现，许多案例中往往关注如何妥善处理投诉，解决客户投诉；但实际上万事有先兆，酒店可以主动发现客户的不满和意见，及时和客户沟通，化解投诉隐患，例如下列案例：

1. 晚餐期间，餐饮总监在餐厅巡视了一圈，之后让餐厅经理去和8号桌的夫妇交流看看客户是不是有什么问题。客户果然反馈酒店的牛排太硬了，他们根本咬不动，餐厅经理赶紧去厨房交流，重新给客户做了一道牛排解决了问题。

2. 早餐期间，餐饮总监在餐厅巡视了一圈，之后让会议销售经理去和客户沟通下，是不是餐厅菜单和菜品有问题。沟通发现：目前用早餐的是一个来自江浙的团队，客户反馈早餐菜品看似非常丰富，肉、鱼、饺子、包子、油条都有，但菜品不符合江浙客户的用餐习惯，实际上没有东西可吃。之后餐厅紧急做了2道绿色蔬菜，被客户一扫而光。

3. 早晨退房高峰，房务总监在酒店大堂迎送客户，之后让GRO去和802的客户沟通一下，是不是住得不舒服。沟通结果是客户反馈客房枕头有臭味，熏得人睡不着。之后客房部给客户更换了新的枕头，客人对酒店表示感谢。

在过去，发现潜在服务缺陷需要丰富的经验和大量的时间，对人员要求很高，目前，开始使用人工智能处理这些信息：万豪、洲际、希尔顿等酒店开始使用自然语言处理（NLP）分析客户在TripAdvisor、微博等平台的评论，华客、慧评等点评分析平台也进入这一领域，为酒店评估客户满意度增加了新的数据源。

阅读上述案例并思考下列问题：

1. 餐饮总监和房务总监是如何发现客户的不满的？

2. 如果酒店不主动沟通，该客户是否会投诉？酒店主动沟通并解决客户问题后，该客户满意度是否会提升？

3. 通过网络了解酒店在客户点评分析方面的实践，如何理解人工智能技术在该领域的应用？

3. 制订服务的持续改进计划——解决问题

质量管理经理制定酒店的改进方案和行动计划，在这一过程中，各部门的讨论方案、质量管理经理的建议很有帮助，集团质量管理部门提供指导和支持也可以发挥巨大的作用，比如定向指导、专项主题分享等，例如针对“提高入住效率”这一主题，由集团所有门店中该项目得分最高酒店的房务总监、前厅部经理进行专项分享，可以得到更好的解决方案。

酒店质量管理经理制定全面的解决方案和改进方法（表6-5），通过质量管理专项会议分配工作并且在后续工作中持续监督实施，最终不断改进服务和管理中的问题，提升产品和服务质量，实现酒店服务质量持续提升。

行业链接

集思广益，形成最优解决方案——丽思卡尔顿的 T3 小组和解决问题六步法

酒店在服务过程中出现错误，被客户投诉是常遇到的情况，如果让酒店自己提出改进方案通常很有局限性——“如果我会解决，就不会出现这问题了”或者“看似入住问题，但解决它需要多个部门的努力”。此时需要集团质量管理部门介入，各部门合作解决问题，同时体现酒店集团的专业化。

在丽思卡尔顿，每个季度根据客人反馈建立质量改进小组，如入住质量、餐厅服务等，小组成员通常包括大区质量总监、区域总监（cluster director）、本酒店管理人员等（被称为T3小组），其中区域总监一般由本区域最资深的管理人员担任，代表了该领域的最高水平，比如针对入住速度慢这一问题，酒店经理能提出5条改进方案，而区域总监经验丰富，可以提出10条，大区质量总监汇总全国同类问题后，最终形成20条改进方法，形成完备的解决方案。

T3小组围绕问题开展解决问题六步法：

1. 定义和选择问题。将每季度的重大问题确认后，由质量改进小组对产生问题的内部根本性原因进行投票，确定要解决问题的根源，常见问题有跟踪和反馈问题、领导力问题、文化差异问题、工具和经验问题等。

2. 分析问题：对问题进行分析，分辨出是老问题还是遇到了新的问题。

3. 形成潜在的解决方案：由T3小组提出问题的几个解决方案供讨论。

4. 选择潜在的解决方案：经共同讨论后，挑选出最适宜的解决方案，同时指定实施的责任人和最后日期。

5. 实施方案：对方案实施的方式做具体规定，明确责任人。

6. 评估方案：对方案实施进行后评估，对责任人进行评估。

整个步骤由指定人员进行书面记录后归档。如果在解决过程中获得了新想法有助于提高管理水平和服务水平的，将另行记录并推广。通过多年的运行，丽思卡尔顿对常见问题建立了完备的解决方案，日常工作中99%的问题都属于“老生常谈”，通过这种方法，T3小组成为酒店管理人员能力提升的有效工具。

表 6-5 酒店服务质量改进方案（部分）

主要项目	当前分	目标分	行动	责任人	时限
员工关心入住质量	73.2	82	大堂副理/GRO每天至少6次问候电话或主动交流	GRO经理	持续
			在结账时打印账单时，接待员应该再问一个问题，比如“您在我们这里住得愉快吗?”	接待主管	8月30日
员工关心入住质量	73.2	82	准备一些关于前台接待的客人评论卡，客人可以在排队时填写。对于填写了意见卡的客户，GRO及时跟进	前厅经理	8月30日
			当前台入住和退房排队超过5个人时，启用备用接待位	接待主管	8月30日
			金卡以上级别会员，确保80%以上客房内办理入住或行政酒廊入住	GRO经理	8月30日
实现了我所期望的一切	80.7	82	预订部收到任何客人的特殊要求，应正确记录并通知相关部门	预订部经理	立刻
			应根据客人的喜好为VIP客人预先锁房，并提前检查房间，确保所有请求都得到了跟进	GRO经理	立刻
加强会员服务	82.5	84	为所有前台员工安排培训，确保金卡以上会员入住流程和标准不打折扣	前厅经理	8月30日
			在会员和其他客人入住时发放不同颜色的房卡（会员金色房卡，其他人使用蓝色房卡），帮助其他部门员工识别这些客人，并对他们给予更多照顾	前厅经理/GRO经理/行政酒廊主管	6月30日
物有所值	81.5	83	利用淡季，金卡以上会员客房升级率不低于80%，白金卡升套房不低于60%	前厅经理	立刻

以某酒店改进方案为例，客户调查显示“入住”这一环节得分较低，但改进方案不仅仅是接待主管的职责，酒店质量管理部门制定的改进方案中还包括了预订、GRO、行政酒廊、前厅部经理等，涉及预订准备、入住接待、VIP接待、客房升级、房卡发放等多个环节，最终实现全面提升入住环节满意度的目的。

三、持续改进与计划修订

通过建立PDCA的质量管理体系，酒店构建了质量持续改进的工作流程，在实际工作中酒店会根据集团总体目标、业主目标与支持等，结合酒店硬件情况、经营目标和淡旺季情况制订切实的满意度计划。

（1）大多数问题的解决需要投入相应的资源，比如随着酒店老化，需要投入相应的资金进行装修装饰、设备更新和硬件保养，酒店业主有可能选择高品质策略、投入资金进行升级改造；也有可能选择低品质策略、拒绝投入资金进行改造。此时需要降低酒店满意度指标中“硬件设施、设备保养”等方面的分数，并向酒店业主反馈这一操作的影响，如短期利润增加、客户口碑降低，长期看利润减少、硬件设备寿命减少等。

（2）酒店通常按年度制定服务质量指标，这些指标是可衡量而且可实现的，酒店应努力达到、维持和不断改进服务质量。服务质量指标并非越高越好，通常根据酒店位置、硬件设备、品牌等综合设置。在连锁酒店中，服务质量指标由总部制定，酒店门店负责执行，服务质量指标是酒店总经理考核内容之一。在酒店服务质量计划变更之后，酒店应调整相应的市场营销策略，比如高品质策略，可以选择高端客源；如果采取低品质策略，可以将客源调整为团队、会议、旅行社等。

（3）酒店在制订客户满意度计划时，需要考虑淡旺季因素，将质量目标按时间和部门进行分解，通常服务质量与经营业绩成反比——旺季客户满意度较低，淡季客户满意度较高。这很容易理解，在酒店经营旺季客户多，酒店管理人员和员工总是人手不足，容易引发客户不满；与此同时，酒店在旺季通常销售价格较高，意味着客户对服务的期待更高，毕竟，平时600元即可入住的酒店，在旺季3000元预订时，客户对服务的要求就会高很多。因此，酒店分解服务质量目标时，淡季重质量、旺季看收入。

服务质量的另一个关注点是评价对象，酒店客户满意度调查通常采取抽样调查的方式，选取哪些客户进行调查对结果影响很大——如果选择的客户接受了良好的待遇，客户满意度通常会很高，如免费客房升级、延迟退房、赠送水果、生日礼遇等；如果选择的客户没有受到优待，如本该升级房型，但由于特殊原因未能升级的高级别会员，则客户满意度通常得分会较低。过去酒店满意度调查主要针对会员，通过向会员发送电子邮件形式进行，随着酒店分销的崛起，主流在线旅行社的点评信息（如携程、去哪儿等）和专业点评网站（如猫途鹰、大众点评等）拥有大量的阅读者，对酒店客户影响很大，也成为酒店质量管理关注的指标之一。

在所有客户中，高等级会员的满意度是所有酒店和酒店集团重点关注的数据，他们作为酒店业绩的主要贡献者，是酒店重要的目标客户群，提高高等级会员的保持率可以显著提升酒店业绩，而他们的满意度是酒店提高服务质量的主要方向。高等级会员对服务有更高的期待和更挑剔的眼光，在普通客户那里“优秀”的服务，在高等级客户看来，也许只是“尚可”，甚至“很差”，酒店需要将服务资源向高等级会员倾斜，将优秀员工、优质资源投入高等级客户服务当中。

行业链接

最挑剔客户的价值

在许多酒店，都有一些特别挑剔、容易投诉的客人。

白小姐就是这样的人，她是H酒店集团的白金卡客户，对服务极其挑剔，稍有不慎就会投诉，她不但会投诉，还会直接向集团投诉。每次她来的时候酒店上下都会给予VIP1级待遇，生怕出问题，据统计，白小姐每次入住会投诉2～3次。尽管白小姐每次入住都投诉，但她每次来青岛都住我们酒店，一年超过10次，酒店很多同事都犯嘀咕，既然每次都投诉，为什么不去别的酒店呢？

从集团角度看，白小姐是最佳客户的代表，第一，她作为白金卡客户，每年多次入住，对酒店业绩贡献巨大；第二，她是优秀的质检员和督导者，她的每次光顾都能激发员工潜力，同时还诊断了酒店存在的问题；第三，白小姐客户忠诚度极高，如果H酒店VIP1级的服务都难以令白小姐满意，其他酒店就更难以打动她了，拿白小姐的话说就是“投诉你们是因为我的标准高，其他酒店倒贴钱都不去”。尽管投诉，白小姐是酒店最忠诚的客户，不但自己每年多次入住，还给H酒店介绍了许多朋友和客户。

四、服务质量的组织

1. 集团总部的组织

连锁酒店建立总部—门店的质量管理体系，将客户满意度作为考核门店的指标之一，通常指标为收入（revenue，REV）、经营毛利润（gross operation profit，GOP）、客户满意度（guest satisfaction index，GSI）、员工满意度（employee engagement index，EEI）、集团贡献五方面。在集团总部设立质量管理部门，制定会员发展、客户满意度目标，对客户实施满意度调查，按年/月排名，召开质量控制会议等，提高集团客户满意度（图6-12）。

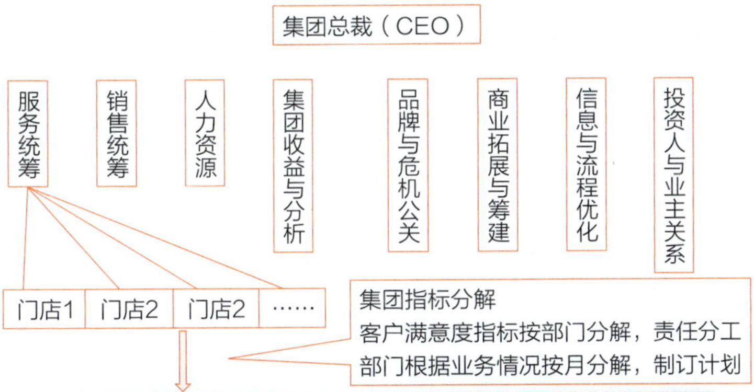

客户满意度关键指标	负责人	月度指标												酒店实际	集团指标
		1月	2月	3月	4月	5月	6月	7月	8月	9月	10月	11月	12月	目前平均值	目标
客户总体满意度	房务总监	70	65	70	85	90	85	80	80	90	85	90	70	80.0	80
入住体验	房务总监	68	63	68	85	85	85	75	75	88	80	88	70	77.5	77.3
总体员工服务	房务总监/餐饮总监	85	80	80	90	80	90	85	85	95	90	95	85	86.7	86.5
硬件维护与保养	工程总监	75	70	60	70	80	80	75	70	75	80	85	85	75.4	74
餐厅食品满意度	行政总厨	75	65	70	85	85	80	75	75	80	80	85	75	77.5	77
客房清洁	房务总监	95	70	75	85	90	85	75	75	85	85	90	90	83.3	82.7
互联网速度与性能	信息经理	60	60	60	85	85	80	60	60	70	70	75	75	70.0	70
高等级会员满意度	房务总监/餐饮总监	70	65	75	80	80	80	75	75	80	80	70	70	75.0	74.2
调查数量		60	80	80	60	60	60	80	80	60	60	60	60	1020	1000

图6-12　某酒店集团客户满意度评价体系

表 6-6 酒店客户满意度年度计划表

客户满意度关键指标	负责人	月度指标												酒店实际	集团指标
		1月	2月	3月	4月	5月	6月	7月	8月	9月	10月	11月	12月	目前平均值	目标
客户总体满意度	房务总监	70	65	70	85	90	85	80	80	90	85	90	70	80.0	80
入住体验	房务总监	68	63	68	85	85	85	75	75	88	80	88	70	77.5	77.3
总体员工服务	房务总监/餐饮总监	85	80	80	90	80	90	85	85	95	90	95	85	86.7	86.5
硬件维护与保养	工程总监	75	70	60	70	80	80	75	70	75	80	85	85	75.4	74
餐厅食品满意度	行政总厨	75	65	70	85	85	80	75	75	80	80	85	75	77.5	77
客房清洁	房务总监	95	70	75	85	90	85	75	75	85	85	90	90	83.3	82.7
互联网速度与性能	信息经理	60	60	60	85	85	80	60	60	70	70	75	75	70.0	70
高等级会员满意度	房务总监/餐饮总监	70	65	75	80	80	80	75	75	80	80	70	70	75.0	74.2
调查数量	质量管理经理	60	80	80	60	60	60	80	80	60	60	60	60	1020	1000

2. 酒店门店的组织

酒店门店将总部下发的满意度指标进行分解，通常分为接待与客房（责任人为房务总监）、餐饮服务（责任人为餐饮总监）、餐饮品类与口味（责任人为行政总厨）、硬件设施（责任人为工程总监）、网络速度（责任人为信息总监）等（表6-6），各部门负责相应指标的改进过程。

在酒店日常运营过程中，需要确定客户服务的责任部门，如前厅部、宾客关系部等，接收集团客户满意度相关报表，在日常服务中，由该部门（或岗位）协调重点客户服务过程，如酒店由大堂副理（或GRO）负责某VIP接待工作，他需要查询客户信息、协调各部门接待准备工作、确认客户到店时间、设计欢迎仪式等。

3. 满意度调查的评价与组织

集团总部质量管理部门通过多种方式对客户满意度进行评价，包括集团检查、客户调查、神秘宾客（暗访）、邀请第三方机构评估等方式，得到客户满意度的定量指标后，进行数据分析和数据比对，并将分析结果反馈至酒店（图6-13）。酒店则根据数据进行持续改进，形成客户声音的PDCA循环，建立酒店集团质量控制体系，促进酒店产品和服务质量的不断改进。

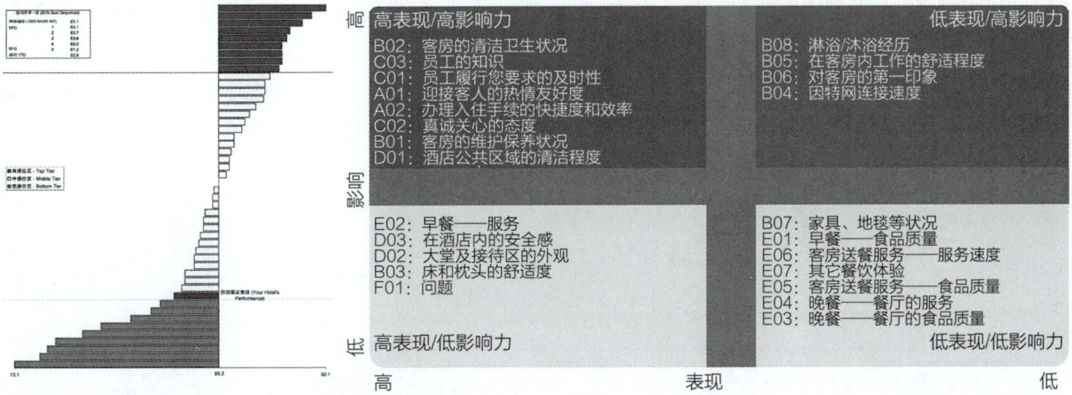

图6-13　关键驱动因素报告是酒店专注关键问题、持续改进服务质量的重要依据

五、总结

酒店运营并不是一味地追求服务质量，而是在收入、利润、客户满意度和员工满意度之间实现平衡，通过建立客户满意度调查、评价的体系，为酒店制定品牌标准、质量标准建立起有效的依据，是酒店连锁经营的主要方法。

除了客户满意度调查，连锁酒店还建立了一系列的质量评价体系，包括集团检查（检查项目和评分细则见附录3）、酒店自查、神秘访客（检查项目和评分细则见附录4）等，同时参考客户网络点评，形成了对酒店全面的质量评价体系。本教材主要内容为客户关系管理，关于酒店检查、质量管理仅做简要介绍，请参见酒店质量管理相关资料。

实践演练

1. 阐述服务质量对于酒店实现有效客户关系管理的重要性。
2. 阐述酒店企业是如何度量服务质量的。

随堂测练

1. 为了进一步提高酒店客户满意度和忠诚度，最新趋势是酒店设立（　　）来关注对客服务，提升服务质量。

   A. 前厅部　　B. 酒店质量部门　　C. 客房部　　D. 酒店工程部

2. 关于连锁酒店集团服务质量评估，下列说法中错误的是（　　）。

   A. 连锁酒店集团每一家门店的客户满意度、忠诚度目标存在差异

   B. 客户满意度评价是集团服务质量的重要指标

   C. 酒店考核会综合考虑收入、利润、客户满意度、员工满意度等指标

   D. 客户满意度得分高的酒店，服务品质一定超过得分低的酒店

3. 除了客户调查，酒店质量评价体系中还包括哪些方法（　　）。

   A. 集团检查　　B. 酒店自查　　C. 神秘访客　　D. 以上都包括

4. 某酒店的质量调查报告如下图，在房务部中客户满意度月度指标和年度指标均完成运营目标的部门是（　　）。

部门	关键指数	部门负责人	本月分数	本月调查量	本月目标	年度分数	年度目标
房务部	礼宾满意度	礼宾经理	83.3	6	80	86.8	74
	前台满意度	前台经理	75	8	83.3	89.7	86
	行政酒廊满意度	行政酒廊经理	92.9	14	78.7	84.3	84.7
	大堂吧满意度	康乐经理	81.6	38	77.5	79.9	78.5
	泳池满意度	康乐经理	67.6	37	65.6	63.9	66.6
	健身房满意度	康乐经理	69.2	13	83.4	79	87.4

A. 前台接待和行政酒廊　　B. 礼宾部和前台接待

C. 礼宾部和大堂吧　　D. 前台接待和健身房

5. 某酒店的质量调查报告如下图，在房务部中客户满意度月度指标和年度指标均没有完成运营目标的部门是（　　）。

部门	关键指数	部门负责人	本月分数	本月调查量	本月目标	年度分数	年度目标
房务部	礼宾满意度	礼宾经理	83.3	6	80	86.8	74
	前台满意度	前台经理	75	8	83.3	89.7	86
	行政酒廊满意度	行政酒廊经理	92.9	14	78.7	84.3	84.7
	大堂吧满意度	康乐经理	81.6	38	77.5	79.9	78.5
	泳池满意度	康乐经理	67.6	37	65.6	63.9	66.6
	健身房满意度	康乐经理	69.2	13	83.4	79	87.4

A. 前台接待和行政酒廊　　B. 礼宾部和前台接待

C. 泳池和健身房　　D. 前台接待和健身房

任务3 酒店网络点评管理

网络点评与质量控制体系

导入任务

加强网络点评管理

ZH酒店是位于青岛市的一家单体中档酒店，尽管酒店的位置、设施处于中等水平，但酒店在携程上的点评始终处于顶尖位置，点评质量很高，带动酒店业绩提升。在淡季，价格属于中档酒店层次，200多元，但旺季酒店价格接近五星全服务酒店，为800～1500元。

据了解，ZH酒店主要采取了以下策略：

1. 高度关注网络点评，通过营造网红打卡点、直播海上日出等方式带动网络点评，吸引了许多互联网散客的关注和预订。

2. 在淡季，青岛整体流量不足，ZH酒店只能采取降价策略，去抢夺中档酒店的订单来维持出租率。

3. 在旺季，青岛散客流量爆棚，ZH酒店采取高价策略，和连锁五星酒店展开竞争，酒店一边引导客户流连于周边景色，一边提高服务标准，比如赠送周边门票、赠送下午茶套餐等，酒店点评分数很高，不断带动分销平台的大量预订。

完成以上工作流程并思考下列问题：

1. 你是否有通过互联网预订客房或餐饮的经历，其他客户的点评信息是否对你的最终选择产生了影响？

2. ZH酒店为了提高酒店网评分数和质量，运用了哪些管理手段？

3. 酒店网评分数对酒店经营有哪些作用？

网络点评是指客户在各种网络平台上对酒店产品和服务的评价，主要是网络分销平台、专业点评平台和各种社交媒体。过去网络点评主要来自非会员客户，并未得到酒店的重视，随着互联网、社交媒体、自媒体的发展，网络点评一方面反映出酒店服务质量，另一方面也对其他客户产生了越来越多的影响，逐渐得到了酒店的关注。目前的CRM系统中整合了网络点评管理工具，提高了点评管理的效率。

一、酒店网络点评概述

1. 酒店网络点评的概念

酒店网络点评，简称网评，分为广义和狭义，广义的网评是互联网上的所有评论，包括论坛、微博、贴吧等公众媒体，也包括微信朋友圈等社交媒体，但这种广泛的评论很难进行评估和管理，酒店可以从危机公关的角度开展舆情监控。狭义的网络点评是指分销平台网络点评，即随着互联网分销产业的发展，以携程、美团为代表的酒店预订平台，以美团、大众点评为代表的餐饮预订平台成为酒店重要的销售渠道，这些平台都提供了点评功能，由客户对产品和服务进行评价，最终形成对酒店的定量评价和统计分析（图6-14）。

图6-14　酒店网络点评既可以提升销售，也有助于扩展品牌影响

行业链接

互联网分销的局限性

网络点评是酒店互联网分销的方法之一，从短期看，网络分销可以带动酒店短期预订量的提升，提升酒店收入，但从长期看，网络分销具有明显的局限性。

- 提高酒店营销费用

互联网分销如果平台采用佣金模式，会增加酒店的营销费用；如果平台采用差价模式，会降低酒店的平均房价，这些都会提高酒店的营销费用，造成利润的降低。网络分销平台越强大，预订量越大，平台的佣金比例也越高（一般佣金比例5%～30%不等）。

- 造成酒店客源结构单一化

长期依靠OTA拓展客源会造成散客多，影响协议客户、团队、会议等客源市场，造成酒店客源的结构问题，显著特征就是：旺季客房需求强劲（此时一般也是团队、商务客源的旺季），但酒店供给不足，收入增长有限，加之佣金也相应提高，酒店的利润增长并不显著；到了淡季，所有渠道客源均不足，而酒店又没有足够的商务、团队、会议客源储备，只能无底线降价，造成酒店亏损严重。

- 难以提高设施使用率、淡旺季互补性不强

OTA平台带动的是互联网散客，他们的消费特征是：需求以客房为主，对商务用餐、宴会厅、会议室、采访室、同声传译等复杂服务的需求很低，这一特征对高星级全服务酒店的影响更大，OTA客户占比过高会导致酒店设施闲置；他们的行为特征是：稳定性低，随意性比较强，对酒店的忠诚度和消费能力都有限，但又不能得罪，他们如果对产品和服务满意，不一定会在网络上点赞或者好评，但一旦他们对酒店服务不满意，就会使用平台点评功能来发泄不满，而这种“差评”还会对酒店未来的业绩产生负面影响，个别“大V”的吐槽甚至会引发舆情事件。

网络点评与满意度调查是酒店评估客户满意程度的两种主要方式，都可以用来收集客户对产品和服务的评价和建议，但两种方法在客户类型、信息用途等方面存在明显的差异（详细对比见表6-7），酒店应当在经营活动中综合运用。

表 6-7　酒店会员满意度调查

	酒店会员满意度调查	酒店网络点评
面向对象	直销渠道的客户，包括会员、协议客户和团队等 样本选择权在酒店集团，可以体现对重点客群的关注	分销平台预订的散客 样本选择权在客户，酒店可以影响该数值
调查平台	酒店自有平台，包括线上（电子邮件、软件平台）和线下（电话访谈、纸质问卷、客户面谈等），但数据都汇总在酒店集团	外部分销平台，客户消费后在线点评，但数据分散在不同的分销平台
应用目的	主要用于内部管理，客户点评和分数属于保密数据	主要用于外部营销，客户点评和分数属于公开数据

续表

	酒店会员满意度调查	酒店网络点评
主要功能	通过调查了解会员满意度、忠诚度，处理客户投诉，实现酒店质量管理	通过点评管理增加好评、减少差评，提高点评分数，弱化差评影响，提高酒店在该平台的访问量和预订量
对酒店质量的影响	直接影响，构建酒店质量管理体系	间接影响，可以通过对客户点评的分析透视酒店服务质量
对酒店销售的影响	短期看：不影响未来客户 长期看：通过提高服务质量间接提高销售	短期看：影响未来客户 长期看：酒店对分销的依赖度越高，网络点评的影响越大

2. 酒店网络点评的作用

酒店网络点评是OTA运营的一种手段，有三方面的作用：

一是助力品牌推广。良好的点评可以体现酒店在位置、设备设施和服务方面的特色，各平台还会根据点评数据进行评选、排行等，有助于提升酒店品牌形象。网络点评越来越体现出传媒属性，除了可以影响通过OTA预订的散客，也对商务、团队、会议市场有一定的影响，成为酒店品牌建设和推广的阵地。

二是增加销售。网络点评信息属于公开信息，对酒店的业务量有正向的影响，一方面各OTA平台的算法会考虑点评分数，点评分数高的酒店会优先显示，增加酒店的访问量；另一方面，平台用户会更青睐点评分数高的酒店，提高酒店转化率。相关调研显示，81%的消费者在预订酒店前都会浏览点评，酒店点评分与转化率相关系数高达95%，点评分越高进入酒店页面的客人越容易下单。

三是服务质量评价。酒店可以通过网络点评分析了解客户关注点并加以改进，其作用与客户满意度评价类似，但客户群体不同，而且大量客户信息掌握在OTA手中，酒店很难进行深入分析，例如：某酒店在网络点评中，许多亲子游、家庭游客户要求酒店增加儿童活动设施、儿童乐园，但酒店会员满意度调查显示，大多数会员是商务客人，他们投诉的重点是孩子太多、太吵闹，要求关闭儿童乐园，酒店需要酌情处理。

行业链接

为了好评，所有 OTA 客户都是 VIP？

某五星级酒店非常依赖OTA，在几个OTA平台的点评分数都在4.5分以上，为了进一步提高网络点评分数，酒店管理层制定了OTA客户优待政策：所有通过OTA预订并入住的客户，享受VIP1级待遇，提供最优质的服务。短时间内好评如潮，OTA点评分数从4.5提升到4.8分以上，成为知名的“网红酒店”，来自OTA的预订量增长了200%。但到了年底邀请专业机构进行评估后，情况并没有这么乐观：

1. 酒店的年出租率并没有明显提升，年收入仅增长了3%。OTA带来了新的预订但没有带来新的客户，许多原来的协议客户，发现通过OTA预订可以获得更好的服务，就转向OTA完成预订；

2. 酒店利润下降了10%。酒店收入增长3%，但支付给OTA的佣金增长了300%，一方面是由于预订量增加，另一方面OTA提高了佣金率，从10%提升到了15%；

3. 出现了许多“找茬”客户，要求酒店打折、免单和赔偿，否则就给酒店差评、投诉，给服务和运营部门带来了很大压力，运营成本也有所提升。与此同时，许多酒店老会员发现自己的待遇还没有OTA客户高，经常投诉，流失率提升。

该酒店出现问题的根源在哪里？应该如何解决这一问题？

二、正确认识网络点评

在网络点评的三种作用中，后两种作用均有更好的替代品——在增加销售方面，OTA只是酒店散客互联网分销的一种渠道，是酒店整体营销的一个组成部分，需要综合考虑客户类型、客源结构、淡旺季等情况进行选择，单纯提高OTA销售量不一定是最优解，比如：在暑假酒店销售旺季中，OTA带来的增量需求其实属于无效需求；在服务质量评价方面，OTA点评只能获取来自分销渠道的客户声音，具有片面性，酒店应当建立完善的质量控制体系，综合运用OTA网评、会员满意度调查、客户面谈、集团检查、神秘客人等方式。只有第一种作用——品牌推广方面，网络点评具有不可替代性，尤其是随着社交媒体、内容营销的发展，OTA平台流量的提升，这一功能作用呈现增强的趋势。

综上所述，酒店面对OTA运营和网络点评，可以采取以下对策：

（1）站在酒店整体发展的角度充分认识互联网分销和网络点评，既考虑互联网分销对销售的带动，也考虑营销成本、客源优化和设备使用率，平衡酒店长远收益与短期收入。

（2）在增加销售方面，酒店应当建立完整的营销体系，在此基础上有计划、有节制地使用OTA运营和网络点评工具，同时强化会员管理，努力将分销客户转化为会员，提高客户忠诚度、降低营销费用。比如某度假酒店在旺季将OTA作为核心渠道，强化OTA运营，吸引散客拉高平均房价，在淡季将OTA作为补充渠道，主要通过会议、团队、会员积分超值兑换等带动需求，不搞淡季恶意降价，避免对酒店品牌的不良影响。

（3）在服务质量评价方面，酒店应当建立完整的质量管理体系，在此基础上对网络点评进行运用和分析，扩大网络点评的效果。比如某酒店将网络点评作为员工激励的手段，客户点名的好评奖励10元，差评罚款50元，引导员工关注客户和服务。

（4）在品牌推广方面，酒店应努力加强点评管理，提高点评分数（分数越高越好，70%以上的用户会选择点评分4.5以上的酒店）和点评总量（点评数量越多，客户会觉得酒店“人气足、生意好”，根据研究显示，当酒店无点评或点评量低于50条时，订单转化率会比同行业平均水平低80%）、增加好评数量尤其是优质点评的比例（都是5分点评，文字多、描述详细、图片精美的点评会受到更多的关注）、减少差评数量（每一条差评，需要20条以上的好评来冲抵）等。

行业链接

OTA 运营与网络点评

OTA运营是通过多种手段提高OTA的预订量，如丰富的信息展示、华丽的图片视频、良好的点评管理等，从而带动酒店预订量的提升。由于OTA运营可以明显地提升短期订单，因此成为酒店的热门话题。

但是OTA运营是典型的两难选择：

不做OTA运营，订单会被竞争对手抢走，造成订单损失；

做OTA运营，酒店获得订单，OTA获得佣金和数据，这一过程产生的数据都属于OTA平台（包括客户数据、预订、点评等），同时这一过程也会间接提高对OTA的依存度，提高酒店营销费用。甚至OTA会诱导酒店去抢夺流量，比如提供特殊价格优惠、发放优惠券等方式，这种方式在流量不足的时期尤其突出，最终结果是短期订单增长，长期对OTA的依赖度越来越高，利润越来越差。

酒店与OTA合作的关键是会员转化，当客户使用分销平台预订后尽可能发展会员，将客户从分销客户转化为直销客户，从而保证渠道健康，客户关系管理才是对抗OTA的关键举措。在OTA运营、增加流量方面，酒店可以采取阶段性手段，比如淡季实施、旺季暂停等。

三、实施网络点评管理

无论酒店对互联网分销的态度是鼓励还是限制、依赖程度高还是低，酒店都应当对网络点评进行专业的管理。网络点评管理是在酒店设施、服务不变的情况下，通过管理手段提高网评质量，发挥网络点评的作用，主要应该采取下列措施。

1. 明确网络点评运营的职责部门

主要包括关注、答复点评、汇总数据、与各部门协调等职责，也包括比较复杂的操作，例如与客户沟通处理差评（差评是否可以删除与平台有关）、与平台进行申诉等，通常为市场营销部门、质量管理部门或宾客服务部门。

2. 使用专业的网络点评管理工具

为了管理数量众多的互联网分销平台，酒店可以采用网络点评管理工具来提高管理效率，包括酒店集团自行开发的系统，如洲际Medallia、凯悦集团点评管理工具（Hyatt OTA Review Management Tool）等，也有专业的科技企业开发的管理工具，如众荟、ReviewPro等，可以将多个渠道的点评整合管理，提供集中管理、点评警报（通常是客户点评分数过低或者有投诉时触发）、数据汇总统计等功能（图6-15）。

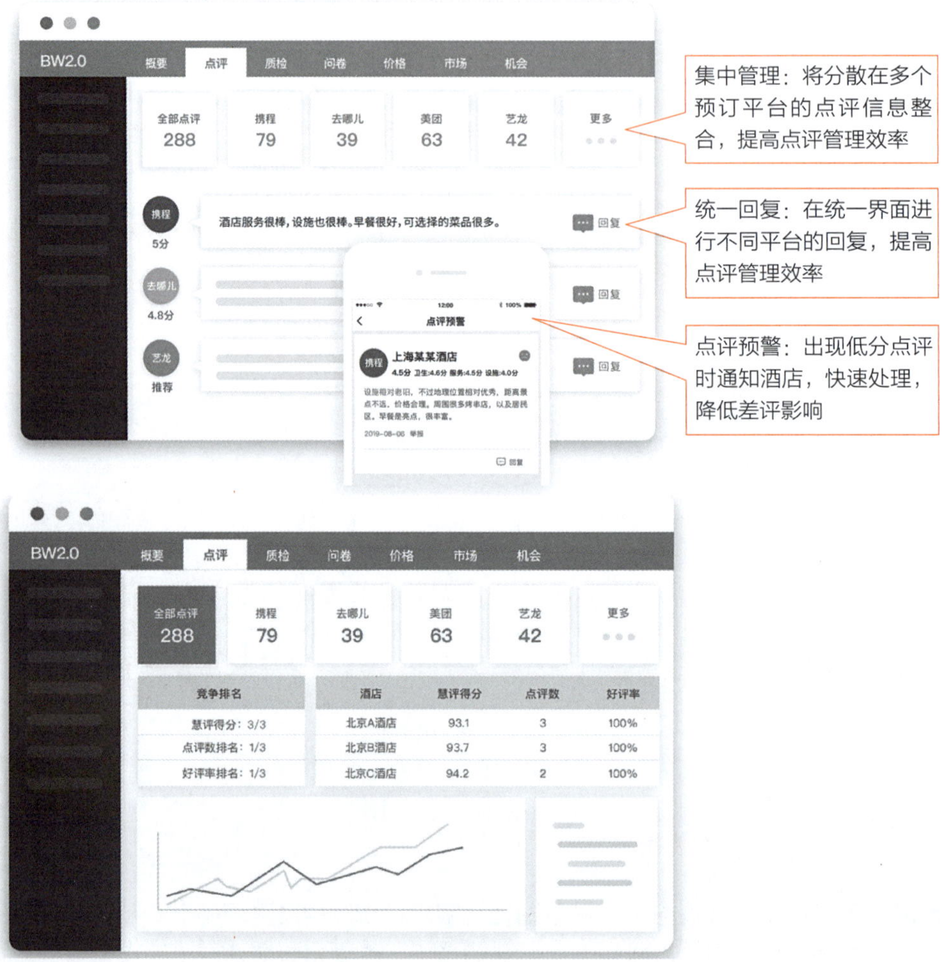

图6-15 酒店点评管理系统可以对来自多个平台的信息进行整合管理（众荟系统）

行业链接

常见酒店预订和点评渠道

酒店点评管理系统（hotel web review system）一般集成了多个平台，其中常见的预订平台有：

国内OTA平台：携程、艺龙、去哪儿、美团、大众点评、飞猪等。

国际OTA平台：缤客（Booking）、亿客行（Expedia）、安可达（Agoda）、猫途鹰（Tripadvisor）、好订网（Hotels）等。

有些平台还可以整合社交媒体的评论信息，如新浪微博、抖音、小红书等。

3. 将网络点评与酒店工作流程有效结合

- 提高网评数量的常用方法

①为员工设置每日目标，每天邀请符合标准的客人，在退房后给予好评。

②对获取好评的员工给予奖励，尽可能简化获取奖励的流程，因为越来越多的酒店采取临时工、钟点工等灵活用工形式，简单的流程才能吸引他们、激励他们提供更好的服务。

③询问客人之前入住之后，是否有未点评的订单。

④在允许的情况下，让客人现场进行点评，可以给客人赠送小礼物来提高点评率。

- 提高网评质量的方法

①提高服务质量是提高网评的基础。

②服务增值是容易打动客户的有效手段，如房型升级、赠送果盘、饮料等。

③定期将典型好评和差评转发给所有员工，并告知处理流程和奖惩情况。

④对网评良好的回复有助于提高效果，包括提高回复即时性、针对客户反馈问题进行回复、避免千篇一律的“模板回复”、在回复中注明职务和姓名（如公关传媒部总监张××）。

⑤关注关键服务人，比如对亲子游客人的儿童，给小朋友准备礼物，沙滩玩具套装、防蚊手环、布偶比较常用。对老年人、残疾人、孕妇的特殊关怀和照顾，也容易打动客户。

⑥关注服务中的可视化，让客人更容易拍照分享，如客人问候卡、夜床服务小礼物、浴巾床花、一次性马桶垫、遥控器消毒袋、烧水壶封条等。

⑦注重周边资源的利用，比如周边的景点、拍照胜地等，客户会将这些资源视作酒店的“配套设施”，如某度假酒店，客户点评中50%的图片来自优美的海景（图6-16）。

- 妥善处理，减少差评数量，弱化差评影响

①对于需要帮助的客人及时进行沟通和服务补救，入住半小时内打关怀电话询问房间情况，将差评化解在出现之前。

5/5 超棒

避开了国庆高峰出游，太舒服了！ 酒店门口就是沙滩，阳台望出去也是。一进门就听到海浪的声音。 可以出门逛逛，周边景色很好，很有的逛。步行到海鲜烧烤那里（我忘了那个景点叫什么，观堂酒店方向） 这个房型对于我们两个孩子的家庭太方便了。还有一张超大床。

2022年10月10日 发布于浙江

酒店回复 发布于浙江

亲爱的宾客，您好，感谢您选择宁波象山海景皇冠假日酒店度过您的滨海假期。您下榻的房型直面一线海景，视野开阔，拥有超大露台，无论看日出还是日落，都是难忘的度假体验，同时，儿童上下床的设计也让小朋友在入住期间增添许多乐趣。很开心给您留下超棒的印象，下个假期让我们继续相约宁波象山海景皇冠假日酒店，期待您和家人的再次入住！酒店总经理 Howard Hu

收起

图6-16 酒店周边的优美景色、优质资源尽管不属于酒店，但可以提升客户体验

②在入住和退房高峰期，宾客服务经理以上级别在大堂随时关注客人需求，引导客人。

③邀请客户给予好评前，先询问客户有没有不爽。

④避免“有图有真相”的长篇差评。这一类图文丰富的点评内容有可能会被系统排在相对靠前的位置，会有更多客人看到。

⑤产生差评后，及时进行有效的回复，比如对事实清楚的差评，表达歉意→已做改进措施→强调不会再犯，尽量降低差评影响。

⑥避免错误的差评处理方法，如骚扰客人删除差评（有些平台可以在点评后进行追评，不恰当的处理会导致一条差评变成两条）、不看内容的模板回复甚至和客人对骂等。

⑦遇到特殊的客户，注意收集证据，有些平台提供了申诉功能。

- 充分发挥网评质量管理的作用，改进设施和服务中的薄弱环节

专业的点评管理系统通过对网评信息进行分析和统计，形成点评分析报告（图6-17），比如将点评信息按照部门划分（酒店整体/设施/服务/卫生/位置/价格/餐饮等），有助于酒店发现并聚焦关键问题进行改进，完善酒店质量管理体系（图6-18）。

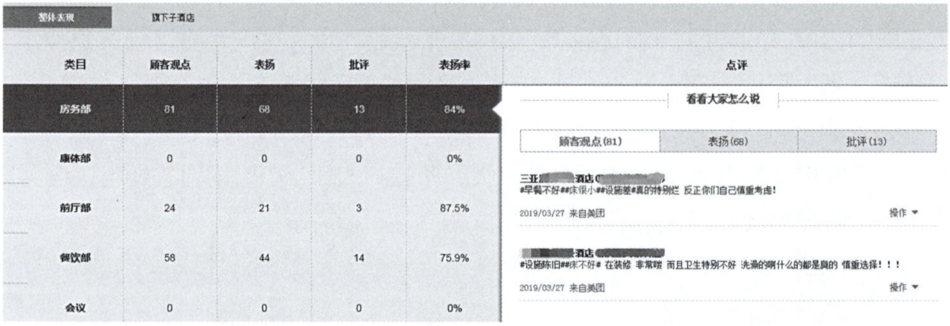

图6-17　对点评进行分类和统计，考核各部门的服务质量

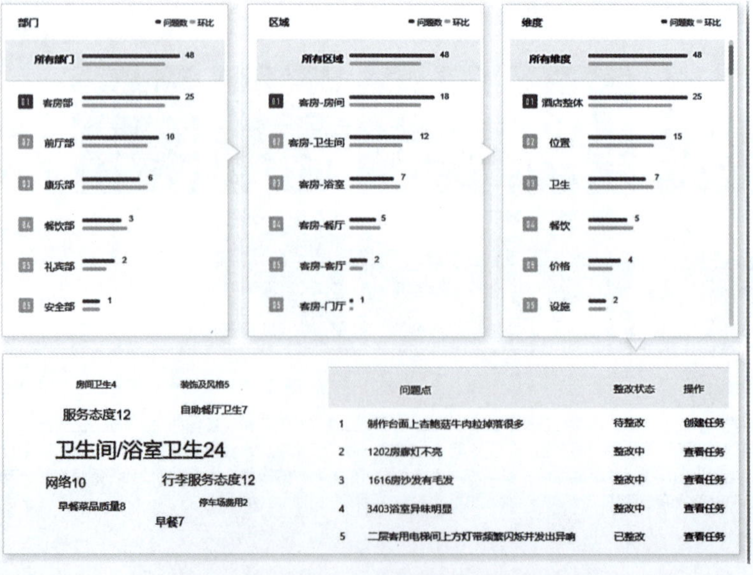

图6-18　对点评进行分类和统计，发现产品和服务中的优势和缺陷

四、总结

网络点评是随着互联网分销平台的发展而兴起的新领域，是酒店品牌推广、市场营销的新领域，也为质量管理提供了新工具。由于信息量大且分布在不同平台，使用专业的点评管理工具成为酒店提高管理效率的常用方法，点评管理工具可以对不同平台实现整合管理，提供点评汇总、数据统计和点评预警等功能，既有助于市场营销，也可以发现服务和管理中的缺陷，成为酒店企业的共同选择。

实践演练

1. 同学们每3～4人一组分组讨论，每组选择1个大家感兴趣的城市，每位同学使用不同的预订平台（如携程、美团、飞猪等）选择一家本城市口碑最好的高星级全服务酒店，分析该酒店的客户点评信息并填写下列表格。

	酒店 A	酒店 B	酒店 C	酒店 D
分销平台名				
酒店名				
酒店点评分数				
酒店点评数量				
有图/视频点评数量				
差评数量				

结合本次任务的调研结果进行分析并回答下列问题：

（1）在所有点评中，选择最能打动你的一条与大家分享。

（2）在所有点评中，选择照片或视频最美的一条与大家分享。

（3）通过该酒店的点评信息，可以看出酒店具有哪些经营特色，为什么能获得客户的好评？

（4）该酒店是否存在差评，选择你觉得最严重的一条，酒店是如何回复的？

（5）综合对比分析，在你们小组的几家酒店中综合评议，选出大家认为最棒的一家。

2. **同学们每3～4人一组分组讨论，每组选择1个大家感兴趣的城市，每位同学使用不同的预订平台（如携程、美团、飞猪等）选择一家本城市网络点评分数比较差的高星级全服务酒店（低于4.0分，如果本城市酒店均高于4.0，则选择得分最低的一家），分析该酒店的客户点评信息并填写下列表格。

	酒店 A	酒店 B	酒店 C	酒店 D
分销平台名				
酒店名				
酒店点评分数				

续表

	酒店A	酒店B	酒店C	酒店D
酒店点评数量				
有图/视频点评数量				
差评数量				

结合本次任务的调研结果进行分析并回答下列问题：

（1）该酒店网络点评分数低的主要原因是什么？

（2）通过该酒店的点评信息分析，该酒店客户意见最多、最需要改进的地方是？

（3）该酒店是否存在差评，选择你觉得最严重的一条，酒店的回复效果如何？

随堂测练

1. 客户通过哪个网络平台预订后，发布的信息被称为酒店网络点评（　　）。
   A. 酒店官网预订平台　　B. 酒店门店微信预订小程序
   C. 酒店集团官方App　　D. 酒店分销平台（携程等）
2. 酒店网络点评中包含了哪一类型的客户的评价信息（　　）。
   A. 所有客户　　B. 酒店会员
   C. 分销客户　　D. 团队客户
3. 酒店网络点评中包括了客户发布在多个网络预订平台上的信息，其中不包括（　　）。
   A. 携程　　B. 美团　　C. 缤客（booking）　　D. 知乎
4. 酒店网络点评信息的作用描述，错误的是（　　）。
   A. 良好的点评可以吸引更多的客户　　B. 客户点评能帮助酒店发现经营中的问题
   C. 对客户差评，应将其删除以减少损失　　D. 使用网络点评工具可以提高管理效率
5. 关于酒店网络点评工具的描述，错误的是（　　）。
   A. 集成了多个预订平台的点评信息
   B. 具备差评报警功能
   C. 可以对客户点评进行统计和分析
   D. 网络点评中包括了酒店所有客户的评价信息

附录 1
酒店客户声音分类标准

	客户声音大类	客户声音小类	MRBIV 解说	典型客人意见	意见
1	闹铃	时钟	闹钟不正常，闹钟的叫醒时间是上一个客人设定的	“我6：30的时候就被吵醒了，因为闹钟的叫醒时间还停留在上一位客人设定的时间”	
2		火灾	客人被火灾警铃打扰，或者火灾警铃出现故障	“我凌晨三点就被火灾警铃吵醒了”	
3	账单	错误	客人账单方面的难题，有争议的费用，一般账务方面的错误，也包括押金方面的问题	“在我退房的时候账单上显示我有酒吧花销，但是我并没有使用过酒吧”	
4	虫子	虫子	任何有关虫子的投诉(客房内/公共区域/食物内）	“我在休息室的时候，这里有果蝇在我的食物上”	
5	车钥匙	丢失	我们找不到客人的车钥匙了	“我必须等25分钟才能启动我的车，因为他们找不到我的车钥匙了”	
6	登记入住	延迟	客人必须等待分配房间，即使他们是提前登记入住的	“我上午10点到达酒店，但我必须等4个小时才能登记入住并得到我的房间”	
7		房间分配错误	尽管有可用房，但不符合客户的预订要求	“我预订的是一个大床、无烟房，但我没有得到”	
8	结账离店	延迟退房	酒店不允许延迟退房	“我要求直到1：30再离开，但酒店不允许”	
9		错误	房间在未经客人允许的情况下被退房，或者是由于差错	“我回房间的时候房间钥匙失效了，我发现我处于退房状态，即使我还有三天的房费”	
10	冲突	客人之间的冲突	未能解决客人之间的冲突，比如噪声、重复开房、宴会撞厅（指同一会议设施错误地分配给2个机构）等	“你知道我的竞争对手在这个房子里，但是你没有提前告诉我”	
11	建筑物	不喜欢	客人已经被告知建筑物情况，但是仍然不喜欢并且抱怨建筑物的噪声、气味等	“这里有空调冷却塔在我的窗外，这破坏了我房间外的景观”	
12	递送交付	不正确	快递、行李、包裹、传真等被送错了房间	“其他客人的行李怎么送到我这里了”	
13		没有递送	快递、行李、包裹、传真等没有被递送	“我被告知我的一份传真来了，等候了一段时间后，我根本没有收到它”	
14		不合时宜	快递、行李、包裹、传真等递交太早或太迟，不同于客人要求的时间等	“我为我的结婚纪念日订了一束玫瑰花，并要求在晚饭后送到，可是这早就在我们登记入住前就准备好了”	
15	门	敞开着	客人的房门处于敞开状态	“当我回房间的时候，我发现我的房门是半敞开的”	

续表

	客户声音大类	客户声音小类	MRBIV 解说	典型客人意见	意见
16	电梯	故障	电梯不运作了	“有一个电梯发生了故障，所以我们必须一直在这里等待电梯超过五分钟”	
17	设备	可用的	设备不可用，设备不足，找不到设备，不能将设备给客人使用	“有一天当我去游泳池的时候，那里没有充足的躺椅给我使用”	
18		环境	设备处于损坏状态，需要维修	“当我去健身房的时候，泳裤甩干机发生了故障”	
19		状态	装修处于损坏状态，需要维修	“走廊的墙上有多处磨损”	
20		不符合期望	设备/产品不符合客人期望（大小、装饰、地点、颜色等）	“我希望游泳池能再大一点”	
21		不可用	设施设备被关闭或被售出以至于客人不能使用	“我很想去餐厅吃晚饭，但它因私人聚会而停业了”	
22	食物	不喜欢菜单	客人不喜欢菜单上的全部产品，菜单满足不了客人的特殊需求	“菜单上没有我想吃的东西”	
23		不可用	菜单上列出的食物和产品不能提供	“我点了鲑鱼，之后厨房却告诉我他们没有这道菜”	
24		点单错误	客人收到了错误的食物	“我点了烤马铃薯，却给了我炸薯条”	
25		描述	没有实现客户的特殊要求（通常在多次入住客户、常住客户中出现）	“我明明和服务员说了不要放葱的”	
26		质量	食物尝起来和闻起来都不是很好，客人认为食物没有达到菜单的标准	“我的牛排上有很多肥肉和软骨”	
27		温度	食物上桌时温度太高或太低，牛排过分的生或熟	“我的食物不是有点生就是温度低”	
28	客人	行为举止	其他客人不符合礼节举止，说粗话，喝太多酒，这些使他们感到厌烦	“在休息室内，坐在我身边的客人喝了很多酒，并且整晚都在大声吵闹”	
29		疾病	客人说他们感到不舒服，酒店内部或外部因素均包括	“在按摩之后我感到不舒服”	
30		受伤	客人说他们受伤了，酒店内部或外部因素均包括	“我淋浴时滑倒了”	
31	酒店	清洁	公共区域没有达到清洁标准	“我去公共休息区时，那里到处都是脏毛巾和脏水”	
32		重新安排	酒店房间售完，所以我们不得不让客人去别的酒店	“我三周前做了预订，但是当我到达酒店时，酒店却告诉我我的房间被分出去了”	
33	开放时间	不充足	经营部门的开放时间不符合客人期望	“我早上六点的时候想使用健身中心，但它没有开放”	

续表

	客户声音大类	客户声音小类	MRBIV 解说	典型客人意见	意见
34	暖通空调	困难	故障，太热/太冷等	“在我入住的整个过程我的房间温度太低”	
35	信息	不正确	客人的信息传达不正确	“我向前台提及我妻子的40岁生日到了，然而在我们住店的全过程人们都在对我们说‘40周年结婚纪念日快乐’”	
36		缺少	客人告诉我们的信息遗失了	“我告诉预订代理人，我妻子的生日到了，但是之后没有任何人提起过”	
37		及时性	信息没有及时传递，包括宴会活动订单/贵宾信息等	“我告诉经理有关于我的VIP的偏好，但是他没有及时传达给部门并让其执行”	
38	客房送餐	托盘收理	客房服务没有及时地将托盘从房间内撤走	“当我经过走廊的时候，我看见托盘已经在那里放了超过24小时了”	
39	钥匙卡	故障	客房/电梯钥匙失效	“我回到房间，然后前台给我的钥匙不好用”	
40	照明设备	照明设备	在客房、会议室等灯光太亮、太暗等	“当我回到房间，所有的灯都坏了，我无法看见并去找到开关”	
41	布草	情况	客房内的布草有洞，被磨损或染色了，也使人感到布草廉价	“我的枕套有一个大污点在上面”	
42	会议室	环境情况	会议室设备/物品没有达到酒店运营标准	“在我们会议室内的枝形吊灯丢失了几个照明灯泡”	
43		布置/及时性	布置错误，没有根据宴会活动单执行等	“当我们第一个客人到达的时候，会议室还没有完全准备好”	
44		大小	会议室的大小不适宜开会	“会议室对我们团队来说太大了，我们感觉在里面找不到方向”	
45	谈判	灵活性	在销售和准备期间，销售经理不愿意在政策和价格方面进行谈判	“我们今年订了三个团队，经理给了我们完全相同的方案”	
46	噪声	噪声	任何打扰客人和给其造成麻烦的噪声	“墙太薄了，所以我们能听见隔壁房间客人任何动作的声音”	
47	给排水	故障	淋浴/浴室故障，或者泄露	“当我洗澡的时候，水从淋浴头底部露出并淹没了地板”	
48	政策	其他	酒店的政策没有被严格地执行（不包括吸烟政策）	“我实在不能相信，我们在法餐厅预订了晚宴，旁边居然有人穿拖鞋背心”	
49		吸烟	禁止吸烟制度使客人不悦	“我不能相信你们酒店竟然不让客人在酒吧吸烟”	

续表

	客户声音大类	客户声音小类	MRBIV 解说	典型客人意见	意见
50	定价	小费	客人不认为小费应被自动加到账单上而且小费太多了	“我讨厌在未经我允许的情况下，小费被加在我的账单上”	
51		互联网	客人不认为他们应该支付上网费，而且网费太贵了	“在假日酒店可以免费上网，为什么在你们这里就不行”	
52		其他	客人认为服务项目（餐饮、代客泊车等）太贵了	“代客泊车的费用太高了，尤其是你们不允许自己停车”	
53		房间	客人认为房价太高了	“这次入住很愉快，但我不认为这值得我支付那么多房费”	
54		电话	客人不认为他们应该支付电话费，而且电话费太贵了	“你们的长途电话费实在是多得让人吃惊”	
55	隐私	不受尊重	隐私标志被放在了门上，但被无视了	“员工无视挂着的隐私标志进入了我的房间，并吵醒了我的孩子”	
56	问题解决	故障	对酒店处理问题的方法感到不悦	“值班经理和我说她会处理好并和我联系，然后就没动静了”	
57	计划	交流	会议和宴会规划者感觉在团队/事件需求方面缺乏沟通	“尽管我告诉了经理关于我们团队需求的所有细节，但好像没有一个人知道这些”	
58	财产损失	员工	员工的个人物品被毁坏	“员工通道地上一摊水无人管理，路过的刘阿姨摔骨折了”	只有内部影响
59		客人	客人的私人物品被损坏	“我把我的衬衫送去了洗衣房，当它送回来的时候上面有灼烧的痕迹”	
60		酒店	酒店财物被损坏	“员工更衣室花洒被弄坏了”	只有内部影响
61	财物丢失	雇员	员工的私人物品丢失	“小王说他放在更衣柜里的手机被偷了”	只有内部影响
62		客人	客人的私人物品丢失	“我的一个手提箱丢了，而且从未送到我的房间”	
63		酒店	酒店物品丢失	“0502客房的窗帘居然被拿走了”	只有内部影响
64	预订	有误	房间/餐厅预订有误或者预订信息错误	“我在餐厅预订的时间是6点而不是7点，当我们到达的时候酒店员工不让我们用餐”	
65		错过	房间/餐厅预订有遗漏，信息并未记录	“当我到达酒店的时候，他们没有我的预订记录”	
66	房间	浴室清洁	客房浴室没有适当清洁	“当我进房间时我发现浴缸里有一根头发”	
67		卧室清洁	客房卧室区没有被适当清洁	“我看见有一个空瓶子在床底下”	

续表

	客户声音大类	客户声音小类	MRBIV 解说	典型客人意见	意见
68	房间	全部清洁	房间全部都没有好好清理	“房间看起来一点也不像被打扫过的，浴室不干净，而且我发现抽屉里还有先前客人的衣服”	房间清洁度
69		环境/关注	客房内的设施、物品没有达到运营标准，包括完好度、美观度等	“我们房间的地毯旧了，还有家具也磨损了”	
70		缺少陈设	房间内缺少家具或陈设	“房间里竟然没有茶几”	
71		移动	客人在分配好房间后必须换到其他房间，并且这不是他们的要求	“当我登记入住后，酒店告诉我要换房间，因为另一位客人需要我的房间”	
72		不符合期望	房间设备/颜色/款式/大小不符合客人的期望和喜好	“我讨厌我房间里既丑又古板的装饰”	
73		已占用的	重复开房	“当我登记完回到房间时，某人的行李已经在里面了”	
74		气味	房间里有一种奇怪的令人不悦的气味，包括烟味	“即使我要了一个无烟房，我的房间里还是有烟味”	
75		供给不足	房间备品未达到标准，没有毛巾、香皂等	“当我回房间的时候，洗发液和沐浴露只有一半”	
76		不喜欢景观	客人不喜欢房间外的景观	“当我看向房间窗外的时候，只能看见房顶和空调通风口”	
77	安全	关心	客人看见一些使他们担心自身安全的东西	“当我去海滩的时候，这里有许多古怪的人，这让我感到很不安”	
78	销售合同	错误的	销售合同不完整，错误	“当时说好的几项权益在最后的合同中没有体现”	
79	服务	准确度	服务大部分正确，但是小部分的服务项目和步骤有所偏颇	“这只是一件很小的事情，当他们把咖啡给我的时候，忘拿了盛奶油的器皿”	
80		延期/缓慢	提供服务太慢或者递送太迟	“这花了我太长的时间去等待我的食物”	
81		不符合期望	酒店的服务标准或执行标准太低	“酒店的服务水准低于我对××酒店的期盼，它缺少精致与文雅”	
82		未递送	客人没有接收到他的点单/要求	“我从送餐部订了早餐，但他没有送过来”	
83	操作流程	没有执行	酒店内部流程没有被严格执行	“外部访客需要领取访客工牌，结果没人管他直接就进来了”	只有内部影响
84	员工	态度	客人对员工的行为感到不满，“粗鲁的”“怠慢的”	“员工十分的粗鲁和怠慢”	
85		可用的	客人对员工的可用度不满意/没有足够的资源，对人员不足有所认知	“看起来这里好像没有足够的人员来提供优质服务”	

续表

	客户声音大类	客户声音小类	MRBIV 解说	典型客人意见	意见
86	员工	病	员工生病了		只有内部影响
87		受伤	员工受伤了		只有内部影响
88		响应能力	客人对某一员工的反应速度、服务细节感到不满意	“尽管其他的员工都很棒，但有一个服务生好像忘记了我们的要求，除非我们说好几次”	
89		制服	客人认为制服不合适或者注意到一位员工的制服不对劲	“那个服务员的制服明显小一号”	
90	物资	没有	除了客房之外的物品缺失	“在泳池外没有毛巾”	
91		不足	除了客房之外的物品不足	“当我去大堂卫生间的时候，这里没有擦手巾”	
92	系统	电脑或网络问题	Office，Internet，PMS，Delphi等系统运行缓慢，连接缓慢，发生故障或存在版权问题	“商务中心的电脑实在是太慢了”	改变系统问题
93		电话故障	电话无法使用或者信号不好。包括传真机	“每次我尝试从房间打电话，都会听到杂音”	
94		互联网故障	连接互联网失效	“我回到房间后，无法使用互联网来工作”	改善高速互联网接入
95		电视网络	电视网络、点播系统故障或缓慢，包括电视和音响设备	“我房间里的电影中途停播，而且酒店员工无法使其重新播放”	改善弱电网络
96	夜床服务	延期/缓慢	没有及时地做夜床	“阿姨晚上10点来做夜床，把我们全家都搞醒了”	夜床服务的时间性
97		未完成	夜床完全没做	“在我们入住期间酒店没有做过夜床”	夜床服务错漏
98	叫醒电话	晚	客人迟收叫醒电话	“我在6：15时候收到了6：00的叫醒电话”	
99		错过	客人没有收到叫醒电话	“我从没有收到我的7点的叫醒电话”	
100	设备	停电	设备能源供应中断，在计划之中或意外的	“我们在酒店刚度过了一段时间，酒店居然停电了”	
101	员工	缺乏产品知识	职员好像不了解酒店及其周边区域，比如营业时间、周边景点、交通等	“我向礼宾部问了一些关于当地的风景，但是他们什么都不知道”	
102	设施	不喜欢的推荐	员工推荐了客人不喜欢的设施、服务，或者外部设施	“一个员工向我推荐的商业区的餐馆真是太糟糕了，那里的食物不能吃而且服务糟糕”	

续表

	客户声音大类	客户声音小类	MRBIV 解说	典型客人意见	意见
103	设施	拥挤的	客人觉得酒店的出口和酒店内部都太拥挤了	“休息室的孩子真是太多了。那里没有给我们坐和休息的地方”	
104	其他	其他	其他没有被定义的问题或投诉		

附录 2

某经济型酒店连锁标准宾客暗访表（宾客用）

XX 快捷酒店服务质量监测问卷（满分 100 分）应得分 100		检测编号			店长姓名	
		实得分		得分率		
酒店编号		入住酒店名称				
入住酒店地址		入住时间				
神秘宾客姓名		性别				
住店性质		入住天数				

序号	应得分值	题目	实得分值	选填
		环境		
A1	3	酒店门前环境是否整洁，标示是否清楚	3	1
A2	7	酒店大堂和公共区域是否干净整洁	7	1
		服务		
序号	**应得分值**	**题目**	**实得分值**	**选填**
B1	8	服务员接待时是否热情有礼貌	8	1
B2	8	服务员住宿手续的办理速度是否满意	8	1
B3	8	结账和住宿手续是否准确无误	8	1
B4	6	当您提出服务需求时，服务员的响应是否满意	6	1
B5	5	您对餐厅服务是否满意	5	1
		客房		
序号	**应得分值**	**题目**	**实得分值**	**选填**
C1	8	客房整体是否整洁	8	1
C2	8	卫生间是否干净	8	1
Y-C3	7	床的整体舒适是否满意	7	1
C4	6	毛巾是否干净柔软	6	1
Y-C5	6	淋浴的水量及水温是否满意	6	1
Y-C6	5	客房内的设施是否工作正常	5	1
C7	5	客房内空气是否清新无异味	5	1
C8		客房内是否安静，没有打扰您的工作和休息		1
C9		客房内网络是否有效，是否能达到您的需求		1
		总体评价		
序号	**应得分值**	**题目**	**实得分值**	**选填**
D1	10	请给予本次入住体验总体评价	10	1
D2	Others	请问您对XX酒店还有其他的意见或建议吗		